**ULRICH RAUSCH** ***KREATIVE GEMEINDE***

ULRICH RAUSCH

# Kreative Gemeinde

DER PFARRERMANGEL – UND DAS ENDE?

ANALYSEN – MODELLE – VISIONEN

*Band 1*

VERLAG JOSEF KNECHT · FRANKFURT AM MAIN

Die Deutsche Bibliothek – CIP-Einheitsaufnahme

**Rausch, Ulrich:**
Kreative Gemeinde / Ulrich Rausch. – Frankfurt am Main : Knecht
Bd. 1. Der Pfarrermangel – und das Ende? : Analysen – Modelle –
Visionen – 1. Aufl. – 1994
ISBN 3-7820-0684-4

1. Auflage 1994.

Umschlaggestaltung: Atelier Warminski, Büdingen
Satz: Fotosatz Otto Gutfreund GmbH, Darmstadt
Gedruckt auf alterungsbeständigem Papier
Druck und Bindung: Wiesbadener Graphische Betriebe GmbH, Wiesbaden
ISBN 3-7820-0684-4

# Inhaltsverzeichnis

**E. BIBELTHEOLOGISCHE GEMEINDEVISIONEN**

*Dieses Buch ist den Pfarrgemeinden*
*St. Nikolaus/Jügesheim und St. Marien/Dudenhofen*
*St. Stephan in Mainz-Gonsenheim und*
*St. Augustin & Marienkirche in Perchtoldsdorf, Österreich*
*gewidmet*

# Vorwort

Eines der drängenden Probleme der Kirche ist die Frage, wie es weitergeht, wenn nicht mehr genug geweihte Gemeindeleiter zur Verfügung stehen.
Manche Diözesen und Gemeinden können im Augenblick, da sie noch nicht in dem vollen Ausmaß vom Pfarrermangel betroffen sind, diese Frage noch unbeantwortet lassen, während andere Bistümer bereits mitten in der Erprobung von ›Notmodellen‹ stehen. Aber auch dort, wo zur Zeit noch kein konkreter Handlungsbedarf besteht, ist bereits der Beginn einer Verunsicherung zu spüren: Wie soll es weitergehen?
Diese Verunsicherung betrifft nicht nur Personalplaner, sondern sie ist auch bei den hauptamtlichen und den ehrenamtlichen MitarbeiterInnen zu einer Frage geworden, die die eigene Existenz betrifft: Was wird mit uns geschehen, wenn es so weitergeht?
Der Pfarrermangel ist nicht ein Problem, das auf einer einzigen Ebene nach Lösungsmöglichkeiten verlangt, sondern eine Vielzahl von unterschiedlichen Fragestellungen werden durch die veränderte Situation noch einmal besonders brisant: In welchem Verhältnis stehen Gemeinde und Gemeindeleitung zueinander? Welches Gemeindemodell ist zukunftsfähig?
Das vorliegende Buch soll für Interessierte wie Betroffene eine Diskussionsanregung sein, kreativ über die Zukunft der Kirche nachzudenken. Im Sinne einer prophetischen Kirche will sie das Vertrauen in die eigenen Visionen von Kirche und Gemeinde stärken und begleiten. Grundgedanke dabei ist, daß es nicht um den Abriß eines alten Modelles und den (Wieder-)Aufbau eines neuen Gemeindebildes geht, sondern daß es ein stetiges Weiterbauen an der einen Kirche ist.
Die Zukunft der Gemeinden ist keine abstrakte und theoretische Frage, sie muß auch in den Gemeinde selber ins Gespräch gebracht werden. In einem zweiten Band werden deshalb Ideen, Anregungen und Arbeitsmaterialien für die praktische Arbeit mit Gruppen und Gremien vorgestellt.

*Rodgau, den 30. 11. 1993* *Ulrich Rausch*

# Gliederung

»Geht's auch ohne Pfarrer?«, mit dieser Frage sehen sich heute viele Menschen, die Interesse an dem Schicksal der Kirche haben, konfrontiert.
Diese Frage zeigt an, daß es zwei unterschiedliche Problemfelder gibt: a) Was ist ›es‹, das ohne Pfarrer gehen soll? b) Kann in einer Zeit, in der die Priester immer knapper werden, auf Pfarrer verzichtet werden? Während die erste Frage mehr auf Gemeinde und Gemeindeleitung gerichtet ist, versucht die zweite eine Beschreibung dessen, was die eigentlichen Aufgaben eines Pfarrers sind.
Die praktische Auseinandersetzung mit dem Pfarrermangel bedeutet, ein Stück Weg zu gehen. Ausgangspunkt ist die augenblickliche Situation, in der ein Pfarrermangel herrscht. Das Bild des Weges macht deutlich, daß es keine fertigen und endgültigen Rezepte gibt, die es nur noch umzusetzen gilt. Das wandernde Gottesvolk kennt zwar sein Ziel, aber auf dem Weg dorthin muß die Wegstrecke immer neu ausgemessen werden.
Zum anderen ist ein Perspektivenwechsel angebracht. Steht im Augenblick vielleicht noch der Mangel an geweihten Gemeindeleitern im Mittelpunkt der Diskussionen, so wird sich bald der Blick mehr auf die Gemeinde richten müssen. Der ›Pfarrermangel‹ wird in den nächsten Jahrzehnten voraussichtlich noch erheblich zunehmen, so daß es nicht mehr nur um die Frage gehen kann, wie man den Mangel verwalten, sondern um die Frage, wie eine zukunftsfähige Gemeinde aussehen kann. Eine solche Perspektive ist ganzheitlich, das heißt, sie umfaßt alle Bereiche von Gemeindeleben. Angefangen von der Frage, wie Gemeinde organisiert werden kann, über Leitungsfragen bis hin zur Entwicklung von ›neuen‹ Lebensformen von Gemeinden werden die Reflexionen reichen müssen. Die hier vorgetragene *These* lautet, daß eine *kreative Gemeinde zukunftsfähig* ist.
Die Untersuchung geht selber einen Teil des Weges mit, indem sie zuerst nach den historischen Dimensionen des Pfarrermangels fragt und eine Begriffsbestimmung vorlegt, was in der Untersuchung unter Pfarrermangel verstanden werden soll.
Im zweiten Kapitel (B) werden die Daten und Trends vorgestellt. Für den deutschsprachigen Raum wurde eine Bestandsaufnahme vorgenommen, wie dort die Versorgung mit Pfarrern im Augenblick aussieht und welche Tendenzen sich für die Zukunft abzeichnen. Zusätzlich werden Ergebnisse soziologischer Untersuchungen vorgestellt, die sich mit der Frage beschäftigen, welche Befürchtungen die Menschen mit dem Pfarrermangel verknüpfen und welche Personengruppen als Gemeindeleiter zur Not akzeptiert würden.

Im dritten Kapitel (C) werden schließlich die Lösungsversuche der Diözesen systematisiert und vorgestellt.
Bis zu diesem Kapitel stand der Pfarrermangel im Mittelpunkt. In den folgenden Kapiteln (D – G) steht die Gemeinde im Zentrum. So wird im vierten Kapitel (D) Gemeinde mit einem organisationspsychologischen Instrumentarium beschrieben. Was eine Gemeinde ausmacht, und welche Probleme sich im Zusammenhang mit Gemeindeleitung ergeben können, sind zwei wesentliche Fragen.
Welche Formen von Gemeinden bezeugen die Schriften des Neuen Testaments? Anhand dieser Frage wird das fünfte Kapitel (E) demonstrieren, daß ganz unterschiedliche Gemeindeformen nebeneinander existierten.
Im sechsten Kapitel (F) wird der Handlungsspielraum, den das Kirchenrecht offenläßt, ausgelotet. Im Zweifelsfall werden sich alle neuen Formen von Gemeindeleitung am Kirchenrecht messen lassen müssen.
Zusammenfassend wird das siebte Kapitel (G) den Versuch unternehmen, das Bild einer kreativen Gemeinde zu entwerfen. Die pastoraltheologischen Reflexionen sollen Hinweise geben, in welche Richtung sich Gemeinde zukünftig weiterentwickeln kann.
In dem zweiten Band werden Materialien für die Arbeit in und mit Gemeinden vorgestellt. Mit Hilfe von Methoden der Erwachsenenbildung und Katechese sollen Gemeinden dafür gewonnen werden, selber die Verantwortung für das Gemeindeleben in die Hand zu nehmen. In methodisch kleinen Schritten soll ein Weiterbau der Gemeinde angeregt werden.

# A. HISTORISCHE DIMENSIONEN

*Denn so spricht Gott, der Herr:*
*Jetzt will ich meine Schafe selber suchen*
*und mich selber um sie kümmern.*
*Wie ein Hirte sich um die Tiere seiner Herde kümmert*
*an dem Tag, an dem er mitten unter den Schafen ist,*
*die sich verirrt haben,*
*so kümmere ich mich um meine Schafe*
*und hole sie zurück von all den Orten,*
*wohin sie sich am dunklen düsteren Tag zerstreut haben.*
*Ich führe sie aus den Völkern heraus,*
*ich hole sie aus den Ländern zusammen*
*und bringe sie in ihr Land.*
*Ich führe sie in den Bergen Israels auf die Weide,*
*in die Täler und an allen bewohnten Orten des Landes.*
*Auf gute Weide will ich sie führen,*
*im Bergland Israels werden ihre Weideplätze sein.*
*(Ez 34,11–14)*

# 1. Der Pfarrermangel

*Priester- oder Pfarrermangel?*

Die Begriffe ›Priestermangel‹ und ›Pfarrermangel‹ beschreiben nicht deckungsgleich dasselbe, obgleich sie in einer Beziehung zueinander stehen.[1]

'Priestermangel' ist die Bezeichnung dafür, daß zu wenige Männer bereit sind, sich zum Priester weihen zu lassen, gleichzeitig aber (zu)viele Priester aus unterschiedlichen Gründen aus dem Priesterdienst der Diözesen ausscheiden.

›Pfarrermangel‹ meint, daß in den Diözesen nicht mehr ausreichend geweihte Priester zur Verfügung stehen, die in Gemeinden als Gemeindeleiter eingesetzt werden können.[2]

Eine Folge des Priestermangels ist der Pfarrermangel. Die Folgen des Pfarrermangels sind in den Ortsgemeinden und bei den mit der Leitung Beauftragten zu spüren.

Den beiden unterschiedlichen Bereichen entspricht es, daß es auch jeweils unterschiedliche Lösungsansätze gibt. Während beim Priestermangel Fragen nach den Zulassungsbedingungen zum Priesteramt, der Werbung von neuen Priestern etc. im Mittelpunkt stehen, werden beim Pfarrermangel Gemeindeformen und -leitung im Zentrum sein.

Die vorliegende Studie wird sich ausschließlich mit dem Pfarrermangel beschäftigen. Wir werden fragen, wie Gemeinden und Gemeindeleitung in einer Zeit, in der aufgrund des Priestermangels immer weniger Pfarrer zur Verfügung stehen, aussehen sollen.

# 2. Pfarrermangel und seine historischen Dimensionen

Vereinzelt finden sich in der Literatur[3] Hinweise auf einen bestehenden Pfarrermangel, aber eine zusammenfassende Studie fehlt bisher. Ziel dieser Studie kann und soll es nicht sein, unter anderem eine umfassende Geschichte des Pfarrermangels vorzulegen. Trotzdem scheint es unverzichtbar zu sein, einige Schlaglichter in die Vergangenheit zu werfen, um festzustellen, seit wann und in welchem Rahmen der Mangel an geweihten Gemeindeleitern besteht.

Eine gründliche kirchenhistorische Untersuchung bleibt einer anderen Studie vorbehalten, so daß hier nur, je nach Quellenlage, Einzelbeispiele vorgestellt werden können. Bedingt durch diese Quellenlage muß sich der Blick in die Geschichte notgedrungen auf wenige Zahlen beschränken.

## 2.1 EIN DEKRET (1782)

In einem Wiener Hofdekret aus dem Jahre 1782/83 heißt es:

**Wien 1782/83**

*»Auf dem Lande soll eine Pfarre oder Lokalie errichtet werden:*

1. *wo die Pfarrkinder durch große, reißende, oft aufschwellende Wässer oder hohes, rauhes Gebirge oder durch Schnee und schlechte Wege zu ihrer Pfarrkirche nur mit vielen Beschwerden kommen können oder wohl gar von derselben getrennt werden;*
2. *wo die Entfernung über eine Stunde Weges beträgt;*
3. *wo die Gemeinde über 700, und in Gegenden wo Akatholiken ungefähr 500 Seelen stark sind;*
4. *wo bereits eine Kirche ist und schon seit alter Zeit ein eigener Seelsorger sich befindet und einige Subsistenzmittel für ihn vorhanden sind;*
5. *wo der Seelsorger, um zu seinen Pfarrkindern zu kommen, durch eine fremde Pfarre gehen muß;*
6. *wo ein Pfarrer in einem ohnehin schon mit einem Seelsorger versehenen Orte Pfarrkinder hat, oder*
7. *wo die Pfarrkinder in eine andere Kirche beträchtlich näher, in ihre eigene aber viel weiter und einen beschwerlicheren Weg haben.«* [4]

Im Rahmen des josephinischen Staatskirchentums[5] begann in Österreich eine Neuordnung der Pfarreien. Die augenblickliche Situation der ›ungleichen Einteilung der Pfarreien‹ wurde offenbar als unzureichend empfunden. Wenn bestimmte Kriterien in einem abgegrenzten geographischen Raum erfüllt waren, wurden neue Pfarren eingerichtet. Vier Maßstäbe, die bei der Errichtung und Besetzung von Pfarreien beachtet werden sollen, werden in dem Dekret deutlich. Erstens muß die räumliche Größe einer Pfarrei den Pfarrmitgliedern zumutbar sein. Das heißt, es muß zumutbar sein, regelmäßig den Gottesdienst zu besuchen. Geographische Hindernisse und Entfernungen können deshalb Gründe zur Errichtung einer Pfarre mit eigenständigem Pfarrer sein. So mußten zum Beispiel in der Pfarre Weyer die Gläubigen 2–3 Stunden Fußweg zur Pfarrkirche zurücklegen.[6] Gegen solche ›Zumutungen‹ richtet sich diese erste Maßnahme. Zweitens sind seelsorgliche Notwendigkeiten zu beachten. Der Standard sind 700 Katholiken pro Pfarrer, wenn aber Altkatholiken[7] am Ort leben, dann ist verstärkte Seelsorge notwendig, so daß dann nur 500 Katholiken auf eine Pfarre fallen dürfen. Drittens ist auch die Zumut-

barkeit für den Seelsorger angesprochen. Es ist – nach diesem Dekret – einem Seelsorger nicht zuzumuten, daß er durch ein fremdes Pfarrgebiet gehen muß, um zu seinen eigenen Pfarrkindern zu kommen. Viertens wird auf die Gewöhnung Bezug genommen. Da, wo schon ›seit immer‹ eine Kirche mit einem eigenen Seelsorger besteht und wo ›Subsistenzmittel‹ vorhanden sind, da soll eine eigene Pfarre eingerichtet werden.
Für unseren Zusammenhang sind in erster Linie die Maßstäbe interessant. Maßstäbe, an denen gemessen wurde, ob ein Mangel besteht und eine Pfarre neu eingerichtet werden soll oder nicht. Insgesamt muß man sagen, daß es pastorale Gründe waren, die zur Neuerrichtung der Pfarren führen sollten. Es ging darum, den Gläubigen die Erfüllung ihrer religiösen Verpflichtungen nicht unnötig zu erschweren.
Zusammenfassend kann man sagen, daß zur Analyse der Gemeindesituation zwei Fragen wichtig waren: a) Was kann einer Gemeinde/einem Gläubigen nicht mehr zugemutet werden? b) Was kann einem Seelsorger nicht zugemutet werden?
Die Beantwortung dieser Fragen und der Vergleich mit vorab festgelegten Maßstäben in konkreten Situationen hat dann angezeigt, ob Handlungsbedarf besteht oder nicht.[8]

## 2.2 HEINRICH SWOBODA (1911)

Der Wiener Pastoraltheologe Heinrich Swoboda hat in dem Standardwerk »Großstadtseelsorge«[9] die Situationen der Pfarrgemeinden in den wichtigsten europäischen Städten in den ersten acht Jahren unseres Jahrhunderts untersucht. Es hatte bis dahin eine Urbanisierung der Bevölkerung stattgefunden, die Städte wuchsen in einem bisher nicht gekannten Ausmaß.[11] In dieser Situation veränderten sich die Anforderungen an die Seelsorge völlig. Aus diesem Grund diskutiert er unter anderem die Frage, wie groß eine Pfarrgemeinde höchstens sein darf, damit sie lebensfähig ist.[11] So fragte er Seelsorger, wie viele ›Seelenzahlen sie sich zu leiten‹ zutrauen würden. In der Regel wurde dabei eine Zahl von unter 10000 angegeben. Als ›kirchlich autoritativ‹ sieht er eine Zahl, die zwischen 3000 und 6000 liegt, an.[12] Im Konzil von Trient war festgelegt worden, daß:

> *»qui (parochus) eas (oves) cognoscere valeat.»* [13]

Der Seelsorger muß seine Gemeindemitglieder kennen können.
Auf dem Wiener Provinzialkonzil (1853) wird die Frage nach der Höchstgrenze einer Pfarrei mit 10000 Seelen beantwortet. Pfarreien mit mehr Mitgliedern werden als unzuträglich angesehen. Hierbei trifft

**Wiener Provinzialkonzil 1853**

*»... die Pfarrgeistlichkeit keine Schuld [...], wenn sie nach Kräften ihres Amtes waltet und doch den Seelennöten ihrer Pfarrkinder nicht entsprechen kann, weil die Anzahl derselben zu groß ist. Wenn das katholische Volk nicht mehr die genügende Anzahl von Priestern oder einen hinreichenden Fassungsraum von Kirchen hat, wie traurig und erbarmungswürdig ist diese Lage! Sie gleichen Schäflein, die keinen Hirten haben.«* [14]

Die 10000 sind keine Norm, sondern dies soll nur eine Größe angeben, die nicht mehr zu vertreten ist.
Für Swoboda ergibt sich aus seinen historischen Studien und aktuellen Untersuchungen, daß eine Idealgröße für eine Pfarrei zwischen 2000 und 6000 Seelen liegt. Alles, was darüber hinausgeht, muß durch eine personelle Unterstützung der Seelsorger aufgefangen werden. Ab 10000 steht seiner Meinung nach eine Pfarrteilung an.

**Abbildung 1 Europäische Großstädte 1907**

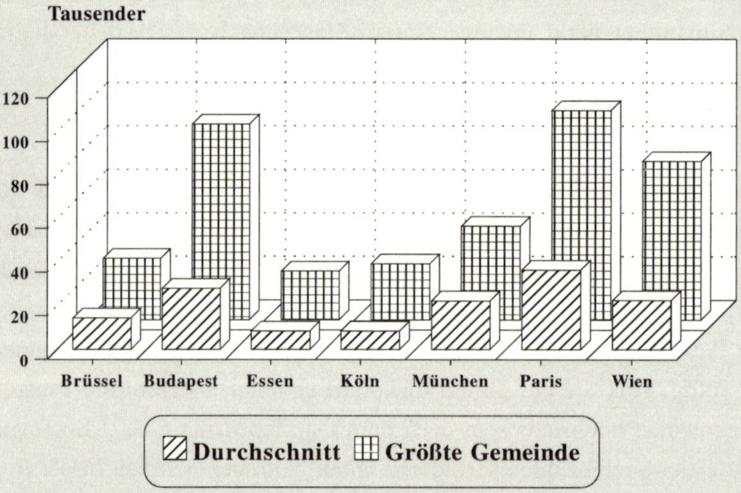


Quelle: Swoboda, Großstadtseelsorge 1909

In seiner Beschreibung von europäischen Hauptstädten hält der Pastoraltheologe fest, welche Größen die Stadtpfarreien im Jahre 1907 hatten. So gab es in Paris 160 Pfarreien. Die kleinste Gemeinde bestand aus 260 Katholiken, die größte aus 96200 Mitgliedern. Der Durchschnitt betrug 36427 Katholiken.
Wenn man die oben festgelegten Höchstgrenzen einer Pfarrgemeinde auf die Hauptstädte umrechnet, dann fehlen in den Städten erhebliche Mengen an Pfarreien.

Gerade für Paris wird festgehalten, daß es eine ungleiche Verteilung der Seelsorger in den einzelnen Pfarreien gibt, dies heißt, daß die Pfarrgröße nicht automatisch eine bestimmte Anzahl von Priestern bedeutet hat.[15]

Aber auch dann, wenn man diese Ungleichheiten beseitigen könnte, reicht die Zahl von 1240 Priestern für 3,5 Millionen Gläubige in Paris auch zu dieser Zeit nicht aus. Und diese Situation ist nach Heinrich Swoboda in den meisten Großstädten ähnlich. »Der Priestermangel ist tatsächlich vorhanden«[16], resümiert er deshalb. Als kurzfristige Maßnahme schlägt der Wiener Pastoraltheologe deshalb vor, den Weltklerus durch Ordensgeistliche zu unterstützen und einen Austausch zwischen priesterreichen und priesterarmen Diözesen anzustrengen.

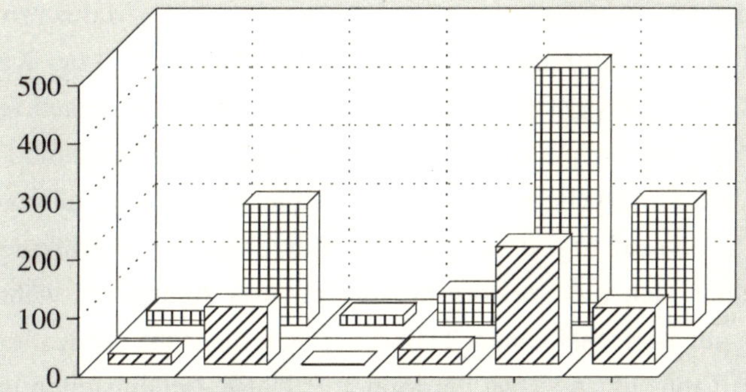


| | Brüssel | Budapest | Köln | München | Paris | Wien |
|---|---|---|---|---|---|---|
| Höchstgröße 6000 | 25 | 209 | 17 | 54 | 443 | 209 |
| Höchstgröße 10000 | 18 | 98 | 0 | 25 | 202 | 96 |

**Höchstgröße 10000** **Höchstgröße 6000**

Quelle: Swoboda, Großstadtseelsorge 1909

**Abbildung 2**
**Fehlende Pfarreien**

## 2.3 DELLEPOORT, GREINACHER, MENGES (1961)

Unter dem Titel ›Die deutsche Priesterfrage‹ erschien 1961 eine soziologische Untersuchung über Klerus und Priesternachwuchs in Deutschland.[17] Die geschichtliche Entwicklung, der augenblickliche Stand, die zu erwartende Entwicklung des Klerus werden in dieser Studie unter anderem betrachtet. Einige Zahlen sollen verdeutlichen, wie man damals die Situation einschätzte und was man an die Zukunft für Erwartungen hatte.

*a) Pfarrermangel*

Nach dem Zweiten Weltkrieg stieg in Deutschland die Zahl des Weltklerus von 19925 (1946) auf 21214 (1958), also um 1289. Im gleichen Zeitraum nahm die Zahl der Katholiken von 1204 auf 1266 pro Weltpriester zu. Noch ungünstiger sah das Verhältnis der Katholiken, die auf einen Pfarrseelsorger entfallen, aus.[18] Die absolute Zunahme der Weltpriester reichte im Verhältnis zur Zunahme der Katholikenzahl nicht aus.

Vergleicht man die Situation in den einzelnen Diözesen miteinander, dann ergibt sich ein uneinheitliches Bild. Sie reicht im Jahr 1958 von 977 Katholiken pro Pfarrseelsorger (Eichstätt) bis zu 2008 Katholiken (Essen).[19] Durchschnittlich ist die Zahl zwischen 1915 und 1958 um 23 Prozent gestiegen, wobei die Diözesen Augsburg (104%) und Rottenburg (99%) die größte Zunahme zu verzeichnen hatten. Die geringste Zunahme wurde in den Diözesen Paderborn (12%), Aachen (13%), Mainz (16%) und Köln (19%) ermittelt.[21] Diese Differenzen korrelieren nicht mit der Zahl der Katholiken an der Gesamtbevölkerung des entsprechenden Bistums. Ebenfalls keinen feststellbaren Einfluß hat, ob ein Bistum mehr aus ländlichen oder städtischen Gemeinden besteht.

Zwischen 1846 und 1960 hat sich zum Beispiel in der Stadt Essen die Zahl der Katholiken von 28000 auf 375000 fast um das Vierzehnfache vergrößert. In diesem Zeitraum vervielfachten sich die Seelsorgsbezirke um das Achtfache, während sich die Pfarrseelsorger nur versechsfachten. Damit hat sich die Zahl der Katholiken pro Pfarrseelsorger von 1296 auf 2500 fast verdoppelt.[21] Diese Zahlen stellen in diesem begrenzten Zeitraum zwar nicht den Höchststand dar, sie deuten aber eine Entwicklung an.

Im Vergleich mit anderen europäischen Ländern steht Deutschland 1960 fast an letzter Stelle bezüglich der Priesterversorgung. In Belgien, Holland und Irland kommen ca. 900 bis 1000 Katholiken auf einen Pfarrseelsorger, während es in Deutschland 1586 Katholiken sind.[23] Nur in Portugal ist das Verhältnis noch ungünstiger in diesem Jahr (2311 Katholiken).

Ein Grund für den Seelsorgsmangel in bestimmten Gebieten liegt darin, daß

> *»die Verteilung der Seelsorger [nicht] der Differenzierung des Bevölkerungswachstums [...] gefolgt [ist], und mit dem Wachsen der Großstädte und der Ausdehnung der Industrialisierung ist gerade in diesen Gebieten ein sehr großer Seelsorgermangel entstanden.«* [24]

Für das Jahr 1958 wurde für Deutschland ein durchschnittlicher Mangel an Pfarrseelsorgern von 38% berechnet. In absoluten Zahlen ausgedrückt, fehlten damals 10112

Pfarrseelsorger in Deutschland.[25] Und dieser Mangel ist nur zum kleineren Teil auf Kriegsfolgen zurückzuführen. Die Lage ist in der Meinung von Dellepoort in allen deutschen Diözesen besorgniserregend.

*b) Altersstruktur des Klerus*

Um die Situation in der Zukunft berechnen zu können, ist ein Blick auf den Altersaufbau des Klerus wichtig, da sich daran langfristig ablesen läßt, wie viele Priester für die Pfarrseelsorge zur Verfügung stehen werden.

Schon 1931 gab es eine leichte Überalterung des Klerus, das heißt, es waren in der Altersgruppe der 55 -65 jährigen mehr Priester vertreten, als dies dem Bevölkerungsanteil entsprochen hätte.[26]

Zwischen 1931 und 1954/55 hat sich dieses Verhältnis dann weiter verschlechtert.

**Altersstruktur des Klerus**

| Alter | 1931 | 1954/55 |
|---|---|---|
| bis 35 | 16,9 % | 10,9 % |
| bis 45 | 22,2 % | 21,1 % |
| bis 55 | 27,7 % | 27,7 % |
| bis 65 | 22,5 % | 16,3 % |
| bis 75 | 8,3 % | 15,8 % |
| bis 85 | 2,1 % | 7,3 % |
| älter | 0,3 % | 0,9 % |

Quelle: J. Dellepoort 1961 a.a.O.

Die Gesamtzahl des Klerus ist gleich geblieben, aber die Zahl der über 65jährigen ist fast doppelt so groß. Auch 1954/55 unterschieden sich die Altersgruppierungen des Weltklerus von der übrigen männlichen Bevölkerung. Nach den Altersgruppierungen läßt sich ausrechnen, wie viele Weltpriester das 65. Lebensjahr erreichen werden. So geht Dellepoort für 1976–1980 von 690 Priestern pro Jahr aus.[27] Unberücksichtigt bleiben bei diesen Berechnungen die Veränderungen der Katholikenzahl und das vorzeitige Ausscheiden von Priestern aus ihrem Dienst aus unterschiedlichen Gründen.

Dies bedeutet, daß, um den Stand der Pfarrseelsorger zu halten, mindestens 1200 Priester jedes Jahr neu geweiht werden müssen.[27] Dies setzt voraus, daß sich ständig ca. 7000 Studenten in Ausbildung befinden müßten. 1958 war mit 2396 Studenten in Priesterseminaren und bischöflichen Konvikten nur knapp die Hälfte erreicht.[28]

Als Maßnahmen zur Minderung der Priesternot werden im wesentlichen drei Vorschläge gemacht: a) Vermehrte Werbung um Priesteramtskandidaten, b) Verstärktes Engagement der Gemeinde für Priesterberufungen und c) verstärkte Beteiligung von Ordensgeistlichen und ausländischen Geistlichen an der Pfarrseelsorge.[29]

## 2.4 LAIEN ALS GEMEINDELEITER (1975)

Im Jahr 1975[30] setzte der zairische Kardinal Malula zum ersten Mal in seiner Diözese ›Bakambi‹ als Gemeindeleiter ein. Es handelt sich hierbei um nichtgeweihte Ehemänner, die offiziell vom Bischof mit der Leitung einer Gemeinde beauftragt werden.
Zwar hat in Zaire der Pfarrermangel einen ganz anderen (historischen) Hintergrund, andere soziologische Gründe und Ausformungen, gleichwohl soll der Blick durch die Geschichte mit diesem zeitlich sehr nahen, aber kulturell entfernten Modell abgeschlossen werden. Diese Sicht über den europäischen Tellerrand hinaus weitet den Blick für die Probleme der universalen Kirche und läßt lernen, wie originell einzelne Ortskirchen in der Lage sind, ihr Problem im kulturellen Kontext zu lösen. Das Modell, das im folgenden vorgestellt wird, führt zu einem neuen Miteinander von Priestern, Ordensleuten, Laien und Bischof.

*a) Ausgangssituation*
Für die Erzdiözese Kinshasa gab es drei Gründe, das II. Vatikanische Konzil, und hier besonders die stärkere Betonung der Verantwortung jedes einzelnen in und für die Kirche, auf eine ganz eigene Art und Weise umzusetzen: a) unvermindertes Bevölkerungswachstum, b) daraus resultierender Pfarrermangel, c) der Kirche ein afrikanisches Gesicht zu geben.[31] An dieser Stelle ist nur Platz, die beiden ersten Punkte etwas zu betrachten.
In den 20er Jahren hatte Kinshasa ca. 25000 Einwohner. 1966 waren es bereits 800000 Einwohner und in jeweils 10 Jahren verdoppelte sich die Zahl (1975: 1,6 Millionen; 1985: 3,2 Millionen). Man geht davon aus, daß im Jahr 2000 die Sechsmillionengrenze[32] überschritten sein wird.[33] 1897 wurde die erste katholische Pfarrei gegründet. 1950 gab es in Kinshasa 8 Pfarreien für 200000 Einwohner, 1960 21 Pfarreien für 400000 Einwohner und 1967 43 Pfarreien für 800000 Einwohner. Die relativ schnelle Errichtung von neuen Pfarreien war vor allem durch die Zuwanderung von ausländischen Missionaren und die Öffnung für neue Orden möglich. 1967 gab es pro Pfarrei ungefähr 19000 Gläubige.[34]

Da die Zahl der neu hinzukommenden ausländischen Priester immer mehr abnimmt, währenddessen die Bevölkerung weiter zunimmt, einheimische Priester aber kaum vorhanden sind, beginnt man mit einer Reflexion der Situation der Diözese. 1970 wird zum ersten Mal veröffentlicht, daß man in der Diözese den kirchlichen Basisgemeinschaften in der Pastoral eine Priorität einräumt. Hierzu sollen für die zukünftigen Basisgemeinden Laien als Betreuer und Moderatoren ausgebildet werden. In einem gestuften Ausbildungssystem (3 Jahre wöchentliche Abendkurse und dann 3 Jahre Vollzeitstudium) werden die Interessenten für die zukünftigen Laiendienstämter ausgebildet.
Inzwischen gibt es in Kinshasa 82 Pfarreien, von denen 16 Laien anvertraut sind. Gegen Ende des Jahrhunderts werden ca. 250 Pfarreien in Kinshasa nötig sein.

*b) Laien als Gemeindeleiter*

Mittelpunkt der neuen Pastoral sind die kirchlichen Basisgemeinschaften, in denen sich Christen einer Wohngegend regelmäßig treffen und gemeinsam kirchliche Gemeinschaft sein und das Wort Gottes an der Basis leben wollen.[35]
Ziel dieser Gemeinschaft ist es, eine Gruppe zu bilden, in der jeder jeden kennt, man miteinander den Glauben feiert, sich gegenseitig evangelisiert, die Situation der Welt im Licht des Evangeliums reflektiert und an der Verwirklichung des Reiches Gottes in der Welt mithilft.
Innerhalb der Basisgemeinschaft gibt es eine Kerngruppe, die die Aufgabe hat, als Team die Gemeinde zu leiten, lebendig zu erhalten und zu koordinieren. Diese Aufgabe kann jede Frau und jeder Mann der Gemeinde, die/der dazu fähig ist, übernehmen. Aus der Kerngemeinde wird alle drei Jahre ein Verantwortlicher/eine Verantwortliche (moyangeli) gewählt, die eine allgemeine religiöse Ausbildung (3 Jahre wöchentlich ein Abend) erhalten haben. Der moyangeli hält den Kontakt zu nichtkatholischen christlichen und nichtchristlichen Gruppen am Wohnort. Er vermittelt zwischen der Basisgruppe und der Pfarrei und er überwacht, ob die Aktivitäten der Basisgemeinschaft mit den Beschlüssen der Diözese übereinstimmen.
Die Pfarrei ist der Ort der Begegnung der verschiedenen Basisgemeinschaften. Der Pfarrmokambi ist für die organisatorischen und seelsorglichen Belange der Pfarrei zuständig. Bei der feierlichen Einsetzung durch den Bischof wird der Mokambi an der Ausübung des Hirtenamtes beteiligt:

*»Führe die Christen dieser Pfarrei auf den Wegen, die Jesus Christus den Menschen gewiesen hat.«* [36]

Für jede Pfarrei gibt es einen mitverantwortlichen Priester, der, wenn er nicht in der Pfarrei lebt, dort regelmäßig anwesend sein muß.

## 3. Definition

In einem dreifachen Begriffsfeld läßt sich die Existenz des Pfarrermangels festmachen. Ob und ab wann ein Pfarrermangel vorliegt, hängt davon ab, welche Gemeindevision besteht. Bei einer Gemeindevision, in der es hauptsächlich um die sakramentale Versorgung der Gemeindeglieder geht, wird man erst wesentlich später einen Mangel feststellen als in einer Gemeindevorstellung, in der die Gemeinde selber ›Subjekt‹ der Seelsorge ist und hierfür eine qualifizierte und zeitintensive Anleitung durch den Gemeindeleiter

**Abbildung 3 Begriffsfeld Pfarrermangel**

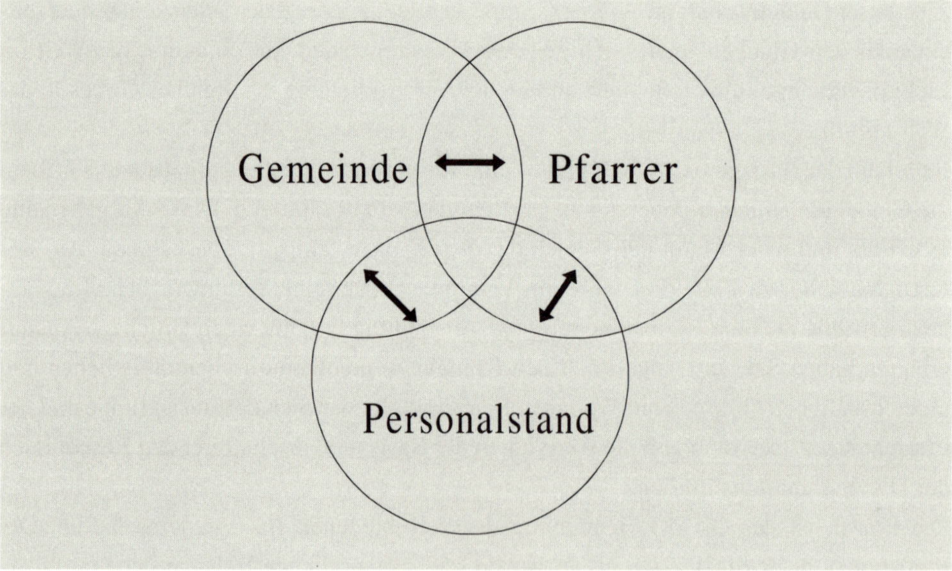


braucht. Während im ersten Fall das Zusammenlegen von mehreren Gemeinden noch problemlos erscheint, wird im zweiten Fall ein solches Vorgehen immer auch als Beschränkung des Gemeindekonzepts erfahren. Man erfährt hier viel deutlicher, welche Folgen der Mangel an geweihten Gemeindeleitern hervorruft.

Direkt damit korreliert das Bild, das man von einem Pfarrer hat. Welche Bedeutung hat der geweihte Amtsträger für die Gemeinde? Welche Aufgaben kann er abgeben, welche können nur von ihm ausgefüllt werden? Je umfassender das Pfarrerbild mit Einzelaufgaben ausgefüllt ist, umso schneller wird der Mangel an Gemeindeleitern, die diese Aufgaben ausführen können, spürbar.
Gemeinde- und Pfarrerbild werden durch die personellen Möglichkeiten dann jeweils in ihrer Umsetzbarkeit gefördert oder behindert. Der augenblickliche und der berechenbare Personalstand, d.h. die faktische Umsetzbarkeit der Visionen, bestimmen den Pfarrermangel mit.

**Definition Pfarrermangel**

Die Beschreibung des Begriffs ›Pfarrermangel‹ könnte dann so lauten:

**Pfarrermangel ist eine Situation, in der die Vorstellungen von dem, was eine christliche Gemeinde ist und welche Aufgaben der Pfarrer als Leiter dort ausführt, aufgrund des Personalstandes nicht mehr verwirklicht werden können.**

Diese Umschreibung ist offen für unterschiedliche Ansprüche und Situationen, in denen der Pfarrermangel festgestellt wird, ohne damit einer subjektiven Beliebigkeit das Wort zu reden. Vielmehr wird ernst genommen, daß sich Pfarrerbild und Ansprüche an die Seelsorge im Lauf der Geschichte gewandelt haben[37] und diese Veränderungen auch in der Praxis ihren Niederschlag finden.
Es ist nicht gleichgültig, bei welchem der drei Begriffe man ansetzt, um den Pfarrermangel zu beschreiben, da der Ausgangspunkt immer das Ergebnis mitbestimmt. Wenn der aktuelle Personalstand als Einstieg in das Problem genommen und von daher beschrieben wird, was eine Gemeinde und ein Pfarrer ist, oder anders gesagt, wie Pastoralpläne gemacht werden, dann besteht die Gefahr, daß durch die Macht des Faktischen die Entwicklung von neuen Perspektiven erschwert wird. An einer solchen Sicht ist richtig, daß sich Pläne immer an dem Machbaren orientieren müssen. Gleichwohl werden hier zuerst neue Perspektiven entwickelt. Diese müssen dann an dem Möglichen gemessen werden. Unser Ausgangspunkt ist die Gemeinde als der Ort, an dem Menschen sich zur Gemeinschaft mit Gott zusammenfinden. Von dort aus wird die Aufgabe eines Gemeindeleiters beschrieben und werden personalpolitische Möglichkeiten entwickelt.

# 4. Zusammenfassung

Es ist zu unterscheiden zwischen dem Priester- und dem Pfarrermangel. Der Pfarrermangel als Folge des Priestermangels betrifft in erster Linie die einzelnen Pfarrgemeinden, da nicht mehr für alle Gemeinden geweihte Gemeindeleiter zur Verfügung stehen. Der Pfarrermangel ist eine Situation, in der die Vorstellung, was eine christliche Gemeinde ist und welche Aufgaben ein Pfarrer in dieser hat, aufgrund der Personalsituation nicht mehr verwirklicht werden kann. Die Gründe für den Pfarrermangel können unterschiedlich sein: schnelles Anwachsen der Gläubigen, vermehrtes Verlassen des Priesteramtes, Nachwuchssorgen.

Der jetzige Pfarrermangel zeichnet sich schon seit Jahrzehnten ab.

Der Pfarrermangel hat historische Dimensionen und ist nicht nur auf den europäischen Raum beschränkt. Die Kirche in Zaire z. B. versucht dem Pfarrermangel durch eine Neustrukturierung der Pfarrgemeinden zu begegnen. Es wird das Engagement der Laienmitarbeit verstärkt. Neben einer fundierten Ausbildung werden die Laien auch mit neuen Kompetenzen ausgestattet.

# 5. Literatur und Anmerkungen

BERTSCH, LUDWIG (Hrsg.): Laien als Gemeindeleiter: ein afrikanisches Modell. Freiburg i. Br., 1990.

DASSMANN, ERNST: Priestermangel in frühchristlichen Gemeinden? in: Lebendige Seelsorge, 3/1990, Würzburg, 113–119.

DELLEPOORT, J., GREINACHER, N., MENGES, W.: Die deutsche Priesterfrage – Eine soziologische Untersuchung über Klerus und Priesternachwuchs in Deutschland. Mainz, 1961.

GATZ, ERWIN: Die Bistümer und ihre Pfarreien. Freiburg i. Br., 1991.

GATZ, ERWIN: Pfarr- und Gemeindeorganisation: Studie zu ihrer Entwicklung in Deutschland, Österreich u. d. Schweiz. Paderborn, 1987.

KLOSTERMANN, FERDINAND (HRSG.); Der Priestermangel und seine Konsequenzen – Einheit und Vielfalt der kirchlichen Ämter und Dienste. Düsseldorf, 1977.

REUSS, JOSEF MARIA: Seelsorge ohne Priester? Düsseldorf, 1976.

SWOBODA, HEINRICH: Großstadtseelsorge. Regensburg, $^{2}$1911.

ZULEHNER, PAUL M.: Priestermangel praktisch – Von der versorgten zur sorgenden Pfarrgemeinde. München, $^{2}$1983.

*

1 In der Literatur werden beide Begriffe als identisch verwendet. In der Regel ist dann aber vom Pfarrermangel die Rede. Vgl. dazu: Klostermann, Ferdinand (Hrsg.): Der Priestermangel und seine Konsequenzen. 1977, Düsseldorf.

2 Ein Grund für den Pfarrermangel kann zum Beispiel darin liegen, daß die Gemeinden so schnell wachsen, daß sie geteilt werden müssen, ohne daß Pfarrer zur Verfügung stehen. Die Kirchen Lateinamerikas und Afrikas sehen sich eher aus diesem Grund mit dem Pfarrermangel konfrontiert.

3 Vgl. zum ganzen: Gatz, Erwin: Pfarr- und Gemeindeorganisation: Studie zu ihrer Entwicklung in Deutschland, Österreich u. d. Schweiz. Paderborn 1987; Gatz, Erwin: Die Bistümer und ihre Pfarreien. Freiburg i. Br., 1991.

4 Rieder, F.: Handbuch der k. k. Gesetze und Verordnungen über geistliche Angelegenheiten. Bd. 1, 1948, Wien.

5 Zur ›Vorverlegung‹ der josephinischen Pfarregulierung vgl: Zinnhobler, Rudolf: Diözese Linz. in: Gatz, Erwin: Pfarr- und Gemeindeorganisation: Studie zu ihrer Entwicklung in Deutschland, Österreich u. d. Schweiz. Paderborn 1987, 15 ff.

6 Ferihumer, A.: Die kirchliche Gliederung des Landes ob der Enns im Zeitalter Kaiser Josefs II. Haus Österreich und Hochstift Passau in der Zeitspanne von 1771 bis 1782 (=Forschungen zur Geschichte Oberösterreichs 2). Linz, 1952, 30.

7 Hier sind besonders die Reformierten gemeint.

8 In diesem Zusammenhang kann vernachlässigt werden, ob und inwieweit dieses Dekret auch tatsächlich immer umgesetzt wurde.

9 Swoboda, Heinrich: Großstadtseelsorge. Regensburg, $^{2}$1909.

10 So wuchs Wien zwischen 1754 und 1875, also in 125 Jahren, von 175 540 Einwohnern auf über eine Million, in nur 35 weiteren Jahren vervielfachte sich die Bevölkerung auf 2,3 Millionen Einwohner. Vgl. Zulehner, Paul M.: Gemeindepastoral. Düsseldorf, 1989, 66.

11 Swoboda, Heinrich: a. a. O. 322 ff.

12 Swoboda, Heinrich a. a. O. 325.

13 Zitiert nach Swoboda, Heinrich: a. a. O. 325.

14 Zitiert nach Swoboda, Heinrich a. a. O. 331.

15 Swoboda, Heinrich: a. a. O. 338.

16 Swoboda, Heinrich: a. a. O. 339.

17 Dellepoort, J., Greinacher, N., Menges, W.: Die deutsche Priesterfrage – Eine soziologische Untersuchung über Klerus und Priesternachwuchs in Deutschland. Mainz, 1961.

18 Dellepoort, J.: a. a. O. 37.

19 Dellepoort, J.: a. a. O. 174.

20 Hier bleiben unberücksichtigt Berlin und Breslau, die nach Ende des Kriegs eine Abnahme zu verzeichnen haben. Dies ist aber durch die politische Situation und Neuordnung bedingt.

21 Dellepoort, J.: a. a. O. 41.

22 Dellepoort, J.: a. a. O. 44.

23 Dellepoort, J.: a. a. O. 48.

24 Dellepoort, J.: a. a. O. 58 und 185.

25 Dellepoort, J.: a. a. O. 65.

26 Dellepoort, J.: a. a. O. 74.

27 Dellepoort, J.: a. a. O. 102.

28 Die durchschnittliche Zahl der Priesteramtsstudenten pro 100000 Katholiken betrug 1937 22,2, dagegen 1956 nur noch 14,0. Ein Vergleich mit der Zahl der Pfarrseelsorger pro 100000 Katholiken (B.2.2 Seite 42 ) ist aufschlußreich.

29 Dellepoort, J.: a. a. O. 146ff.

30 Bertsch, Ludwig (Hrsg.): Laien als Gemeindeleiter: ein afrikanisches Modell. Freiburg i. Br., 1990, 12.

31 Bertsch, Ludwig (Hrsg.): Laien als Gemeindeleiter. a. a. O., 29.

32 Bei einer Gesamtbevölkerung von Zaire von ca. 50 Millionen.

33 Bertsch, Ludwig (Hrsg.): Laien als Gemeindeleiter. a. a. O., 73.

34 Bertsch, Ludwig (Hrsg.): Laien als Gemeindeleiter. a. a. O., 74.

35 Bertsch, Ludwig (Hrsg.): Laien als Gemeindeleiter. a. a. O., 91 ff.

36 Bertsch, Ludwig (Hrsg.): Laien als Gemeindeleiter. a. a. O., 199.

37 Zum letzten vergleiche: Gauly, Heribert: Seelsorge zwischen Ratlosigkeit und Hoffnung – Der Wandel pastoraler Praxis seit dem Zweiten Vatikanum. in: Reuß, Josef Maria: Seelsorge ohne Priester. Düsseldorf, 1976, 13–28.

# B. BESTANDSAUFNAHME

*Außerdem sagte Jesus zu den Leuten:*
*Sobald ihr im Westen Wolken aufsteigen*
*seht, sagt ihr: Es gibt Regen. Und es*
*kommt so. Und wenn der Südwind weht, dann*
*sagt ihr: Es wird heiß. Und es trifft ein.*
*Ihr Heuchler! Das Aussehen der Erde könnt Ihr*
*deuten. Warum könnt Ihr die Zeichen dieser Zeit*
*nicht deuten? Warum findet Ihr nicht von*
*selbst schon das rechte Urteil?*
*(Lk 12, 54–57)*

# 1. »Was wäre wenn...?«

Immer mehr Pfarrgemeinden sehen sich heute mit der Situation konfrontiert, daß sie in absehbarer Zeit nicht mehr mit einem eigenen Pfarrer versorgt werden können. Ein Großteil der Gemeinden wird »ihren Pfarrer« mit einer Nachbargemeinde teilen müssen, in den meisten Pfarrhäusern wird kein Priester mehr wohnen können. Viele Gemeinden hoffen, daß sie die letzten Gemeinden seien, die noch immer einen Priester bekämen. Wenn dies nicht der Fall wäre, dann befürchten sie schwerwiegende Folgen für die Pfarr- und Ortsgemeinde. In jüngeren soziologischen Untersuchungen[1] wurden unter anderem die Erwartungen und Wünsche an einen Priester erörtert.[2] In der negativen Abgrenzung wurde gefragt, was sie befürchten, wenn kein Pfarrer mehr am Ort lebt.
Für eine Studie über den Pfarrermangel sind solche Umfragen insofern von Bedeutung, als sie dokumentieren, welche Ängste, Hoffnungen und Wünsche an den Pfarrer geknüpft werden, und sich daraus Hinweise auf zukünftige Handlungen ergeben können. Deshalb soll zu Beginn dieser Studie knapp das vorliegende soziologische Material präsentiert werden, auf das dann im Verlauf der weiteren Studie zurückzugreifen ist.

## 1.1 ERWARTUNGEN AN DEN PRIESTER

Befragt wurde ein repräsentativer Querschnitt, in welcher Situation ein Priester um Rat gefragt würde. Zur Auswahl wurden acht unterschiedliche Situationen gegeben, von denen maximal drei genannt werden konnten. Die Erwartungen lassen sich in drei differierende Richtungen unterteilen: ›öffentlich-soziale‹ Belange, ›familiäre‹ Belange und ›persönlich-religiöse‹ Belange.
Zu den öffentlich-sozialen Belangen gehören berufliche Sorgen, finanzielle Probleme und politische Fragen, zu den familiären Belangen Eheprobleme und Kindererziehung, und zu den persönlich-religiösen Belangen gehören religiöse Probleme, persönliche Verzweiflung und Gewissensnot.
58 Prozent der Befragten würden einen Priester bei religiösen Fragen um Hilfe bitten, 54 Prozent in der Situation der persönlichen Verzweiflung und 43 Prozent in Gewissensnot (siehe Abbildung 4).[3]
Bei Eheproblemen und in Fragen der Kindererziehung würden nur 16 bzw. 12 Prozent einen Priester als Ratgeber aufsuchen. Unter 5 Prozent der Befragten würden bei finan-

**Abbildung 4**
**Erwartungen an den Pfarrer**
*Pfarrer als Seelsorger gefragt bei…*

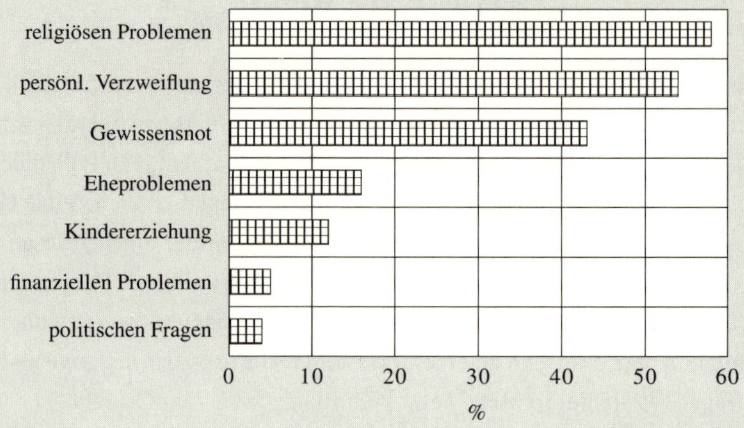


Daten: Zulehner Religion Österreich 1990

ziellen Problemen, bei Sorgen im Beruf und in politischen Fragen den Weg zu einem Priester suchen.

Wenn die Leute Erwartungen an einen (katholischen) Priester haben, dann beziehen sich diese auf persönlich-religiöse Belange.

**Abbildung 5**
**Vergleich 1980/1990**

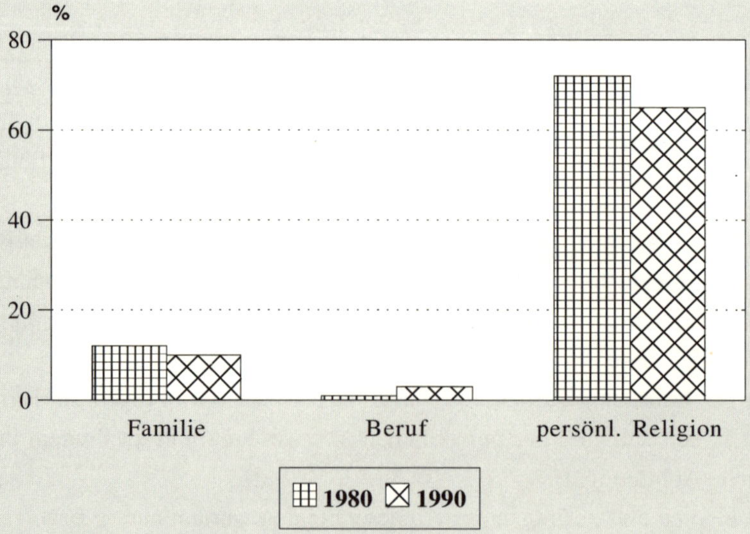


Daten: Zulehner Religion Österreich 1990

Im Vergleich zu 1980 ist das Niveau kaum verändert.
1990 stimmten 39 Prozent der Befragten der Aussage zu, daß ein Priester hohes Ansehen genießt. Im Vergleich zu 1980 hat sich diese Einstellung nur um 5 Prozentpunkte nach unten verändert. In diesem Zusammenhang ist es konsequent, daß 39 Prozent den Besuch eines Priesters zu Hause begrüßen würden.

## 1.2 BEFÜRCHTUNGEN

Neben den Erwartungen an einen Priester wurde in der gleichen Studie auch untersucht, wie der Priestermangel wahrgenommen wird und welche Auswirkungen durch einen zunehmenden Mangel befürchtet werden.
Hierzu wurden 9 unterschiedliche Einschätzungen[4] vorgelegt, die dann jeweils einzeln bewertet werden sollten. Bei jeder Einschätzung sollten die Befragten angeben, wie sicher diese eintreffen würde. Hierzu sollte auf einem fünffach gestuften Schema die Wahrscheinlichkeit angegeben werden.
Durch diese Fragen lassen sich nicht nur die befürchteten Auswirkungen des Priestermangels feststellen. Auch kann erörtert werden, welche Aufgaben von den Menschen einem Priester in erster Linie zugewiesen werden.[5] In der folgenden Abbildung 6 sind nur die Einschätzungen angegeben, die der Meinung waren, daß dies sicher eintreten würde.

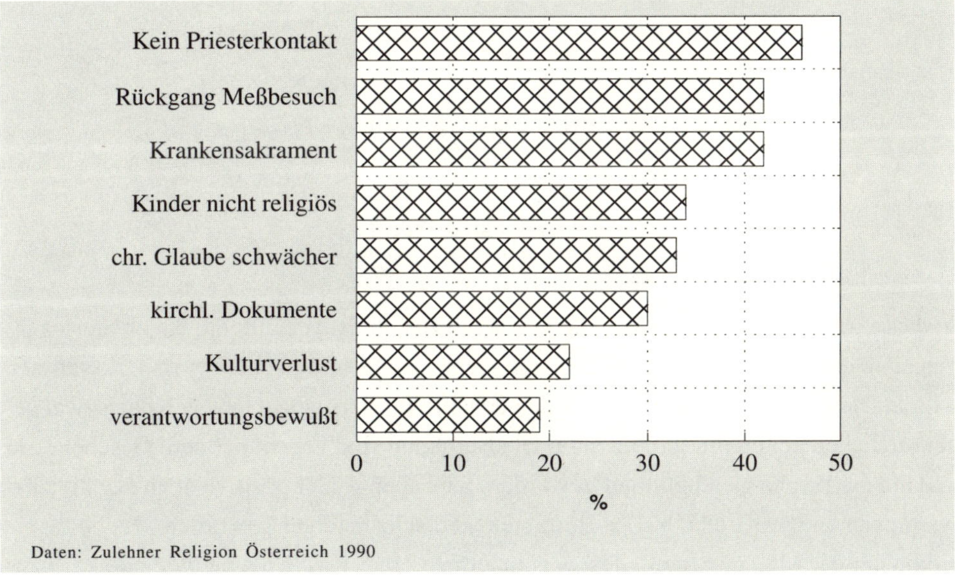


**Abbildung 6**
**Befürchtungen**

Auffällig ist, daß in der Rangliste der Befürchtungen die Kontaktmöglichkeiten, der Meßbesuch, Krankensakrament und Kinderkatechese an oberster Stelle stehen, sittliches Verantwortungsbewußtsein und die kulturelle Bedeutung für den Ort in der Rangliste unten steht. In Übereinstimmung mit den Erwartungen an einen Priester stehen auch bei den Befürchtungen wieder die ›persönlich-religiösen‹ Belange im Mittelpunkt. Offenbar findet (im Augenblick) die Bindung an die Kirche personengebunden statt. Ältere soziologische Untersuchungen in Gemeinden, die schon seit Jahren keinen Pfarrer mehr am Ort haben, unterstützen dies. Dort sind im Laufe der Jahre die Zahlen der Kirchenaustritte überdurchschnittlich gestiegen und haben der Kirchgang und der Kommunionempfang überdurchschnittlich abgenommen. Ist kein Pfarrer mehr am Ort, fürchten die Menschen, daß die Bindung an die Kirche abnimmt. Im Vergleich zu 1980 haben sich die Befürchtungen leicht gemildert (Abbildung 7).

**Abbildung 7 Befürchtungen + / –**

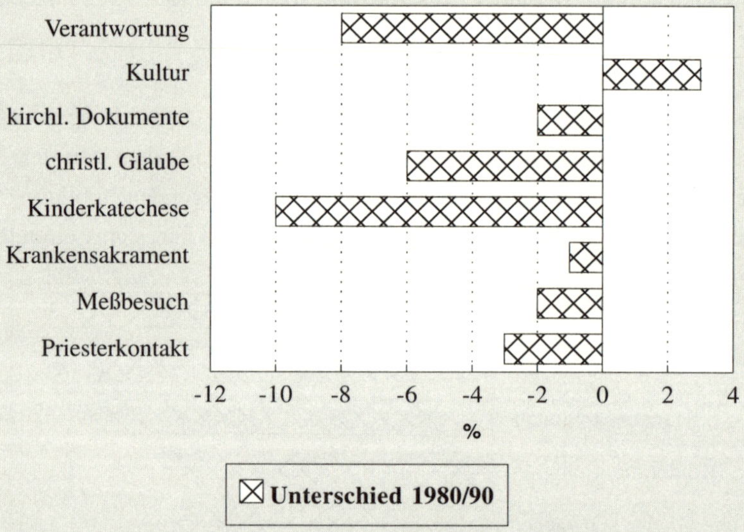


Daten: Zulehner Religion Österreich 1990

In dieser Abbildung wurden jeweils diejenigen zusammengezählt, die davon ausgegangen sind, daß das entsprechende Ereignis ›ganz sicher‹ und ›sicher‹ (1 und 2) eintreten würde. Dieser Rückgang der Befürchtungen beim Pfarrermangel läßt sich nach zwei gegensätzlichen Seiten interpretieren: a. Die Befragten sind gegenüber dem Geschehen in und um die Kirche gleichgültiger geworden. Sie haben weder positive noch negative Erwartungen an die Kirche. b. Die Befragten sind selbständiger geworden, das heißt, sie sind nicht der Meinung, daß alles, was innerhalb einer Kirchengemeinde passiert bzw.

nicht passiert, von einer Autorität abhängig ist. Welche der beiden Interpretationen sich in diesem Zusammenhang nahelegt, läßt sich nur im Zusammenhang der Gesamtuntersuchung[6] sagen.

## 2. Daten und Trends

Grundlage, um eine Zukunftsperspektive entwickeln zu können, ist eine ungeschönte Beschreibung der augenblicklichen Situation. Erst daraus läßt sich erkennen, welcher Handlungsbedarf mittel- und langfristig besteht. Trotz der seit langem bekannten Konstellation um Priester als Gemeindeleiter sind bisher kaum konkrete Berechnungen in der Öffentlichkeit bekannt geworden. Selbst Gemeinden, bei denen auf diözesaner Ebene bereits seit Jahren klar ist, daß sie keinen neuen Pfarrer mehr erhalten werden, werden erst kurzfristig mit dieser veränderten Situation konfrontiert.[7] Im folgenden soll ein allgemeiner Überblick gegeben werden, der die Notwendigkeit eines gezielten Handelns unterstreichen soll.

### 2.1 QUELLENLAGE

Grundlage der Darstellung der augenblicklichen Situation in den deutschen Diözesen sind die Daten, die vom Sekretariat der Deutschen Bischofskonferenz erhoben wurden.[8] Diese Daten ermöglichen einen summarischen Überblick und eine allgemeine mittel- und langfristige Prognose, wie sich die Versorgung mit Pfarrern vor Ort weiterentwickeln wird. Darüber hinaus liegt eine Untersuchung vor, die Daten in allen deutschsprachigen Diözesen erhoben hat, um daraus auch für einzelne Diözesen die Situation beschreiben und die Veränderungen berechnen zu können.[9] Auch ohne daß diese Untersuchung in Einzelheiten zitiert wird, stehen deren Ergebnisse im Hintergund dieser Veröffentlichung.[10]

Allgemein ist zu sagen, daß eine unterschiedlich differenzierte Datenlage vorliegt, d. h., einige Diözesen können sehr präzise die Veränderungen, die der Pfarrermangel hervorruft, sowohl qualitativ als auch quantitativ angeben. So ist es einigen Diözesen möglich, eine präzise und vorausschauende Personalplanung durchzuführen. In diesen – wenigen – Diözesen wissen auch die Mitarbeiter und Gemeinden um die dünne Personaldecke, so daß sie die Situation realistisch einschätzen können und sich auf die veränderten Bedingungen vorbereiten könnten (konnten). Bei anderen Diözesen drängt sich dagegen der Verdacht auf, daß man lieber nicht in die Zukunft sehen möchte und dementsprechend wenig Vorbereitungen trifft. Nichtsdestotrotz werden auch diese Diözesen, vielleicht weniger gut vorbereitet, von dem Pfarrermangel betroffen sein.

## 2.2 IST-STAND

Der Pfarrermangel als ein funktional beschriebenes Phänomen[11] läßt sich am besten mit unterschiedlichen soziologischen Parametern beschreiben. Für eine primäre Beschreibung wurden drei Perspektiven ausgewählt: Verhältnis der Katholiken pro Priester, Verhältnis der Katholiken pro Pfarrer, Verhältnis der freien zu den besetzten Pfarrstellen.
Die ersten beiden Parameter ermöglichen einen zweifachen Vergleich. Einerseits sind die Diözesen untereinander vergleichbar geworden, andererseits bietet sich ein geschichtlicher Vergleich an. Für beide Größen gilt aber, daß sie bestimmte soziographische Daten wie ›Pfarreigröße‹ u. ä. nicht berücksichtigen können. Die Absolutheit der Zahlen relativiert sich hierdurch zwar leicht, diese Einschränkung scheint aber aufgrund der historischen und interdiözesanen Vergleichsmöglichkeit gerechtfertigt.
Der dritte Parameter nimmt als Grundlage die aktuelle Zahl der Pfarreien im Verhältnis zu den unbesetzten Pfarreien. Dabei kann davon ausgegangen werden, daß die Gesamtzahl der Pfarrgemeinden zum größten Teil auch durch pastorale Notwendigkeiten mitbestimmt ist. Die Beziehung zwischen ›besetzt‹ und ›unbesetzt‹ zeigt an, welche Schwierigkeiten sich zwischen pastoral Notwendigem und personell Möglichem heute schon ergeben. Leichte Unschärfen bei diesem Parameter können sich dadurch ergeben, daß einige Diözesen im städtischen Raum bereits damit beginnen, mehrere Pfarrgemeinden zu einer zusammenzulegen. In der Statistik würden solche zusammengelegte Gemeinden als eine besetzte Pfarrei auftauchen. Da diese Entwicklung aber erst am Anfang steht und auch nur begrenzt durchsetzbar sein wird, ist sie im Augenblick für die Gesamttendenz[12] unbedeutend.
Erster Parameter ist die Zahl der Katholiken pro Priester. Hierbei wird die Zahl der Katholiken pro Diözese mit der Zahl der diözesanen Priester in Relation zueinander gesetzt. Damit wird beschrieben, wie viele Priester innerhalb einer Diözese theoretisch für priesterliche Aufgaben an Gläubigen zur Verfügung stehen.
Die Streuungsbreite liegt zwischen 803 bis zu 2057 Katholiken pro Priester. Damit wird auf den ersten Blick bereits deutlich, daß im Augenblick die Situation in den deutschen Bistümern ganz unterschiedlich aussieht.

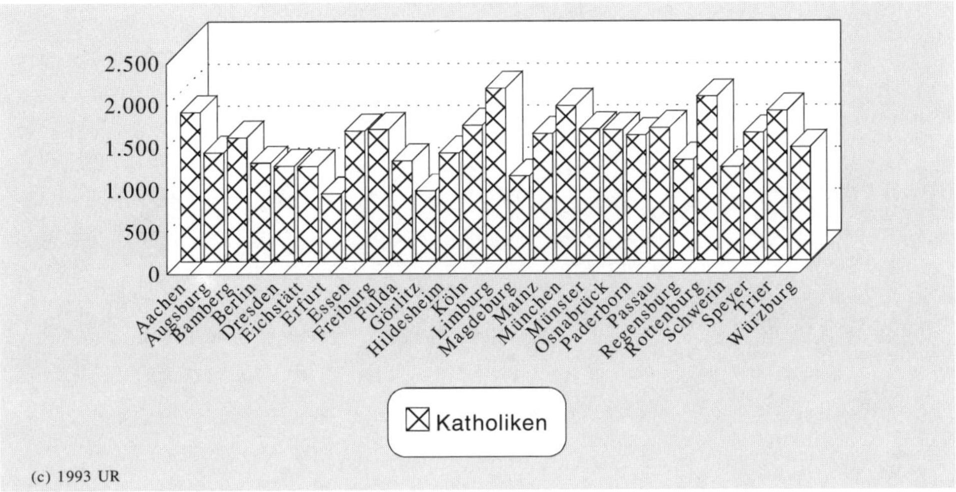


**Abbildung 8 Katholiken pro Priester in deutschen Diözesen**

Zu der Gruppe mit dem günstigsten Verhältnis (Gruppe I: 803–1196 Katholiken) gehören alle ostdeutschen Bistümer; ferner die Bistümer Eichstätt und Fulda.

Zu der Gruppe mit dem ungünstigsten Verhältnis (Gruppe III: 1614–2057 Katholiken pro Priester) gehören die Bistümer Köln, Aachen, Trier, München, Rottenburg-Stuttgart und Limburg.

Die übrigen Diözesen gehören zur Mittelgruppe (Gruppe II: 1205–1582 Katholiken pro Priester).

Ein Vergleich der drei Gruppen untereinander läßt nicht erkennen, daß ein ›Bistums-Typ‹[13] ein besonders günstiges beziehungsweise besonders ungünstiges Verhältnis vorzuweisen hätte. Alle Typen sind in den drei Gruppen vertreten. Das auffallend gute Verteilungsverhältnis bei den Bistümern, die zum Gebiet der ehemaligen Berliner Bischofskonferenz gehören, läßt sich teilweise durch die besonderen historischen/politischen Bedingungen erklären.

Um dieses Ergebnis zu überprüfen, ist es notwendig, die Zahl der Katholiken in ein Verhältnis zu der Zahl der Priester, die aktiv in der Gemeindepastoral stehen, zu setzen. Das Verhältnis liegt zwischen 1192 bis zu 3956 Katholiken pro Pfarrer.

Zur Gruppe mit dem günstigsten Verhältnis (Gruppe I: 1192–2067 Katholiken pro Pfarrer) gehören wiederum die ostdeutschen Diözesen (diesmal ohne Berlin), ferner die Bistümer Fulda und Eichstätt, zu denen das Bistum Regensburg neuerdings hinzugezählt werden muß.

In die Gruppe mit dem ungünstigsten Verhältnis (Gruppe III: 2955–3956 Katholiken pro Pfarrer) ist die Diözese Mainz neu hinzugekommen.

**Abbildung 9**
**Katholiken pro Pfarrer in deutschen Diözesen**

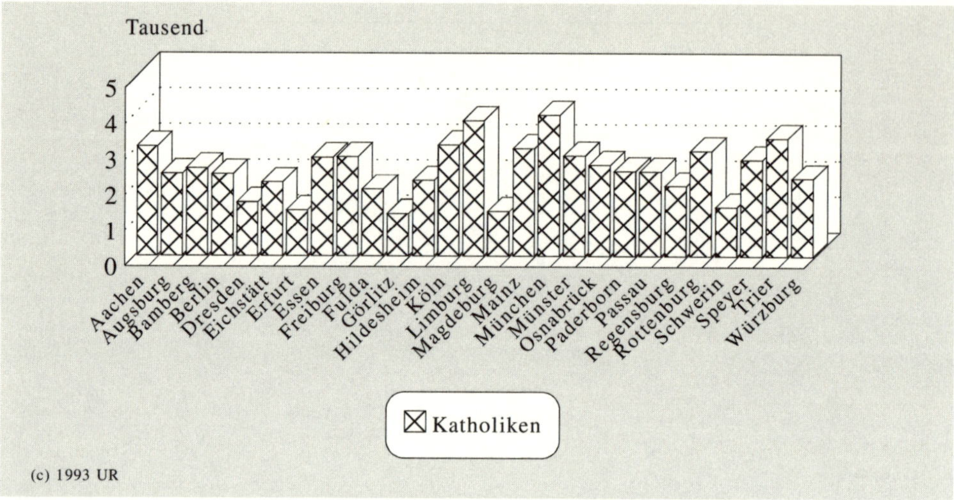


Bei den übrigen Diözesen aus der Mittelgruppe (Gruppe II: 2123–2815 Katholiken pro Pfarrer) hat sich nur eine leichte Verschiebung ergeben.

Während ein Priester aus Gruppe II bis zu 2,5 mal soviele Katholiken wie sein Kollege aus Gruppe I zu betreuen hat, hat ein Pfarrer aus Gruppe III bis 3,3 mal soviele Gemeindemitglieder wie sein Kollege aus Gruppe I.

Die bisherigen Zahlen verweisen auf zwei Umstände: Es bestehen erhebliche Unterschiede zwischen den einzelnen deutschen Diözesen. Daraus ergibt sich, daß die Not-

**Abbildung 10**
**Freie und besetzte Pfarreien**

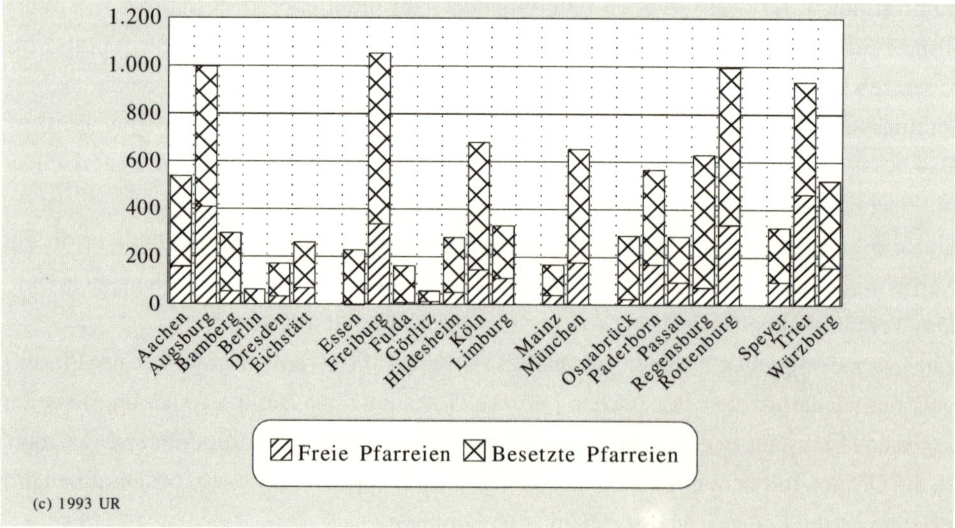

wendigkeit, auf den Pfarrermangel in den einzelnen Diözesen zu reagieren, unterschiedlich dringend ist. Während einzelne Bistümer erst in ferner Zukunft mit einer ungünstigen Relation Pfarrer/Gläubige rechnen müssen, ist in anderen Bistümern diese ›ferne Zukunft‹ schon längst angebrochen.

Diese Zahlen allein reichen noch nicht aus, um die Ausmaße des Pfarrermangels beurteilen zu können, da das Verhältnis Pfarrer/KatholikIn auch durch die Dichte der Besiedlung des Raumes mitbedingt ist. Deshalb wurde als dritter Parameter das Verhältnis von freien zu besetzten Pfarreien[14] herangezogen.

Die Zahl der nicht besetzbaren Pfarreien in deutschen Diözesen schwankt zwischen 0 und 49 Prozentpunkten.

Zu der Gruppe der Bistümer, die bis zu höchstens 10 Prozent ihrer Pfarreien nicht mehr mit einem eigenen Pfarrer belegen können, gehören nur noch 4 Diözesen.

Zur Gruppe II (11–21 Prozent freie Pfarreien) gehören fünf Bistümer.

In den restlichen 18 Bistümern können mehr als 23 Prozent der Pfarreien keinen Pfarrer mehr bekommen, der am Ort wohnt. In dieser Gruppe III gibt es bereits 6 Diözesen, die mehr als ein Drittel der Gemeinden nicht mehr besetzen können. Darunter sind zwei Diözesen (Augsburg und Trier) bereits mit über 40 % in der Situation, bald nicht mehr jede zweite Pfarrei besetzen zu können.

Im Durchschnitt ergibt sich, daß fast jede dritte Pfarrei im Augenblick schon nicht mehr besetzt werden kann.

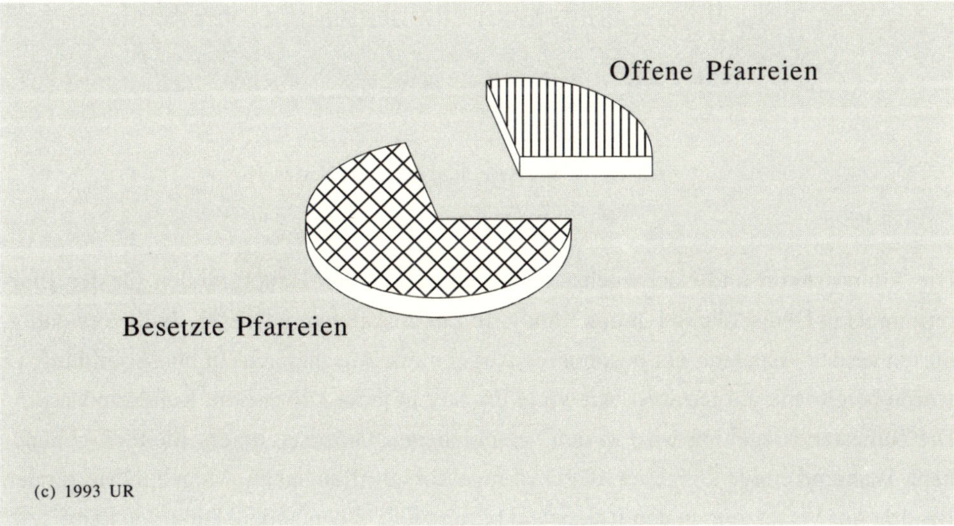


**Abbildung 11**
**Offene und besetzte Pfarreien**

## 2.3 ENTWICKLUNGEN

Bevor nachgeprüft wird, welche Entwicklungen sich heute für die Zukunft schon abzeichnen, soll noch untersucht werden, welche ›Reserven‹ vorhanden sind. Gelegentlich wird geäußert, daß der Pfarrermangel dadurch zu beheben sei, daß die Priester, die in der Verwaltung eingesetzt oder mit sonstigen Aufgaben beschäftigt sind, den Pfarrermangel erheblich mildern könnten, wenn sie in einer Gemeinde eingesetzt würden. Die ›stillen Reserven‹ ergeben sich aus der Differenz der Pfarrer und Ruheständler zum Gesamtklerus. Eine erneute Einteilung der Diözesen in drei Gruppen für die Frage, wieviel Priester des Gesamtklerus in der Pfarrseelsorge eingesetzt sind, ergibt, daß nur vier Diözesen in die Gruppe I, in denen mehr als 70 Prozent als Pfarrseelsorger aktiv sind, gehören. Es handelt sich dabei um die Bistümer Görlitz, Dresden, Magdeburg und Schwerin. Zur Gruppe III (48–58 Prozent) gehören unter anderem die Bistümer München, Münster, Mainz und Köln. Insgesamt sind es 14 Diözesen.

**Abbildung 12 Priesterliche Aufgaben in deutschen Diözesen**

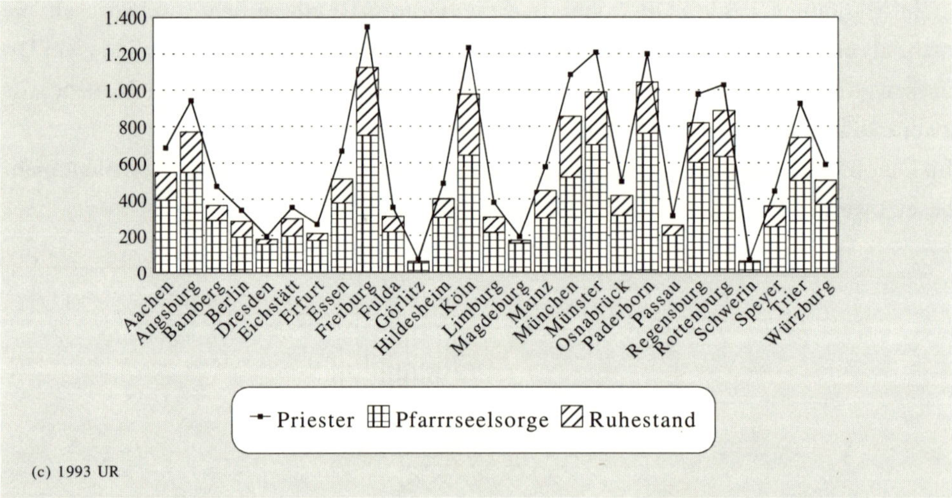


Die Altersstruktur und Nachwuchssorgen gehören zu den Hauptgründen für den Pfarrermangel in Deutschland. Für eine fundierte Zukunftsplanung ist es deshalb notwendig, diesen beiden Aspekten ein besonderes Augenmerk zu schenken. In der Abbildung 12 wurde bereits mit aufgetragen, wie viele Priester in jeder Diözese im Ruhestand sind.
Die Ruhestandsregelung wird in den verschiedenen Diözesen unterschiedlich gehandhabt. Während einige Diözesen relativ strenge Vorschriften haben, wann ein Priester den Bischof um Versetzung in den Ruhestand bitten muß, haben andere Diözesen keine fest-

geschriebene Regelung. Allgemein kann festgehalten werden, daß die wenigsten Priester mit einem ›normalen‹ Pensionsalter aus dem Dienst ausscheiden. Auf Wunsch der Diözese oder aufgrund eigener Überlegungen[15] verbleiben sie meist über die Pensionsgrenzen im Dienst. 70 Jahre als Ende der normalen Berufstätigkeit ist inzwischen schon eher zur Regel geworden.

Für unseren Zusammenhang ist nicht nur das individuelle Pensionsalter entscheidend, sondern auch, wieviel Priester einer Diözese bereits im Ruhestand sind und wie viele Priester pro Jahr hinzukommen.

Ein ähnliches Bild wie bei den Pfarrseelsorgern bezüglich der Gruppeneinteilung ergibt sich bei den Ruhestandspriestern. Nur fünf Diözesen befinden sich in Gruppe I (unter 15 Prozent Ruheständler), wobei es sich nur um die Bistümer aus dem Gebiet der ehemaligen Berliner Bischofskonferenz handelt. Dagegen sind bereits zwölf Bistümer in Gruppe III mit nahezu $^1/_3$ Priestern im Ruhestand. An der Spitze liegen dabei Freiburg und München mit 28 bzw. 31 Prozent. Die mittelfristige Entwicklung sieht so aus, daß in den nächsten Jahren eine dramatische Verschiebung in Gruppe III stattfinden und dort der Spitzenwert bei 40 Prozent liegen wird. Dies liegt daran, daß die Altersstrukturen im diözesanen Klerus sich immer mehr verschlechtern.

Aus der Differenz zwischen Ruhestand und Pfarrseelsorge ergeben sich die stillen Reserven, die eventuell noch aus anderen Bereichen wie Verwaltung und kategorialer Seelsorge für die Gemeindearbeit abgezogen werden könnten. Eine genaue Betrachtung ergibt, daß in vielen Diözesen kaum größere Reserven für eine solche Umverteilung bestehen. So existieren nur 6 Bistümer, in denen mehr als 20 Prozent der Priester mit ›sonstigen Aufgaben‹ beschäftigt sind. In drei Diözesen (Schwerin, Magdeburg und Dresden) sind weniger als 10 Prozent in diesen Bereichen tätig. Somit läßt sich im allgemeinen sagen, daß die Reserven in den meisten Diözesen eher als gering anzusehen sind und hier mittelfristig keine spürbare Entlastung durch eine Umstrukturierung zu erwarten ist.

Die Zahl der Neupriester, die jedes Jahr in Deutschland geweiht werden, ermöglicht eine Prognose, wie sich der Pfarrermangel weiterentwickeln wird.

Zwischen 1976 und 1990 fand eine durchschnittliche Steigerung der Neupriester statt, in den Jahren 1991 und 1992 pegelte sich die Zahl auf einem etwas niedrigeren, gleichbleibenden Niveau ein (Abbildung 13).

Daraus ergibt sich, daß es kurzfristig aufgrund der Priesterweihen zu keiner weiteren Verschärfung der Situation kommen wird.

Diese Konstante reicht aber im Augenblick schon nicht mehr aus, die Priester, die in den Ruhestand gehen, zu ersetzen.

**Abbildung 13 Neupriester in deutschen Diözesen**

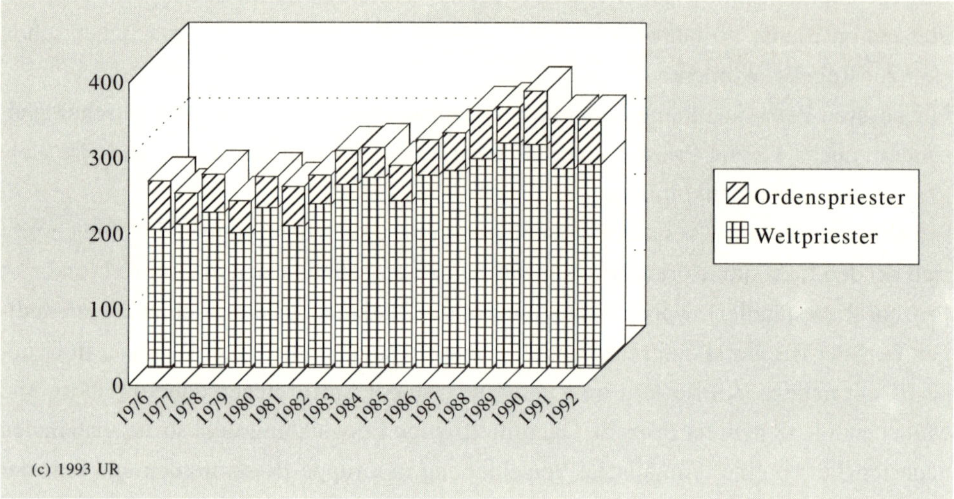


Das Verhältnis zwischen Ordenspriestern und Weltpriestern ist in diesem Zeitraum unverändert geblieben.

Zweiter Parameter ist die Zahl der aufgenommenen Priesteramtskandidaten in den deutschen Diözesen (Abbildung 14). Dieser Parameter ist deshalb von Bedeutung, als sich aus ihm die Zahl der Neupriester in den kommenden Jahren ablesen läßt. Dabei ist zu beachten, daß einerseits nicht alle aufgenommenen Priesteramtskandidaten auch geweiht werden, und andererseits, daß sich eine Zunahme bzw. ein Schwund an Priesteramtskandidaten zeitversetzt bei der Zahl der Diözesanpriester bemerkbar macht.

Mittelfristig wird aber auch der Priesternachwuchs wieder weiter abnehmen. Die Zahl der aufgenommenen Priesteramtskandidaten fällt seit 1985 stetig ab. So hat sie sich in den letzten 8 Jahren mehr als halbiert. Wenn man davon ausgeht, daß weiterhin nicht jeder Priesteramtskandidat nach seinem Studium auch zum Priester geweiht wird, dann wird in den nächsten Jahren auch bei den Neupriestern die Konstanz nicht mehr zu halten sein.

Ausgehend von einer durchschnittlichen Ausbildungsdauer von sieben Jahren wird sich der Mangel an Kandidaten bei den Weihen erst 7 Jahre später bemerkbar machen.

In der Abbildung 15 wurden die Grafiken mit den Neupriestern und den Priesteramtskandidaten gemeinsam aufgetragen. Es deutet sich jetzt schon an, daß die Abwärtsbewegung der Kandidaten um 7 Jahre versetzt auch auf die Weihezahl durchschlagen wird.

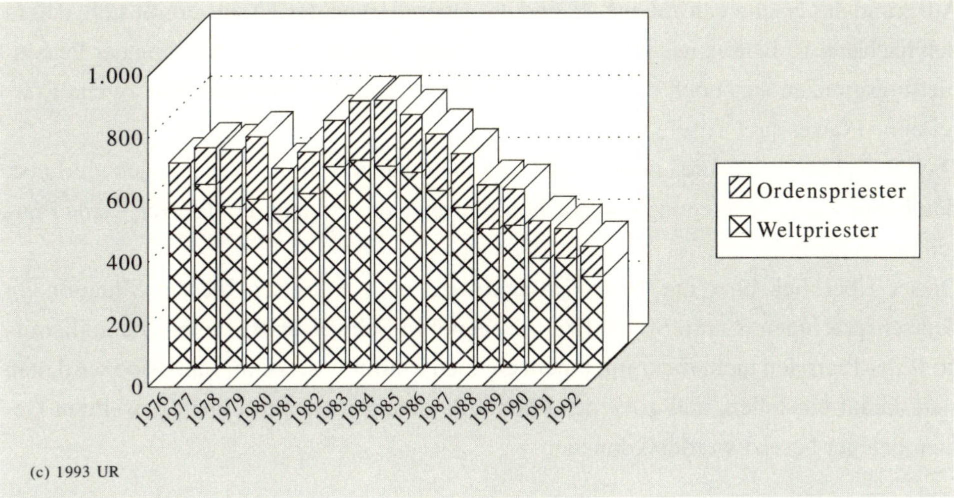


**Abbildung 14 Aufgenommene Priesteramtskandidaten in deutschen Diözesen**

Zusammenfassend muß man festhalten, daß heute schon der Pfarrermangel in den deutschsprachigen Diözesen ein verbreitetes und schwerwiegendes Problem ist. Nicht erst in ferner Zukunft werden die meisten davon betroffen sein, keinen ›eigenen‹ Pfarrer mehr zu haben, sondern heute schon ist in einigen Diözesen jede zweite Gemeinde ohne einen ortsansässigen Priester.

Wenn man die augenblickliche Situation in den deutschsprachigen Diözesen allgemein beschreiben will, dann kann man sagen, daß heute schon im Durchschnitt fast jede dritte Pfarrgemeinde ohne Pfarrer am Ort ist.

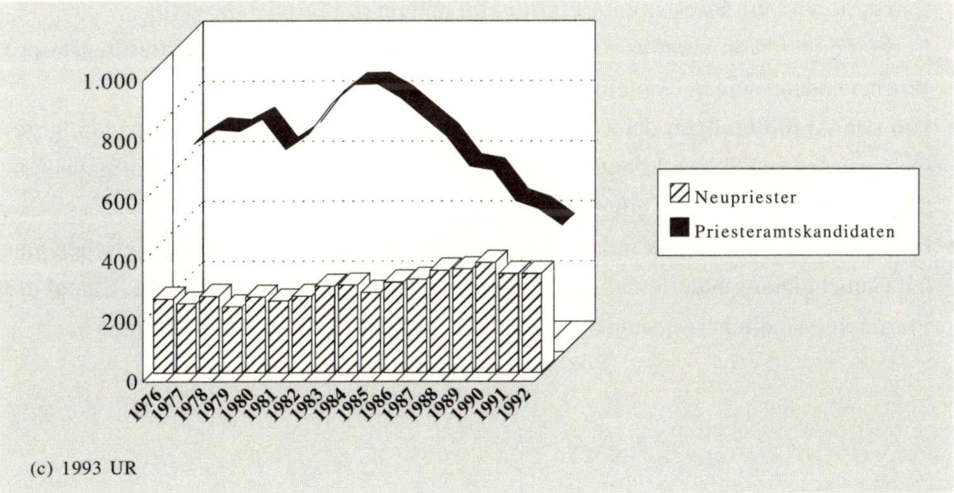


**Abbildung 15 Neupriester/ Kandidaten in deutschen Diözesen**

Aufgrund des Nachwuchsmangels[16] und der Überalterung des Klerus ergibt sich, daß in den nächsten 10 Jahren, auch wenn einige Diözesen durch Hinausschiebung der Pensionierungsgrenzen dies noch etwas verzögern können, im Durchschnitt jede zweite Pfarrei ohne Pfarrer am Ort sein wird.
Davon sind besonders die ländlichen Pfarrgemeinden betroffen, da es hier schwierig ist, durch eine Zusammenlegung von Nachbarpfarreien das Prinzip ›ein Pfarrer – eine Pfarrei‹ aufrechtzuerhalten.
Dieser Überblick über die deutschen Diözesen ist typologisch für die Situation im deutschsprachigen Raum. So sind zum Beispiel in Schweizer Bistümern heute bereits 20% der Pfarreien nicht mehr mit einem eigenen Pfarrer besetzt, im Jahr 2000 wird man sich darauf einstellen, daß 40% der Pfarrstellen nicht mehr mit einem geweihten Gemeindeleiter besetzt werden können.

## 2.4 FOLGEERSCHEINUNGEN

Einige Folgen des Pfarrermangels, wie sie sich heute schon abzeichnen, sollen stichwortartig skizziert werden. Welche Folgen auftreten werden, ist unter anderem davon abhängig, welche Lösungskonzepte in den Gemeinden angewandt werden.

- Durch den Mangel an geweihten Gemeindeleitern kann es nötig werden, daß Priester über die Pensionsgrenze hinaus in der Gemeindeseelsorge aktiv sind/sein wollen.
- Um den kirchenrechtlichen Vorschriften zu genügen, daß keine Pfarrei ohne Pfarrer sein darf, wird ein Priester zum Pfarrer von mehreren Pfarreien bestellt.
- In der Folge davon kann es passieren, daß Priester mehr als vier Gottesdienste pro Wochenende in seinen Gemeinden halten müssen.[17]
- Um den Anforderungen der Gemeinden im Bereich der Sakramentenspendung gerecht werden zu können, könnte es eine Folgeerscheinung sein, daß das Aufgabenfeld des Priesters immer mehr eingeschränkt wird.
- In diesem Zusammenhang werden intensive, persönliche Beziehungen zwischen vielen Gemeindemitgliedern und dem Pfarrer nur noch schwer möglich sein. Zumal der Pfarrer verständlicherweise nicht mehr in (jeder) der Pfarrgemeinde wohnen kann.

# 3. Akzeptanz als Gemeindeleiter

Da in Zukunft nicht mehr ausreichend Priester vorhanden sein werden, die die Aufgabe eines Ortspfarrers übernehmen können, stellt sich die Frage, wie fehlende Priester ›ersetzt‹ werden können. Insbesondere ist als Aspekt wichtig, wer vom Kirchenvolk als ›Notlösung‹ akzeptiert bzw. abgelehnt werden würde. Bereits 1980 wurde dies untersucht.[56] Am wenigsten abgelehnt unter den Katholiken wurde der Diakon. 6 Prozent der Befragten würden diesen als ›Notlösung‹ nicht akzeptieren. Einig waren sich hier alle, gleich ob sie (fast) nie oder regelmäßig sonntags zum Gottesdienst gehen. Nur jene, die mehrmals pro Woche gehen, liegen mit 9 Prozent etwas über dem Durchschnitt. Als zweite Notlösung wird ein Pastoralassistent akzeptiert. Wesentlich über dem Schnitt liegen hier diejenigen, die mehrmals pro Woche zum Gottesdienst gehen, da von diesen 15 Prozent einen Pastoralassistenten ablehnen würden.

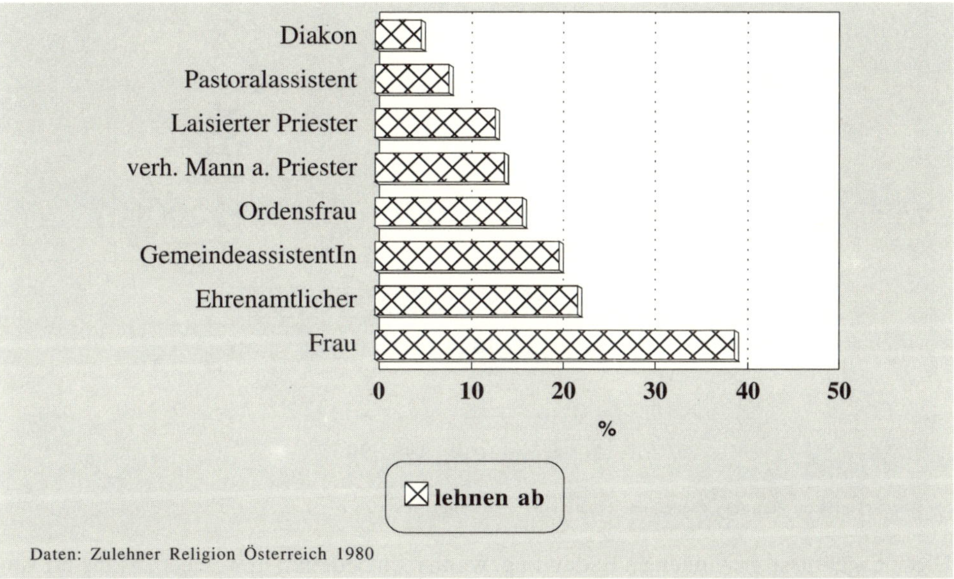


**Abbildung 16**
**Ablehnung Gemeindeleiter 1980**

In einer zweiten Gruppe werden als ›Pfarrerersatz‹ laisierte Priester (13%), verheiratete Männer, die zum Priester geweiht wurden (14%), Ordensfrauen (16%) akzeptiert. Die Ordensfrau wird von allen Gruppen gleich gut akzeptiert. Bei dem laisierten Priester bzw. dem verheirateten Priester nimmt die Akzeptanz dieser Notlösung mit der Häufigkeit des Kirchgangs teilweise erheblich ab. So sind nur 27 Prozent derjenigen, die mehrmals pro Woche zum Gottesdienst gehen, bereit, einen laisierten Priester bzw. 31 Prozent einen verheirateten Mann zu akzeptieren.

Am schlechtesten werden GemeindeassistentInnen (20%), ehrenamtliche Kirchenmitglieder (22%) und eine Frau, die geweiht wurde (39%)[19], angenommen. Der/die GemeindeassistentIn wird von denen am besten akzeptiert, die am meisten Kontakt mit der Kirche haben (18%), während diejenigen mit nur wenigen Kontakten diese Lösung schlechter annehmen würden (23%).

1990 wurde dieselbe Frage noch einmal gestellt. In der Abbildung 17 sind die Unterschiede zwischen 1980 und 1990 eingetragen.

Im allgemeinen kann man feststellen, daß die Akzeptanz bei einem laisierten Priester und einer verheirateten Frau zugenommen hat, während die fünf anderen Personenkreise in der Akzeptanz gleich geblieben bzw. leicht abgenommen haben. Am wenigsten wird jetzt ein ehrenamtliches Gemeindemitglied als Gemeindeleiter angenommen.

**Abbildung 17**
**Ablehnung Gemeindeleiter**

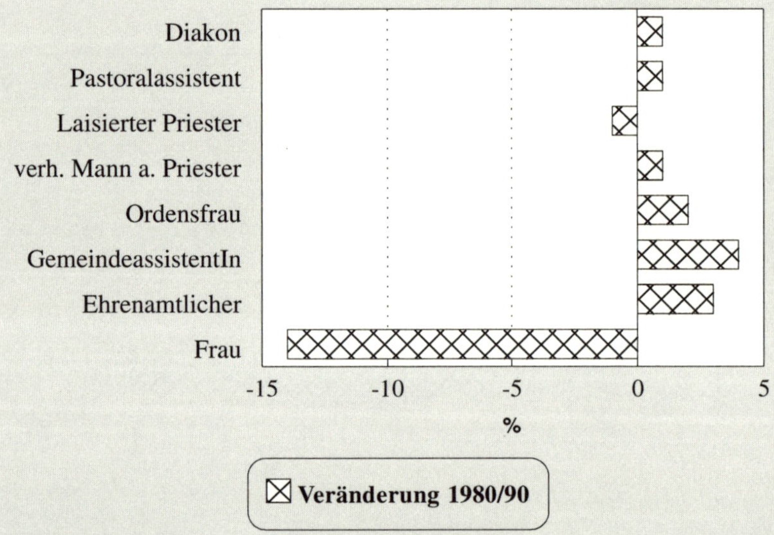


Daten: Zulehner Religion Österreich 1990

Diese Ergebnisse gewinnen an Bedeutung, wenn man bedenkt, in welchem Maße im Augenblick die unterschiedlichen Personenkreise die Hauptverantwortung für die Pastoral in den Gemeinden tragen.

Hier ergeben sich diözesan erhebliche Unterschiede, so daß eine Darstellung nach einzelnen Diözesen angemessen erscheint (Abbildung 18).

Während einige Diözesen keine oder fast keine Pastoralassistenten und Pastoralassisten-

tinnen als Mitarbeiter in Gemeinden eingesetzt haben, sind in anderen Diözesen diese bereits heute zu einer unverzichtbaren Stütze der Pastoral geworden.
So zeichnet sich an dieser Stelle schon eine mögliche ›Notlösung‹ ab, nämlich, daß verstärkt die Gruppe der GemeindereferentInnen und PastoralreferentInnen als Unterstützung in den Gemeinden ein Aufgabenfeld finden. Ebenso könnten Diakone, die die geringste Ablehnung erfahren, in der Pastoral mehr als bisher an Bedeutung gewinnen.

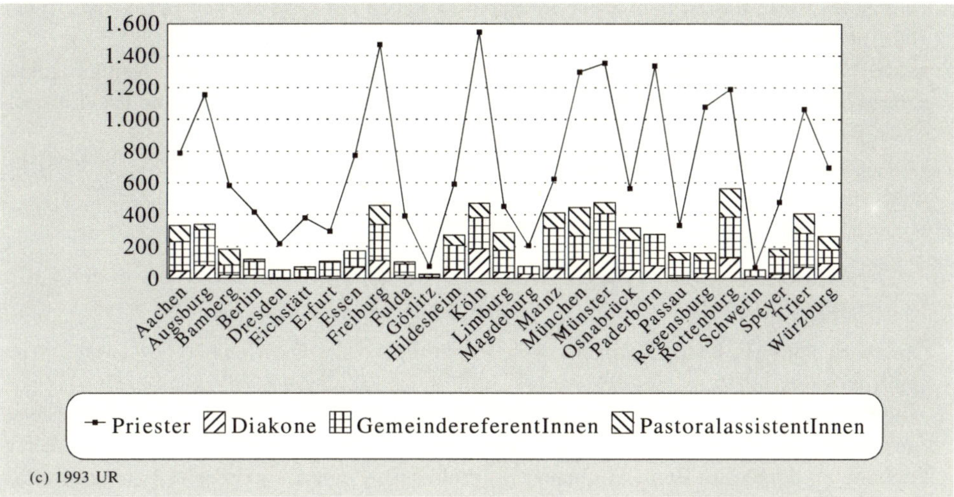


**Abbildung 18**
**Pastorale Mitarbeiter in deutschen Diözesen**

# 4. Zusammenfassung

Eine Untersuchung der augenblicklichen Daten und Trends, sowohl was die Erwartungen und Hoffnungen der Leute betrifft als auch die personelle Situation, hat ergeben, daß die Leute einen Priester besonders in religiös/persönlichen Fragen um Rat bitten. Gleichzeitig befürchtet man, daß der Pfarrermangel den Kontakt zu einem Priester zusehends erschwert.
Im Augenblick ist in den deutschsprachigen Diözesen schon fast jede dritte Pfarrei ohne Pfarrer am Ort. Für die nächsten 10 Jahre wird sich diese Situation dahingehend verändern, als nur noch jede zweite Pfarrei im Durchschnitt mit einem Pfarrer besetzt werden kann.
In dieser Situation werden von dem Kirchenvolk unterschiedliche ›Notlösungen‹ für Gemeindeleiter verschieden stark akzeptiert. Am meisten werden ein Diakon, ein laisierter Priester und ein Pastoralassistent akzeptiert, am wenigsten ein ehrenamtliches Gemein-

demitglied. Die stärkste Veränderung hat sich bei Frauen ergeben, deren Akzeptanz in den letzten 10 Jahren um 14 Prozent zugenommen hat.

## 5. Literatur und Anmerkungen

ZULEHNER, PAUL M., DANZ, HERMANN : Religion im Leben der Österreicher 1970–1990, Wien, 1991, unveröffentlicht.

ZULEHNER, PAUL M., DANZ, HERMANN: Vom Untertan zum Freiheitskünstler – Eine Kulturdiagnose anhand der Untersuchung ›Religion im Leben der Österreicher 1970–1990‹ und der ›Europäischen Wertestudie‹, Wien, 1991.

ZULEHNER, PAUL M.: Pfarrermangel im Spiegel des Kirchenvolkes, Wien, 1991, 51, unveröffentlicht.

ZULEHNER, PAUL M.: Religion im Leben der Österreicher, Wien, 1981, 108.

*

[1] Zulehner, Paul M., Danz, Hermann: Religion im Leben der Österreicher 1970–1990. Wien 1991 unveröffentlicht.

[2] Die Frage im Erhebungsbogen lautete: »In welchen der folgenden Situationen würden Sie einen Priester um Rat bitten? Sagen Sie mir die drei wichtigsten!: 1. Eheprobleme, 2. Kindererziehung, 3. Sorgen im Beruf, 4. finanzielle Probleme, 5. politische Fragen, 6. religiöse Probleme, 7. Gewissensnot, 8. in persönlicher Verzweiflung.

[3] Zulehner, Paul M.: Pfarrermangel im Spiegel des Kirchenvolkes. Wien, 1991, 51, unveröffentlicht.

[4] A. Manche Kranke würden ohne Krankensakrament sterben; B. Der Sonntagsmeßbesuch würde allmählich zurückgehen; C. Der Ort würde kulturell viel verlieren; D. Der Kontakt zum Priester würde aufhören; E. Die Kinder würden religiös nicht mehr so betreut werden; F. Der christliche Glaube würde nach und nach schwächer; G. Es wäre schwieriger, kirchliche Dokumente zu erhalten; H. Das sittliche Verantwortungsbewußtsein würde sinken; J. Die katholische Aktion würde langsam einschlafen;

[5] Zulehner, Paul M.: Religion im Leben der Österreicher. Wien, 1981, 108.

[6] Vgl. Zulehner, Paul M., Danz, Hermann: Vom Untertan zum Freiheitskünstler – Eine Kulturdiagnose anhand der Untersuchung ›Religion im Leben der Österreicher 1970 – 1990‹ und der ›Europäischen Wertestudie‹. Wien, 1991.

[7] Dahinter steckt teilweise der Wunsch, Gemeinden nicht in eine »unnötige Unruhe« durch eine frühzeitige Information zu versetzen, andererseits kann aber auch die Angst vor Diskussionen dahinterstecken. Dadurch wird aber die Chance vertan, daß sich Gemeinden mit den Verantwortlichen innerhalb der Diözese auf die neue Situation gemeinsam vorbereiten können. In diesem Sinn ist es zu verstehen, wenn hier ein allgemeiner Überblick gegeben wird: Interessierte können die Zeichen der Zeit gemeinsam erkennen, deuten und kreativ umsetzen.

[8] Stichtag ist der 31.12.1992.

9 Zulehner, Paul M., Heil, Markus, Rausch, Ulrich: Pfarrermangel – Studie zur Situation der deutschsprachigen Diözesen. Wien, 1991, unveröffentlicht.

10 Die in der oben genannten Studie errechneten Zahlen bestätigen nicht nur die hier vorzustellenden Ergebnisse, sondern in einigen Punkten zeigt sich heute die Lage noch viel drastischer.

11 Vergleiche dazu A.3 Definition Pfarrermangel, Seite 29.

12 Nicht aber für die betroffenen Einzelgemeinden!

13 zum Beispiel: Diaspora-Bistum, Stadt-Bistum.

14 Kirchenrechtlich gibt es keine Gemeinde ohne Pfarrer. Wir verstehen hier unter einer unbesetzten Pfarrei eine Gemeinde, in der der Pfarrer nicht am Ort wohnt, sondern zum Beispiel in einer anderen Pfarrverbandsgemeinde. Als offene Pfarrei wurden hier also jene Gemeinden gezählt, die zwar eigenständig sind, d. h. eigenständige Gremien besitzen, aber keinen Priester ›für sich‹ haben.

15 Dazu gehört zum Beispiel, daß die Pfarrer meist wissen, wenn sie der letzte Pfarrer am Ort sind, so daß sie möglichst lange in ihrer Gemeinde bleiben möchten, um nicht das Gefühl zu haben, die eigene Gemeinde im Stich gelassen zu haben.

16 Eine ›Notmaßnahme‹, nicht mehr so kritisch vor der Weihe auszuwählen, scheint hier zwar verlockend, wird aber im Blick auf die Gemeinden nicht sehr zu empfehlen sein. Zweifelsfrei würden dann zwar mehr Priester geweiht, fraglich bleibt aber, ob dann auch mehr Priester, die für die Gemeindearbeit geeignet sind, zur Verfügung stehen.

17 Eigene Untersuchungen zeigen, daß es inzwischen Diözesen gibt, in denen die Priester im Schnitt bis zu 3 Eucharistiefeiern pro Sonntag halten. Dort ist es nicht mehr selten, daß Priester – entgegen der bischöflichen Anweisung – auch 4 und 5 Gottesdienste halten, damit die Versorgung der Gemeinde aufrechterhalten werden kann.

18 Zulehner, Paul M.: Religion im Leben der Österreicher – Dokumentation einer Umfrage. Wien, 1981, 107f.

19 Zur Frage nach Frauen als Gemeindeleiterinnen vgl. G. 3.1.3 Frauen als Bezugspersonen, Seite 168f.

# C. LÖSUNGSVERSUCHE – PRAXIS UND MÖGLICHKEITEN

*So spricht Gott, der Herr: Weh den Hirten Israels, die nur sich selbst weiden. Müssen die Hirten nicht die Herde weiden? Ihr trinkt die Milch, nehmt die Wolle für die Kleidung und schlachtet die fetten Tiere: aber die Herde führt ihr nicht auf die Weide. Die schwachen Tiere stärkt ihr nicht, die kranken heilt ihr nicht, die verletzten verbindet ihr nicht, die verscheuchten holt ihr nicht zurück, die verirrten sucht ihr nicht, und die starken mißhandelt ihr. Und weil sie keine Hirten hatten, zerstreuten sich meine Schafe und wurden eine Beute der wilden Tiere. Meine Herde irrte auf allen Bergen und Höhen umher und war über das ganze Land verstreut. Doch keiner kümmerte sich um sie; niemand suchte sie. Darum ihr Hirten hört das Wort des Herrn: So wahr ich lebe – Spruch Gottes, des Herrn: Weil meine Herde geraubt wurde und weil meine Schafe eine Beute der wilden Tiere wurden – denn sie hatten keinen Hirten – und weil meine Hirten nicht nach meiner Herde fragten, sondern nur sich selbst und nicht meine Herde weideten, darum, ihr Hirten, hört das Wort des Herrn: So spricht Gott, der Herr: Nun gehe ich gegen die Hirten vor und fordere von ihnen meine Schafe zurück. Ich setze sie ab, sie sollen nicht mehr die Hirten meiner Herde sein. Die Hirten sollen nicht mehr länger nur sich selbst weiden: Ich reiße meine Schafe aus ihrem Rachen, sie sollen nicht länger ihr Fraß sein. Denn so spricht Gott, der Herr: Jetzt will ich meine Schafe selber suchen und mich selber um sie kümmern. Wie ein Hirte sich um die Tiere kümmert an dem Tag, an dem er mitten unter den Schafen ist, die sich verirrt haben, so kümmere ich mich um meine Schafe und hole sie zurück von all den Orten, wohin sie sich am dunklen, düsteren Tag zerstreut haben. Ich führe sie aus den Völkern heraus, ich hole sie aus den Ländern zusammen und bringe sie in ihr Land. Ich führe sie in die Berge Israels auf die Weide, in die Täler und an alle bewohnten Orte des Landes.*

*(Ez 34, 2–13)*

# 1. Lösungsversuche

Der bereits bestehende Mangel an geweihten Gemeindeleitern fordert zu Lösungsversuchen heraus. Im folgenden sollen einige typische Möglichkeiten und Versuche, wie man dem Pfarrermangel begegnen kann, vorgestellt werden. Vorab ist dabei zu klären, welcher Ausgangspunkt gewählt wurde.
Vorgestellt werden hier sowohl Modelle, die im Augenblick schon praktiziert werden, als auch Modelle, die eine *denkbare* Lösungsmöglichkeit darstellen.[1]

## 1.1 TYPEN

Drei Typen von Lösungsversuchen lassen sich unterscheiden: a) Werbung von Priestern, b) Verlagerung der Seelsorge und c) Innergemeindliche Modelle.
Wenn im folgenden Typen vorgestellt werden, dann soll reduziert auf Grundformen[2] ein Überblick über unterschiedliche Lösungsansätze gegeben werden. Es muß hier bei der Vorstellung und der ansatzweisen Besprechung der Typen bleiben, da in den meisten Fällen keine oder kaum praktische Erfahrungen vorliegen. Die Lösungsversuche sind vielfältiger als die drei vorzustellenden Grundformen und einige grundlegende Spielarten. Es erscheint aber nicht sinnvoll, an dieser Stelle alle nur denkbaren oder auch nur alle praktizierten Untervarianten vorzustellen. Im Sinne einer übersichtlichen Systematisierung soll es bei den grundlegenden Richtungen bleiben.

## 1.2 MODELLE UND BEGRÜNDUNGEN

Ein weiteres Unterscheidungskriterium für die Lösungsversuche könnten auch die Begründungen sein, mit denen die Versuche gerechtfertigt werden. So ist eine Typologie der Begründungen denkbar, die zwischen Modellen unterscheidet, die aus der Sicht des Pfarrers oder aus Sicht der Gemeinde argumentiert.
Diejenigen Lösungsversuche, die vom Pfarrer her entwickelt werden, gehen davon aus, daß die Rolle des Pfarrers ersetzt bzw. aufgeteilt werden muß, um weiterhin Gemeindeleben zu ermöglichen. Der Pfarrermangel soll dadurch behoben werden, daß die Rolle des Pfarrers möglichst wenig verändert wird.

Jene Lösungsversuche, die von der Gemeinde her entwickelt werden, sehen den Pfarrermangel nicht isoliert als das Fehlen von geweihten Gemeindeleitern. Sie berücksichtigen, daß es neben dem Pfarrermangel auch einen Gemeindemangel geben kann. Als Lösung wird akzeptiert, was neben der Leitungsfrage auch und besonders die Gemeinde, ihr Selbstverständnis und ihre Einstellung stärkt. ›Gemeindelösungen‹ rechnen deshalb damit, daß, ausgelöst durch den Pfarrermangel, sich auch die Struktur von Gemeinde verändern kann. Es geht nicht mehr um das reine Ersetzen einer Leitungsperson.
Aus prinzipiellen Überlegungen soll auf eine solche Typologie verzichtet werden.
Zwei Gründe sprechen hierfür: a) viele Modelle sind (noch) ohne ausdrückliche Begründungen, b) Begründungen sind different einsetzbar.
Eine theologische Begründung geht im Augenblick nicht bei allen Modellversuchen der Praxis voraus. Viele Modelle werden aus pragmatischen Gründen angefangen, während die theoretische Reflexion erst später einsetzt. Unter diesen Voraussetzungen könnte ein Teil der Modelle in einer Typologie, die von Begründungen ausgeht nicht oder nur sehr bruchstückhaft aufgenommen und beschrieben werden.
Allein aus der Praxis läßt sich nicht erkennen, welche Begründung im Hintergrund steht. Darüber hinaus können für ein und dasselbe Modell in unterschiedlichen soziokulturellen Kontexten ganz unterschiedliche Beweggründe für dessen Einsatz sprechen.[3] Es müßten bei jeder Begründung immer die Rahmenbedingungen, für die diese Begründung Geltung haben soll, mit angegeben werden.

## 2. Modelle

Eine Reduzierung auf einige wesentliche Elemente bei den Lösungsversuchen bringt es mit sich, daß es Überschneidungen bei den Modellen geben kann. Ähnlich Farbfiltern in den Grundfarben sind hier die Modelle nur die Grundkomponenten, aus denen dann jeweils neue Gemeindeformen gemischt werden können.
Die Modelle sollen, soweit möglich, immer an zwei Brennpunkten von Gemeinde beschrieben und damit voneinander unterschieden werden. Der erste Brennpunkt ist die Gemeindeleitung. In welcher Form wird Gemeinde geleitet, was sind die Aufgaben und Funktionen des/der Gemeindeleiter? Der zweite Brennpunkt ist das Gemeindeleben. Welche Auswirkungen hat das Modell auf die Form und Gestaltung des Gemeindelebens? Die Typologie muß auf viele unveröffentlichte und interne Planungspapiere zurück-

greifen, in die nur Einblick unter dem Siegel der Diskretion gewährt wurde. Aus diesem Grund muß eine Quellenangabe unterbleiben.[4]

## 2.1 WERBUNG

*a) Modell*

Wenn man den Priester- mit dem Pfarrermangel gleichsetzt[5], dann ist einer der möglichen Lösungsversuche, sich verstärkt um den Priesternachwuchs zu kümmern. Die augenblickliche Situation wird nur als eine Übergangssituation angesehen, und es wird angestrebt, den alten/normalen Zustand wiederherzustellen. Drei unterschiedliche Zielgruppen sollen durch die Werbung angesprochen werden.

Zum einen versucht man der Tendenz, daß immer weniger junge Menschen sich für geistliche Berufe interessieren, entgegenzuwirken.[6] Werbung für geistliche Berufungen[7] soll längerfristig helfen, den notwendigen Klerusnachwuchs zu gewinnen.

In einigen wenigen Ländern besteht heute noch ein Priesterüberschuß. Durch die Werbung von ausländischen Priestern versucht man, den Priestermangel in der eigenen Diözese aufzufüllen. Dieser Austausch von Theologiestudenten hat eine längere Tradition. So gab es bereits in den 50er Jahren internationale Seminare, in denen diözesanfremde Theologiestudenten ausgebildet wurden. Als Priester wurden sie dann in der neuen Diözese inkardiniert. Eine andere Möglichkeit sah so aus, daß Diözesen Priester verliehen haben, für die im eigenen Bistum im Augenblick kein Bedarf bestand. Ausdrücklich war darin die Option festgehalten, daß der Priester nach einigen Jahren wieder in seine Heimatdiözese zurückkehren wird.

In seinem Schreiben an die Priester zum Gründonnerstag 1991 weist der Papst ausdrücklich auf eine solche gegenseitige Hilfe innerhalb der Weltkirche hin.[8] Für ihn ist ein ›Austausch der Gaben‹ im Angesicht der Tatsache, daß es eine ungleiche Verteilung von Priestern in der Kirche gibt, eine Frage der Gerechtigkeit und Solidarität. Im deutschen Sprachraum gibt es inzwischen eine Diözese, in der ca. $^1/_3$ des Pfarrklerus z.B. aus Polen stammt.

Schließlich gibt es noch eine dritte Variante. Neue geistliche Bewegungen bieten sich an, die Seelsorge von Pfarreien mit den eigenen Priestern zu übernehmen. Diese Übernahme ist dann zeitlich entweder begrenzt oder unbegrenzt. Als Gegenleistung dafür verpflichtet sich die Diözese, die Priester zu bezahlen und u.U. auch deren Ausbildung in eigenen Seminaren zu übernehmen.

*b) Chancen und Risiken*

Die eigenen Prognosen zeigen, daß der Pfarrermangel nicht ein Problem ist, das in wenigen Jahren überwunden sein wird. Vielmehr ist mit einer erheblichen Verschärfung der Situation zu rechnen.[9] Verschärfung bedeutet, daß die Modelle nicht als kurzzeitige Übergangsmodelle gesehen werden können, sondern vielmehr längerfristig tragfähig sein müssen. Die verstärkte Werbung von jungen Erwachsenen für geistliche Berufe kann, auch wenn sie den gewünschten Erfolg hat, somit kaum zu einer mittel- oder gar kurzfristigen Behebung des Pfarrermangels führen.

Der Austausch von Priestern zwischen Diözesen kann dann problematisch werden, wenn er zugleich länderübergreifend ist. Zu Recht wird darauf hingewiesen, daß sich nicht nur sprachliche, sondern vor allem auch kulturelle Probleme auftun können, die eine seelsorgliche Begleitung sehr erschweren.[10]

Wenn geistliche Bewegungen mit der Pfarrseelsorge beauftragt werden, dann gilt es zu bedenken, daß diese in der Regel eine eigene Vorstellung von Pastoral haben. Im Einzelfall ist zu prüfen, wie diese mit den diözesanen Vorstellungen vereinbar ist und welche Konsequenzen dies für die einzelnen Gemeinden haben kann.[11]

## 2.2 VERLAGERUNG

*a) Modell*

Das Modell der Seelsorgeverlagerung geht davon aus, daß die augenblickliche Form der Seelsorge mit den zu erwartenden Pfarrern nicht mehr aufrechtzuerhalten ist. Man sieht durchaus, daß sich die Personalsituation eher verschlechtert als verbessert. Auf der Suche nach neuen Seelsorgeformen ist man bereit, das bisherige Pfarrer- und Gemeindebild aufzugeben. Bei den zwei unterschiedlichen Modellen geht man davon aus, daß in Zukunft nicht mehr die klassische Ortsgemeinde das Regelmodell für Seelsorge ist.

Die Differenz zwischen den zu einer Pfarrei gehörenden und den aktiv am Gemeindeleben beteiligten Personen veranlaßt dazu, eine Personalgemeinde der Ortsgemeinde vorzuziehen. Eine Ortsgemeinde ist territorial gefaßt, d. h., alle innerhalb eines bestimmten Raumes lebenden Katholiken gehören automatisch zu dieser Gemeinde. Der Pfarrer ist für die in diesem Gebiet Lebenden zuständig. Die Personalgemeinde wird durch die Zahl der Interessierten bzw. aktiv am Gemeindeleben Beteiligten begrenzt. Eine Verlagerung, zumindest im Bereich der Personalplanung, würde dann so aussehen, daß Pfarrer nicht mehr einem geographischen Raum primär zugeordnet werden, sondern einer Gruppe von

Menschen, die die Nähe zu einer Gemeinde suchen. Die Zahl der notwendigen Priester wäre bei einer solchen Planung wesentlich geringer als bei einer Ortsgemeinde, da zwar der geographische Raum pro Pfarrer zunehmen, aber die Zahl der Gemeindemitglieder um mindestens $^1/_4$ bis $^1/_3$ abnehmen würde.
Neben einer solchen horizontalen Verlagerung von Seelsorge gibt es noch eine vertikale Verlagerung. Hierbei werden nicht der Seelsorgeraum, sondern die Seelsorgeaufgaben verlagert und eingeschränkt. Der Pfarrer ist nicht mehr für die umfassende Seelsorge in einer Gemeinde zuständig, sondern seine Aufgabenbereiche werden immer mehr eingeschränkt, bis er schließlich nur noch für die Dienste zuständig ist, die einen geweihten Seelsorger voraussetzen. Diese Aufgaben hat er dann aber in mehreren Gemeinden wahrzunehmen.

*b) Chancen und Risiken*

Bei den Verlagerungsmodellen versucht man, die Aufgaben dem Personalstand anzupassen. Im Hintergrund steht dabei, daß man eine Überlastung der Mitarbeiter vermeiden möchte, indem man von außen ihre Aufgaben auf ein zu bewältigendes Maß zusammenstreicht. Der Seelsorger darf nicht mehr das Gefühl haben, für alles und jedes verantwortlich zu sein. Um dies auch in der Stellenbeschreibung deutlich zu machen, findet eine offizielle Verlagerung der Aufgaben nach den oben beschriebenen Modellen statt. Dies birgt aber auch Risiken in sich. Zum einen besteht eine Gefahr darin, daß eine Personalgemeinde eine Offenheit nach außen verliert, da sich die Mitglieder durch aktive Teilnahme definieren. Es kann der Gedanke verlorengehen, daß es innerhalb einer Gemeinde verschiedene Begabungen gibt und dazu auch gehört, daß man in einer größeren Entfernung zur Kerngemeinde lebt und ›nur‹ deren Angebote konsumiert. Wenn sich die Gemeindeglieder durch Aktivität definieren, dann würden jene, die nicht aktiv sind, aber vielleicht durch bloße (gelegentliche) Anwesenheit die Gemeinde entscheidend mittragen, nicht zu der Gemeinde gehören können.
›Reisender Sakramentenspender‹, so wird die Einschränkung der priesterlichen Aufgaben eines Pfarrers innerhalb der Gemeindeseelsorge beschrieben. Vielen Pfarrern ist es wichtig, daß sie ein Spektrum an Aufgaben wahrnehmen können. Durch eine solche Vielfalt können unabwendbare Pflichten durch Aufgaben, die einer persönlichen Neigung entsprechen, ausgeglichen werden. Zu Recht wird deshalb befürchtet, daß nicht nur das Selbstverständnis als Pfarrer, sondern auch die Arbeitsmotivation durch eine zunehmende Beschränkung der Aufgaben leidet.

## 2.3 INNERGEMEINDLICHE MODELLE

Neben den bisher beschriebenen Modellen, die alle mehr oder weniger das Problem unabhängig von Gemeinde zu lösen suchen, gibt es eine Vielzahl von Modellen und Experimenten, die Gemeinden als Ausgangspunkt des Lösungsversuchs zu machen. Diese Versuche beschäftigen sich damit im engeren Sinne mit dem Pfarrermangel.
In zwei Typen lassen sich diese Lösungsversuche unterteilen. Zum einen wird an einer singularen Gemeindeleitung festgehalten, d. h., eine Person ist als Gemeindeleiter eingesetzt, zum anderen möchte man mehrere Personen mit Leitungsaufgaben betrauen. Leitung bekommt eine umfassendere Bedeutung, indem mehrere an ihr partizipieren.
Bei beiden Typen gibt es dann noch einmal konkrete Unterschiede, wie die Gemeindeleitung dann jeweils beschrieben werden kann.

### 2.3.1 SINGULARE GEMEINDELEITUNG

*Grundmodell*
Das Vorbild für alle singularen Lösungsversuche ist das klassische Pfarrer-Bild. Ein Pfarrer ist für eine Gemeinde zuständig. Er hat dafür zu sorgen, daß alle notwendigen Angebote bestehen. ›Eine Gemeinde – ein Leiter‹ beschreibt die Relation, die normalerweise bestehen soll. Mitarbeiter, ob haupt- oder ehrenamtlich, sind immer dem einen Gemeindeleiter zugeordnet.
Fast ausschließlich gehen im Augenblick die Modelle der singularen Gemeindeleitung davon aus, daß ein Priester als Pfarrer die Gemeinde leiten wird. Im weltkirchlichen und kirchenrechtlichen Kontext sind für die Zukunft noch Variationsmöglichkeiten denkbar.[69] Im folgenden wird aber auf diese Variationsmöglichkeiten nicht weiter eingegangen.

#### *2.3.1.1 Gemeindevergrößerung*

*a) Modell*
Zusammenlegung und Verringerung der Stellen, das sind die Stichworte, mit denen Gemeindevergrößerung als singularer Lösungsansatz beschrieben werden könnte.
Ausgehend von dem bestehenden Personalstand versucht man dabei, die Zahl der Planstellen dem Ist-Stand anzupassen. In der Regel wird dabei nach dem Prinzip der Zu-

sammenlegung gearbeitet. Mehrere benachbarte Pfarrgemeinden werden zu einer einzigen Pfarrgemeinde zusammengeschlossen. Dabei werden alle eigenständigen Gremien zu Gesamtgremien für die Großgemeinde zusammengeführt.

In zweifacher Weise findet eine Gemeindevergrößerung statt. Zum einen nimmt die Zahl der Gemeindemitglieder zu, die durch einen Pfarrer betreut werden müssen, zum anderen vergrößert sich auch das Gebiet der Gemeinde.

Formal kann eine Gemeindevergrößerung auf zwei Weisen geschehen. Entweder es wird ein Pfarrer in mehreren Gemeinden als Gemeindeleiter eingesetzt, die Gemeinden behalten aber ihre Eigenständigkeit[13], oder aber die eigenständigen Gemeinden werden aufgelöst, und es wird eine neue Großgemeinde gebildet. Eine solche Vergrößerung bedeutet eine quantitative Aufgabenzunahme für den Gemeindeleiter.[14]

*b) Chancen und Risiken*

Die Gemeindevergrößerung versucht dem Prinzip, daß jede Gemeinde ihren Pfarrer haben soll, gerecht zu werden. Bei der Zusammenlegung von mehreren Pfarreien zu einer Gemeinde ergibt sich die Frage, ob diese auch wirklich zu einer Gemeinde werden.[15] Gewachsene Strukturen, Lebensräume lassen sich nicht einfach künstlich neu ordnen.

Wird ein Priester in mehreren Gemeinden als eigener Pfarrer eingeführt, dann geschieht dies in der Regel vor dem Hintergrund, daß man Eifersüchte zwischen den Gemeinden vermeiden möchte. Der Pfarrer, dies soll ausgesagt werden, ist für alle Gemeinden gleichrangig zuständig. So bekommt er z.B in jeder Gemeinde einen Schlüssel symbolisch überreicht.

Hierbei übersieht man aber, daß der Pfarrer faktisch nicht für alle Gemeinden gleichwertig ansprechbar sein kann. Angefangen damit, daß er nur in einem Pfarrhaus an nur einem Ort wohnen kann, bis dahin, daß er letztlich seiner Arbeit auch einen geographischen Schwerpunkt geben muß, wird es immer zu einer Über- bzw. Unterbetonung von Gemeinden kommen.

Schließlich fordern zusammengelegte Pfarreien nach einem neuen Leitungsstil. Das Zusammenspiel von haupt- und ehrenamtlichen Mitarbeitern, die Verteilung von Kompetenzen müssen unter den veränderten Bedingungen neu bedacht werden. In dieser Sicht bietet sich die Chance zu einer Gemeindeerneuerung.

#### *2.3.1.2 Gemeindeverwaisung*

*Modell*

Bei der Gemeindeverwaisung wird die Zahl der Stellen den verfügbaren Gemeindeleitern angepaßt. Dies kann auf unterschiedliche Weise geschehen. Selbständige Gemeinden werden formal nicht aufgelöst. Es bleiben weiterhin eigenständige Gemeinden mit Pfarrgemeinderat, Verwaltungsrat etc. De facto findet aber doch eine Zusammenlegung statt, indem eine Gemeinde einer zweiten untergeordnet wird. Sie wird zur Filialgemeinde.[16]

Bei einer anderen Form der Gemeindeverwaisung handelt es sich im strengen Sinn nicht um ein Modell, sondern vielmehr um eine Folge, die sich aus unterschiedlichen Modellen ergeben kann. Es können bei abnehmendem Personalbestand nicht alle Gemeinden besetzt werden. Es kommt zu einer (temporären) Gemeindeverwaisung. Die unten beschriebene Zyklusverlängerung ist eine Form der Verwaisung.

#### *2.3.1.3 Zyklusverlängerung*

*a) Modell*

Ein weiteres Modell stellt die Zyklusverlängerung dar. Ausgangspunkt ist, daß eine Differenz zwischen dem Personalstand und dem Stellenplan besteht. Es sind mit dem Personalstand nicht mehr alle Stellen im Augenblick zu besetzen.

Der Abstand zwischen dem Freiwerden einer Stelle und deren Neubesetzung wird vergrößert. Auf diese Weise kann die Zahl der Stellen mittelfristig auch mit einer geringeren Personaldecke gehalten werden.

*b) Chancen und Risiken*

Der Vorteil der Zyklusverlängerung liegt darin, daß mittelfristig keine selbständige Pfarrstelle aufgegeben werden muß. Dieser Lösungsversuch ist aber nur mittelfristig einzusetzen, d. h., er kann nur zur Überbrückung einer begrenzten Notsituation dienen.

### 2.3.2 PLURALE GEMEINDELEITUNG

Plurale Lösungsversuche gehen davon aus, daß Gemeindeleitung nicht unbedingt und in allen Bereichen in einer Hand liegen muß. Das klassische Pfarrerbild wird als ein in einer bestimmten Zeit notwendiger Versuch, Leitung zu organisieren, erachtet. In Anlehnung an Konzil und Synode[17] wird davon ausgegangen, daß es in der Kirche unterschiedliche Leitungsaufgaben gibt und daß alle Gläubigen dazu aufgefordert sind, sich an der Leitung zu beteiligen.

### 2.3.2.1 *Leitungsteam*

*a) Modell*

Das Grundmodell eines Leitungsteams beteiligt mehrere Menschen an der Gemeindeleitung. Je nach Fähigkeiten und Begabungen werden die einzelnen Leitungsbereiche innerhalb einer Gemeinde (oder von mehreren Gemeinden) aufgeteilt. Das ganze Team hat die verantwortliche Leitung der ganzen Gemeinde/Gemeinden inne. Bei der Zusammensetzung der Teams, der Aufgabenverteilung innerhalb eines Teams und der Verantwortungsstruktur kann es Variationen geben.

*b) Chancen und Risiken*

Dieses Modell bricht die bisherige Vorstellung, daß Gemeindeleitung nur von einem geweihten Mann ausgeübt werden kann, auf, indem die Leitung auf mehrere Schultern verteilt wird. Dies bedeutet für den einzelnen eine Entlastung. Zugleich setzt ein solches Modell hohe Erwartungen an die soziale Kompetenz der Mitglieder des Teams. Allgemein gesprochen: Ein Leitungsteam setzt voraus, daß die Teammitglieder auch lernen, miteinander zu arbeiten.

#### 2.3.2.1.1 Team von Hauptamtlichen

*a) Modell*

In der ersten Variante besteht das Leitungsteam ausschließlich aus hauptamtlichen MitarbeiterInnen. Ausgebildete TheologInnen werden von einem Bischof in eine in der Regel sehr große Gemeinde geschickt. Vom Bischof wird dem Team als Ganzem die Leitung der Gemeinde übertragen.

Das Team verteilt intern die Aufgaben- und Kompetenzbereiche. Ein Teammitglied wird zum Sprecher ernannt und vertritt das Team nach außen gegenüber der Gemeinde und dem Bischof.

Für die priesterlichen Dienste ist eine Zusammenarbeit mit Nachbargemeinden notwendig.

*b) Chancen und Risiken*

Ein Leitungsteam entlastet den (ursprünglich alleinigen) Gemeindeleiter, da hier eine Aufgabenverteilung, eine bessere Spezialisierung auf Einzelaufgaben und schließlich auch ein Gesprächskreis für Schwierigkeiten mit den Leitungsaufgaben möglich ist. Problematisch ist eine dadurch bedingte, immer größer werdende ›Verhauptamtlichung‹ der Gemeindeleitung und damit einer immer geringeren Beteiligungsmöglichkeit der Gemeinde selbst.

2.3.2.1.2 Team von Ehrenamtlichen

*a) Modell*

Die zweite Variante unterscheidet sich dadurch, daß hier die Gemeindeleitung ganz in den Händen der Gemeinde liegt.

Aus der Gemeinde hat sich ein Team bereit erklärt, die Leitung zu übernehmen. Je nach Fähigkeiten werden die unterschiedlichen Leitungsbereiche aufgeteilt. Das Leitungsteam wurde aus der Gemeinde ausgewählt, dem Bischof vorgestellt und von diesem mit der Leitung für eine begrenzte Zeit beauftragt.

Zu Beginn dieser Zeit absolvieren alle zukünftigen Mitglieder der Gemeindeleitung spezielle Kurse der Diözese, in denen sie auf die je eigenen Aufgaben vorbereitet werden. Auf Dekanatsebene werden mehrere Leitungsteams von einem Hauptamtlichen sowohl fachlich wie auch persönlich begleitet. In regelmäßigen Abständen finden zusätzliche Weiterbildungen für die Leitungsteams statt.

Damit auch höherqualifizierte Pfarrgemeindemitglieder in dem Leitungsteam mitarbeiten können, besteht die Möglichkeit, daß sie mit einer Aufwandsentschädigung einen Einkommensausfall kompensieren können.

*b) Chancen und Risiken*

Ein Hauptproblem eines ehrenamtlichen Teams liegt darin, die entsprechend begabten Mitglieder für diese Aufgabe zu gewinnen, diese während der Zeit qualifiziert zu begleiten und schließlich, sie auch in theologischen und Glaubensfragen so firm zu machen, daß sie auch eine ›geistliche Gemeindeleitung‹ darstellen können.[18]

2.3.2.1.3 Team von Haupt- und Ehrenamtlichen

Eine Kombination der beiden zuletzt beschriebenen Modelle stellt ein Team mit haupt- und ehrenamtlichen Mitarbeitern dar.

*a) Modell*

Gemeindemitglieder, die sich für eine bestimmte Zeit bereit erklärt haben mitzuarbeiten und die die entsprechenden Voraussetzungen haben bzw. bereit sind, diese zu entwickeln oder zu erwerben, sind gleichberechtigte Mitglieder eines Leitungsteams. Zusammen mit einem hauptamtlichen Mitarbeiter/einer hauptamtlichen Mitarbeiterin sind sie für die Leitung einer Gemeinde zuständig.[19] Das Team bestimmt einen Sprecher/eine Sprecherin, der/die sowohl das Team nach außen auf begrenzte Zeit als auch die Pfarrgemeinde gegenüber kirchlichen und staatlichen Stellen vertritt.

Für den (sehr wahrscheinlichen) Fall, daß kein Priester mehr am Ort lebt, ist es eine Aufgabe des Leitungsteams, den Bedarf der Gemeinde festzustellen und einen Priester für die priesterlichen Aufgaben zu gewinnen.

*b) Chancen und Risiken*

Die Chance diese Modells liegt darin, daß eine verstärkte Beteiligung der Gemeinde an Leitungsaufgaben und damit auch ein größeres Verantwortungsbewußtsein für die eigene Gemeinde entwickelt werden kann. Voraussetzung ist, daß in der Gemeinde ChristenInnen vorhanden sind, die bereit und fähig sind, Leitungsaufgaben zu übernehmen. Aufgabe der Diözese und des Hauptamtlichen in der Gemeinde muß es dabei sein, die ehrenamtlichen MitarbeiterInnen zu begleiten und fortzubilden.

#### *2.3.2.2 Gemeindeleitung als Kooperation*

Die vorgestellten Lösungsmöglichkeiten sind jeweils vorrangig innergemeindlich konzipiert. Dies bedeutet, daß das Hauptaugenmerk bei den Lösungsversuchen auf der einzelnen Gemeinde liegt.

Abschließend soll ein Modell beschrieben werden, das sich derzeit in Erprobung befindet und das von diesem Schema abweicht. Es ist sowohl innergemeindlich als auch übergemeindlich.

*a) Modell*

Als Bezugspersonen werden hauptamtliche, nicht geweihte MitarbeiterInnen einer Diözese in die Gemeinden geschickt. Ausgehend von dem Gedanken, daß Leitung einer Gemeinde etwas mit ›Beziehung herstellen in Beziehung treten‹ zu tun hat, soll weiterhin jede Gemeinde eine Person haben, die konstanter Ansprechpartner ist.

Die Bezugsperson wohnt in der Regel im Pfarrhaus und ist für die gesamte Leitung der Gemeinde zuständig. In diesem Zusammenhang bekommen die nicht geweihten Bezugspersonen eine erweiterte Kompetenz, indem sie für ihre Gemeinde die Tauf-, Beerdigungs- und Predigterlaubnis vom Bischof erhalten.
Auf zwischengemeindlicher Ebene sind die Bezugspersonen miteinander verbunden. Sie planen und führen gemeinsam einzelne Aufgaben (z. B. die Firmkatechese) durch. Jeweils in einem Team ist auch ein Priester vorhanden. Dieser hat die Aufgabe, Bezugsperson in der eigenen Gemeinde zu sein und für die priesterlichen Aufgaben in den übrigen Gemeinden zur Verfügung zu stehen. Auch in dieser Frage findet also eine Kooperation zwischen den Gemeindeleitern respektive den Gemeinden statt.
Ein ehrenamtliches Mitglied der Gemeinde übernimmt den Vorsitz des Verwaltungsrates, eine Aufgabe, die bisher meist dem Pfarrer vorbehalten war. Das ehrenamtliche Mitglied hat damit wesentlichen Anteil an der Gemeindeleitung im Bereich der Verwaltung.

*b) Chancen und Risiken*

Dieses Lösungsmodell berücksichtigt die Wünsche der Gläubigen,[20] indem es weiter in jeder Gemeinde einen festen Ansprechpartner gibt. Weiter wird verwirklicht, daß Gemeindeleitung nicht nur an den priesterlichen Dienst gebunden ist.
Es stellt aber gleichzeitig hohe Erwartungen an die Fähigkeiten der Mitarbeitenden. Sie müssen zu einer Kooperation fähig sein. Offen bleibt, ob dieses Modell auch zu einer Gemeindeerneuerung beiträgt oder ›nur‹ der Pfarrermangel, unter größtmöglicher Beibehaltung der Strukturen, behandelt werden soll.
Erste Erfahrungen in der Praxis zeigen, daß sich besonders im Bereich der Aus- und Weiterbildung und der Begleitung der Ehrenamtlichen Probleme ergeben können. So fehlt es zum Beispiel an Informationen, welche Kompetenzen die Ehrenamtlichen gegenüber den Haupamtlichen haben.

## 3. Zusammenfassung

Unterschiedliche Lösungsversuche, um die Folgen des Pfarrermangels in den Griff zu bekommen, sind im Augenblick in der Diskussion bzw. in der Erprobung.
Zu unterscheiden sind die Lösungsversuche, die an einer singularen Gemeindeleitung festhalten, und jene, die Gemeindeleitung auch als Aufgabe eines Teams ansehen.

Jene Lösungsansätze, die den Pfarrermangel ausschließlich als Priestermangel sehen, versuchen, durch eine verstärkte Werbung den Mangel zu beheben.
Die auf eine Person fixierten Lösungsversuche vergrößern entweder den Bereich, der von einer Person geleitet werden soll, oder aber sie verlagern die Aufgaben in außergemeindliche Bereiche.
Plurale Lösungsversuche gehen davon aus, daß Gemeindeleitung von mehreren Personen wahrgenommen werden kann. Je nach Zusammensetzung besteht ein solches Team aus Hauptamtlichen oder Ehrenamtlichen, oder es handelt sich um ein ›gemischtes‹ Leitungsteam.
Ein zwischengemeindliches Lösungsmodell ist die Gemeindeleitung in Kooperation. Hierbei werden in mehreren Gemeinden ›Bezugspersonen‹ als Leiter eingesetzt. Die Leiter kooperieren miteinander, d. h. übergemeindlich werden Gottesdienste und einzelne Seelsorgebereiche abgesprochen.

## 4. Literatur und Anmerkungen

FUCHS, OTTMAR: Der pastorale Notstand: notwendige Reformen für eine zukunftsfähige Kirche. Düsseldorf, 1992.

HEIL, MARKUS: Typologie der Handhabungsversuche des Problems des Pfarrermangels. in: Zulehner, Paul M., Heil, Markus, Rausch, Ulrich, Pfarrermangel – Studie zur Situation der deutschsprachigen Diözesen. Wien, 1991, unveröffentlicht.

JOHANNES PAUL II.: Schreiben von Papst Johannes Paul II. an die Priester zum Gründonnerstag 1991. Rom, 1991.

LÖFFLER, CLEMENS: Mit den Sinnen den Sinn erspüren: Briefkurs. Bamberg, 1991.

PRIESTERRAT IM ERZBISTUM KÖLN: Personal- und Pastoralplanung. Köln, 1991.

PRIESTERRAT IM ERZBISTUM KÖLN: Zur Personal- und Pastoralplanung im Erzbistum Köln. Köln, 1991.

ZULEHNER, PAUL M.: Gemeindepastoral: Ziele und Positionen – Ein Arbeitsheft. Sommersemester 1992, Wien, 1992.

ZULEHNER, PAUL M., HEIL, MARKUS, RAUSCH, ULRICH: Pfarrermangel – Studie zur Situation der deutschsprachigen Diözesen. Wien, 1991, unveröffentlicht.

*

[1] Da die Studie über den Pfarrermangel sich nur auf den deutschsprachigen Raum beschränkte, ist es wahrscheinlich, daß nicht alle möglichen Modelle festgehalten werden konnten, sondern eben nur diese, die in diesem geographischen Raum praktiziert werden. Um das Bild abzurunden, sollen weitere denkbare Modelle entwickelt und vorgestellt werden.

[2] Vier konkrete Diözesanmodelle: Mette, Norbert: ›Kooperative Seelsorge‹ – ein zukunftsfähiges pastorales Konzept? in: Fuchs, Ottmar: Der pastorale Notstand – Notwendige Reformen für eine zukunftsfähige Kirche. 1992, Düsseldorf, 12ff.

[3] An dieser Stelle sei nur darauf verwiesen, daß eine Diözese, die an sich ihre Leitungsprobleme von der Gemeinde her gelöst wissen will und aus diesem Grund in der Regel die Aktivierung von ehrenamtlichen Gemeindeleitern bevorzugt, bei fast einem Drittel der Gemeinden weiterhin verstärkt auf Hauptamtliche baut. Diese Gemeinden sind sehr klein, es fehlen vor allem junge Gemeindemitglieder etc., so daß zur Gemeindeaktivierung dem Pastoralamt Hauptamtliche als unabdingbar erscheinen.

[4] Eine erste Typologie wurde vorgelegt von Markus Heil, Typologie der Handhabungsversuche des Problems des Pfarrermangels, in: Zulehner, Paul M. Heil, Markus Rausch, Ulrich: Pfarrermangel – Studie zur Situation der deutschsprachigen Diözesen. Wien, 1991, unveröffentlicht.

[5] Vergleiche dazu A 1.1, Seite 19.

[6] Diese Tendenz ist nicht nur auf den Weltklerus beschränkt, sondern auch die unterschiedlichen Ordensgemeinschaften leiden sehr stark unter Nachwuchssorgen.

[7] Vergleiche hierzu: Löffler, Clemens: Mit den Sinnen den Sinn erspüren: Briefkurs. Bamberg, 1991.

[8] Johannes Paul II., Schreiben von Papst Johannes Paul II. an die Priester zum Gründonnerstag 1991. Rom 1991.

[9] Siehe B. Bestandsaufnahme, Seite 33.

[10] Vergleiche dazu: M. Hofer: Leitlinien des Pastoralamtes des Bistums Basel für den deutschsprachigen Teil. In: SKZ 157 (1989).

[11] An dieser Stelle sei nur darauf hingewiesen, daß sich die ›Programme und Konzepte‹ der verschiedenen Gruppierungen sehr voneinander unterscheiden. Bei einigen besteht die Gefahr, daß bei ihnen eine Bekehrung zu einer gruppenspezifischen Spiritualität im Mittelpunkt steht. Es könnte die Vielfalt einer Pfarrgemeinde darunter leiden, wenn sie darauf festgelegt würde.

[12] So zum Beispiel, daß Ordensschwestern, DiplomtheologInnen etc. die alleinige Gemeindeleitung übertragen bekommen.

[13] So gibt es in jeder Gemeinde einen eigenen Pfarrgemeinderat, Verwaltungsrat etc.

[14] Bei vier Gemeinden ist der Pfarrer bereits alle 6 – 8 Wochen jeweils fast eine Woche damit beschäftigt, jeden Abend eine Pfarrgemeinderatssitzung zu besuchen.

[15] Bei der Gebietsreform in Deutschland wurden auch einige politische Gemeinden zu neuen Städten zusammengelegt. Man versprach sich davon eine Vereinfachung der Verwaltung. Nach kurzer Zeit wurden so entstandene künstliche Städte wieder aufgelöst, da einerseits die Vereinfachung der Verwaltung nicht stattfand und andererseits dies auf erheblichen Widerstand bei der Bevölkerung stieß. Sie fühlte sich ihrer Identität beraubt.

[16] In diesem Zusammenhang ist weniger das formale Aussehen der ›neuen Gemeinde‹ als das Gefühl der Gemeindemitglieder wichtig. Häufig kommt es zu dem Gefühl, daß die eigene Gemeinde verwaist ist, da der Pfarrer in der Nachbargemeinde wohnt, dort das Pfarrbüro ist, ...

[17] Vergleiche dazu: Dienste und Ämter, in: Gemeinsame Synode der Bistümer der Bundesrepublik Deutschland. Offizielle Gesamtausgabe. hrsg. v. Ludwig Bertsch u. a., Freiburg i. Br. [7]1989, 605 – 606.

[18] Diese Schwierigkeit gilt letztlich bei allen Gemeindeleitern, aber es scheint doch noch einmal ein Unterschied darin zu bestehen, ob für theologische Fragen ein fundiertes Studium abgeschlossen wurde oder ›nur‹ eine den Interessen entsprechende Weiterbildung stattfand.

[19] Bei größeren Gemeinden können es auch mehrere Hauptamtliche sein.

[20] Vergleiche dazu: G. Pastoraltheologische Reflexion, 1. Verlust des Ansprechpartners, Seite 157.

# D. ORGANISATIONSPSYCHOLOGISCHE ASPEKTE

*Elija geriet in Angst, machte sich auf und ging weg, um*
*sein Leben zu retten. Er kam nach Beescheba in*
*Juda und ließ dort seinen Diener zurück. Er selbst*
*ging eine Tagesreise weit in die Wüste hinein. Dort setzte*
*er sich unter einen Ginsterstrauch und wünschte sich*
*den Tod. Er sagte: Nun ist es genug, Herr. Nimm mein*
*Leben; denn ich bin nicht besser als meine Väter.*
*Dann legte er sich unter den Ginsterstrauch und*
*schlief ein. Doch ein Engel rührte ihn an und sprach:*
*Steh auf und iß! Als er um sich blickte, sah er neben seinem*
*Kopf Brot, das in glühender Asche gebacken war,*
*und einen Krug mit Wasser. Er aß und trank und legte*
*sich wieder hin. Doch der Engel des Herrn kam ein*
*zweites Mal, rührte ihn an und sprach: Steh auf und iß!*
*Sonst ist der Weg zu weit für dich. Da stand er auf,*
*aß und trank und wanderte, gestärkt von dieser Speise,*
*vierzig Tage und vierzig Nächte bis zum Gottesberg Horeb.*
*Dort ging er in eine Höhle zum Übernachten. Doch das*
*Wort des Herrn erging an ihn: Was willst du hier, Elija?*
*Er sagte: Mit leidenschaftlichem Eifer bin ich für den Herrn*
*der Heere eingetreten, weil die Israeliten deinen Bund*
*verlassen, deine Altäre zerstört und deine Propheten mit dem*
*Schwert getötet haben. Ich allein bin übriggeblieben. Und nun*
*trachten sie auch mir nach dem Leben. Der Herr antwortete:*
*Komm heraus, stell dich auf den Berg vor deinen Herrn!*
*Da zog der Herr vorüber: Ein starker, heftiger Sturm, der Berge*
*zerriß und Felsen zerbrach, ging dem Herrn voraus. Doch der*
*Herr war nicht im Sturm. Nach dem Sturm kam ein*
*Erdbeben. Doch der Herr war nicht im Erdbeben. Nach*
*dem Beben kam ein Feuer. Doch der Herr war nicht im Feuer.*
*Nach dem Feuer kam ein sanftes leises Säuseln. Als Elija es hörte,*
*hüllte er sein Gesicht in den Mantel, trat hinaus und stellte*
*sich an den Eingang der Höhle.*

*(1 Kön 19, 3–13a)*

Es ist gerade in der Pastoraltheologie üblich, Humanwissenschaften, ihre Methoden und Erkenntnisse für die Theologie fruchtbar zu machen.[1] So werden zum Beispiel im Bereich der seelsorglichen Gespräche verschiedene Therapieformen unterstützend angewandt.[2]

Im folgenden soll der Pfarrermangel aus der Sicht der Organisationspsychologie[3] betrachtet werden, um in den pastoraltheologischen Reflexionen nach Lösungswegen unter diesem Gesichtspunkt suchen zu können. In einem ersten Schritt soll geklärt werden, warum sich Gemeinde als Ort des Pfarrermangels mit organisationspsychologischen Mitteln beschreiben läßt. In einem zweiten Schritt sollen dann die verschiedenen Felder der Gemeindeleitung, die unterschiedlichen Leitungskonzepte und schließlich die Schwierigkeiten, die mit der Leitung entstehen können, dargestellt werden.

Der biblische Text über den Propheten Elija, der diesem Kapitel vorangestellt wurde, wird uns während des Kapitels begleiten, da sich an ihm einige Schwierigkeiten und Fragen der Gemeindeleitung verdeutlichen lassen und das Handeln Gottes uns Impulse für den eigenen Umgang mit diesem Problem geben kann.

Die Einordnung der Organisationspsychologie geschieht in Kapitel G.

## 1. Gemeinde als Gegenstand der Organisationspsychologie

Eine Pfarrgemeinde läßt sich mit unterschiedlichen Mitteln beschreiben. Sie kann unter theologischen Rücksichten beschrieben werden, sie kann unter soziologischen Gesichtspunkten oder aber auch als Organisation beschrieben werden. In kirchenamtlichen Dokumenten wird in der Regel die theologische Dimension von Kirche und Gemeinde herausgearbeitet. Im folgenden soll deshalb gerade in diesen Dokumenten nach Spuren von einer funktionalen Beschreibung der Gemeinde gesucht werden. Eine solche Organisationsbeschreibung wird dann mit einer Definition von Organisation aus der Psychologie verglichen.

## 1.1 PFARRGEMEINDEN

**Gemeinsame Synode Würzburg**

*»Die Gemeinde ist an einen bestimmten Ort oder innerhalb eines bestimmten Personenkreises die durch Wort und Sakrament begründete, durch den Dienst des Amtes geeinte und geleitete, zur Verherrlichung Gottes und zum Dienst an den Menschen berufene Gemeinschaft derer, die in Einheit mit der Gesamtkirche an Jesus Christus glauben und das durch ihn geschenkte Heil bezeugen. Durch die eine Taufe (vgl. 1 Kor 12,13) und durch die gemeinsame Teilhabe an dem einen Tisch des Herrn (vgl. 1 Kor 10,16f) ist sie ein Leib in Christus.*
*[...] Die Gemeinde muß offen sein nach innen und außen. Ihre Versammlung um den Tisch des Herrn und ihre Sendung zum Dienst an den Menschen gehören zusammen.*
*[...] Innerhalb der persönlichen Sendung der gesamten Gemeinde hat jeder einzelne seine persönliche Aufgabe und Verantwortung. [...] So wird der eine Dienst in vielen Diensten ausgeübt. Die einzelnen Dienste haben verschiedene Schwerpunkte. Manche sind unmittelbar auf den Aufbau der Gemeinde, andere unmittelbar auf den Dienst in der Gesellschaft bezogen. [...] Im brüderlichen Zusammenwirken aller sollen die vielen Gaben des Geistes die Gemeinde ›auferbauen‹. Um zur Geltung und Wirkung zu kommen, muß jeder Dienst seinen Freiheitsraum und seine Eigenständigkeit haben. Alle Dienste müssen aber auch einander zugeordnet sein und einander ergänzen. Die Zusammenarbeit aller Dienste ist nicht nur aus organisatorischen Gründen, sondern von der Sendung der Gemeinde her unerläßlich: sie soll Zeichen und Werkzeug der Einheit sein. [...] Aufgabe [dieser] Gremien ist es, die einzelnen Dienste und Gruppen zu integrieren und zwischen der Gemeinde und ihnen zu vermitteln.«*[4]

So beschreibt die Gemeinsame Synode in ihrem Dokument 'Dienste und Ämter' ›das Wesen und die Formen der Gemeinde‹[5].
Gemeinde ist dieser kirchenamtlichen Definition nach ein Gebilde, das einen festgelegten und bestimmbaren Rahmen (›bestimmter Ort oder... bestimmter Personenkreis‹) sowie ein festgelegtes Primärziel[6] (›Verherrlichung Gottes und Dienst am Menschen‹) hat. Neben diesem Primärziel gibt es Sekundärziele, die unterschiedliche Aufgabenfelder betreffen (›viele Dienste‹). Die Gemeinde hat eine Leitungsstruktur (›geleitet durch das Amt‹), und es gibt eine Kommunikation in ihr, um die unterschiedlichen Aufgaben zu

koordinieren (›Gremien vermitteln und integrieren‹). Die Gemeinde steht in einer Beziehung zu der von ihr unterschiedenen Umwelt (›offen nach außen‹), und ein Teil ihrer Aktivitäten ist auch auf die Umwelt gerichtet (›Dienst an den Menschen‹). Jedes Mitglied der Gemeinde hat durch seine Zugehörigkeit auch Verantwortung für die Gesamtgemeinde übernommen (›persönliche Aufgabe und Verantwortung‹). An anderer Stelle geht die Synode ausdrücklich auf die Mitarbeiter/Angestellten[7] und auf die Lebensrhythmen der Gemeinde[8] ein. Diese gehören ebenfalls wesentlich zur Gemeinde.

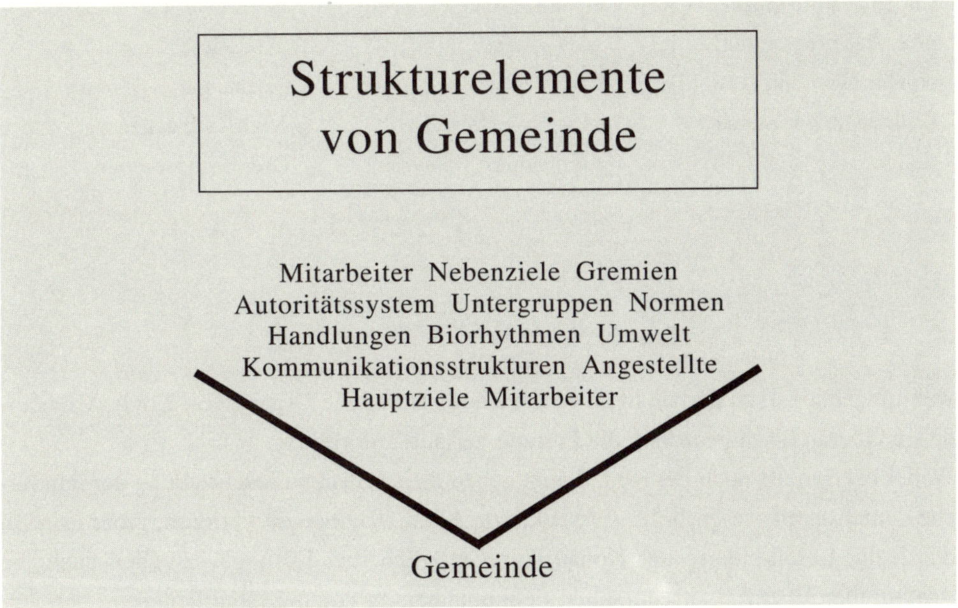


**Abbildung 19 Strukturelemente von Gemeinde**

In der Abbildung 19 sind die wesentlichen Strukturelemente einer Pfarrgemeinde dargestellt. Ein Vergleich mit dem Gegenstand der Organisationspsychologie zeigt, daß ihre Mittel geeignet sind, Funktionen einer Pfarrgemeinde zu beschreiben.

**Definition Organisation**

*»Eine Organisation ist ein kollektives Ganzes mit relativ festgelegten und identifizierbaren Grenzen, einer normativen Ordnung, hierarchischem Autoritätssystem, Kommunikationssystem und einem koordinierten Mitgliedssystem; dieses kollektive Ganze besteht aus einer relativ kontinuierlichen Basis innerhalb einer sie umgebenden Umwelt und beschäftigt sich mit den Handlungen und Aktivitäten, die sie gewöhnlich auf ein Endziel oder Objektive hin beziehen, oder eine Menge von Endzielen und Objektiven.«* [9]

Ein Blick in die Dokumente des Zweiten Vatikanischen Konzils zeigt, daß auch dort Gemeinde und Kirche in ihren funktionalen Strukturen beschrieben wird. Die Kirche wird als ›in dieser Welt‹ beschrieben, was bedeutet, daß sie von einer ihr unterschiedenen Um-

**Abbildung 20**
**Funktionale Beschreibung**

| II. Vatikanum | Organisation | Synode |
|---|---|---|
| Christi pusillio gregi (LG 1,5) | identifizierbare Grenzen | bestimmter Personenkreis |
| diversitas officiorum (LG 1,7) | Aktivitäten | viele Ziele |
| organis hierarchis (LG 1,8) | Autoritätssystem | geleitet durch das Amt |
| Ecclesia, in hoc mundo (LG 1,8) | umgebene Umwelt | offen nach außen |
| | Kommunikationssystem | Gremien vermitteln |

(c) 1993 ur

welt umgeben ist, zu der sie in einer Beziehung steht. Die Organe von Kirche/Gemeinde sind hierarchisch geordnet, die Leitung verläuft autoritativ.
Weder bei Synode noch bei Konzil geht neben dieser Strukturbeschreibung der inhaltliche – und damit wesentliche – Aspekt von Kirche/Gemeinde verloren. Aber es wird durch die Beschreibung der Konstruktion möglich, bei Lösungsversuchen auch die strukturellen Ebenen, getrennt, aber nicht unabhängig von der inhaltlichen, zu betrachten. Auf diese Weise könnten sich in unserem Fall neuartige Hinweise für den Pfarrermangel ergeben.

## 1.2 PROFIT ODER NON-PROFIT?

Gleichwohl unterscheidet sich die Gemeinde auch strukturell von anderen Organisationen. Die Eigenheiten der Organisation ›Kirchengemeinde‹ müssen an dieser Stelle aufgezeigt werden.

**Ziele**

Im allgemeinen wird zwischen Profit- und Non-Profit-Organisationen unterschieden. Dieser Unterschied bezieht sich auf den Endzweck einer Organisation: Das Endziel der Organisationen der ersten Klasse ist das Erzielen eines Profites durch die Herstellung,

Veredelung, den Vertrieb eines Produktes oder durch die Ausführung von Dienstleistungen. Bei der zweiten Klasse von Organisationen ist die Erzielung eines Gewinns nicht das angestrebte Hauptziel[10], vielmehr liegt das Hauptziel[11] in einem karitativ/sozialen, kulturellen oder wissenschaftlichen Bereich.

**Erfolgskontrolle**

Diese Klassifizierung hat ihre Auswirkung auf die Erfolgskontrolle einer Organisation. Bei einer Profit-Organisation ist der Erfolg mit Hilfe von wirtschaftlichen Methoden meß- und feststellbar. Erfolg ist eine zähl- und angebbare Größe. Dies wirkt sich direkt auf die Mitarbeiterführung und -motivation aus, da es ›objektivierbare‹ Kriterien für ein erfolgreiches, zielgerichtetes Handeln gibt. Ein Verkäufer, der über den durchschnittlichen Verkaufszahlen in einem Monat liegt, wird gewöhnlich als erfolgreich bezeichnet, und dieser Erfolg wird belohnt. Ja, er selber hat die Möglichkeit, seine Arbeit einzuschätzen. Non-Profit-Organisationen haben in bezug auf das Hauptziel[12] keine solch direkte Erfolgskontrolle. So ist es zum Beispiel in der Kirche nicht leicht zu bestimmen, wann ein Mitarbeiter erfolgreich handelt. Höchstens mit einem umfangreichen Instrumentarium von relativen Einzelmaßstäben wäre dies möglich. Ist zum Beispiel eine Firmgruppenleiterin weniger erfolgreich, wenn sich nach einem halbjährigen Firmkurs von ehemals zehn Kandidaten nur noch zwei firmen lassen, oder aber ist dies gerade ein Merkmal von besonders gelungener Katechese, da deutlich gemacht werden konnte, daß die Firmung eine bewußte und individuelle Entscheidung voraussetzt?[13] Eine Mitarbeitergratifikation ist in der Regel nicht auf finanzieller Basis möglich.

Als Non-Profit-Organisation ist die Kirchengemeinde eine bedarfswirtschaftliche Organisation, in der eine Sachzieldominanz besteht.[14] Das heißt, der Sinn der Gemeinde liegt darin, auch die gerechtfertigten Bedürfnisse bestimmter Personen zu befriedigen[15], und die Sache, die ›hergestellt‹ wird, ist das Ziel der Mitarbeiter. Eine Formalzieldominanz würde dann vorliegen, wenn das Gut nur formalen Charakter hätte, dieses also benötigt würde, um ein anderes Ziel zu erreichen (bestimmtes Produkt als Formalziel → Gewinn, der durch das Produkt erzielt wird, als eigentliches Ziel).

Die Mittel/Methoden, die einer Profit- und einer Non-Profit-Organisation zur Erreichung des Ziels zur Verfügung stehen, sind gleich: Finanzen, Arbeit von Mitarbeitern, Managerleistung zur Koordinierung der Arbeiten.

**Motivationen**

Unterscheidbar sind beide Organisationsformen (Profit und Non-Profit) auch in den Beweggründen, warum sich Menschen zur Mitarbeit entscheiden. Während es bei den Mitarbeitern von Profit-Organisationen eine klare Hierarchie[16] von Motiven zur Mitarbeit in der Organisation gibt, können die Motivationen bei Non-Profit-Organisationen ganz unterschiedlicher Natur sein. So kann die Mitarbeit in einer Naturschutz-Organisation sowohl aus gesellschaftlichem Verantwortungsgefühl geschehen als auch aus Prestigegründen.

In dem Nähe-Distanz-Verhältnis der Mitglieder zu ihrer Organisation unterscheiden sich Profit- und Non-Profit-Organisationen. Beiden gemeinsam ist, daß am Anfang einer Beziehung ein formeller Akt, mit dem diese Beziehung ausdrücklich bestätigt wird, steht. Trotzdem ist die Gestalt der Beziehung dann ganz unterschiedlicher Art. In einer Profit-Organisation wird durch einen formellen Arbeitsvertrag die Mitgliedschaft zu der Organisation bestätigt, und gleichzeitig wird die wöchentliche Arbeitsdauer und die Art der Arbeit des neuen Mitgliedes genau bestimmt. Bei dem anderen Typ von Organisationen ist die Beziehung, das heißt die Aufgaben und Erwartungen, ungenau bestimmt. In der Regel ist nur die Zahlung eines Mitgliedsbeitrages verpflichtend; ob und in welchem Umfang man sich noch an Aktivitäten der Organisation beteiligt, ist dann ganz unterschiedlich. So kann man z. B. Mitglied in einem Kleintierverein sein, ohne jemals an einer Vereinsveranstaltung teilgenommen zu haben.

Von anderen Non-Profit-Organisationen unterscheidet sich die Kirche dadurch, daß sie sich nicht auf einen Teilbereich des Lebens beschränkt, sondern den Menschen in seiner Ganzheit, in all seinen Lebensvollzügen erfassen will.[17] Wenn sie *ein* Hauptziel hat, dann muß dies ein alles umfassendes Ziel sein.

In der Idee von Pfarrgemeinde ist eine Identität zwischen den (ehrenamtlichen) MitarbeiterInnen und den ersten NutznießerInnen dieser Arbeit vorgesehen. Als Mitglied der Gemeinde kann ich die Dienste und Kasualien in Anspruch nehmen. De facto nimmt aber in den letzten Jahren die Zahl der Mitarbeiter erheblich ab, die Zahl der ›Konsumenten‹ dagegen verringert sich nur unverhältnismäßig langsamer.

Ein letzter Unterschied, auf den hier eingegangen werden soll, ist die Art der Begründung von Handlungen, Zielen und Verhaltensweisen. Ausgangspunkt hierfür ist nicht die freie Übereinkunft von Gleichgesinnten, sondern es handelt sich – theologisch gesprochen – um eine Stiftung Gottes, die nicht einer freien Verfügungsgewalt der Menschen überlassen ist.

In einem Punkt könnte sich eine Pfarrgemeinde von anderen instutionalisierten Non-Profit-Organisationen unterscheiden. Während die meisten Non-Profit-Organisationen bereits durch ihre Träger mehr oder weniger festgeschriebene Ziele haben[18], besteht bei einer Gemeinde ein großer Rahmen, in dem die Ziele frei vereinbart werden könnten.[19]

## 1.3 DIE ORGANISATION ›PFARRGEMEINDE‹

Die unterschiedlichen zielgerichteten Aktivitäten werden durch innere und durch äußere Faktoren beeinflußt.[20] Eine Pfarrgemeinde ist keine Einheit, die autonom von ihrer Umwelt besteht. Vielmehr beeinflussen die externen Faktoren das innerorganisationelle Geschehen, die Organisationsstruktur, die Handlungs- und Entscheidungsprozesse wie auch die Ziele der Organisation[21] mit.

Für die praktische Gemeindearbeit ist die Unterscheidung in interne und externe Faktoren von Bedeutung, da in Störungsfällen die Reaktionsmöglichkeiten bei internen und externen Faktoren ganz unterschiedlicher Art sind. Aber auch bei der Mitarbeitermotivierung und -gratifikation kann es sinnvoll sein, sowohl intern als auch extern nach Möglichkeiten Ausschau zu halten. Hierzu ein kleines Beispiel:

**Gemeinde-alltag: Motivation**

*In einer Pfarrgemeinde werden regelmäßig Erwachsenenbildungsveranstaltungen abgehalten. Nach vier Jahren möchte die zuständige Dame diese Aufgabe abgeben. Sie ist der Meinung, daß sie mit ihren 65 Jahren dieser Aufgabe nicht mehr gewachsen ist. Ein letztes Seminar wird vor ihr organisiert, d. h., es wird der Referent ausgewählt, Termine werden abgesprochen etc. Der Referent stellt ausführliches Werbematerial in Form von Handzetteln, Plakatvordrucken, Presseinformationen zur Verfügung, die nur noch weitergegeben werden müssen.*

*Am Ende des Seminars erklärt sich die Bildungsbeauftragte bereit, weiter Aufgaben auszuführen. Zwei Faktoren haben sie zum ›Weitermachen‹ bewegt. Erstens: Das Seminar war auf eine große Resonanz gestoßen, es gab einen festen Kreis von Teilnehmern, der an allen Abenden teilnahm. Zweitens: Durch die Pressemitteilungen hatten alle Lokalzeitungen vor den Abenden auf die Veranstaltung hingewiesen, und eine Zeitung schickte einen Reporter, der dann einen fast ganzseitigen Bericht über die Veranstaltung verfaßte.*

In dem konkreten Fall war auch ein externer Faktor wichtig, um die Mitarbeiterin zu motivieren, nämlich die Resonanz der Umwelt auf die innerkirchliche Erwachsenenbildung.

**Abbildung 21[22] Externe und interne Faktoren**

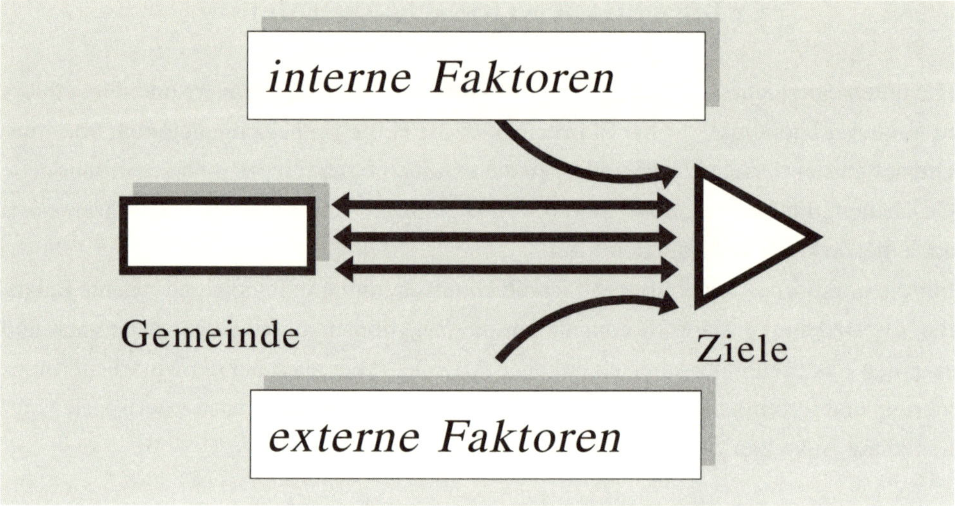


## 2. Facetten der Gemeindeleitung

In der Führungsliteratur wird unterschieden zwischen Managern und Leitern. Der *Manager* führt einen bestimmten Auftrag aus, oder er sorgt dafür, daß dieser sach- und termingerecht ausgeführt wird. Seine Aufgaben haben damit einen mehr administrativen Charakter.[23]

Ein *Leiter*[24] dagegen fördert die Kreativität der Mitarbeiter, er ermöglicht die individuelle Auseinandersetzung der einzelnen mit einer Problem- und Aufgabenstellung.

Jeder Leiter hat eine gewisse Autorität als formaler Vorgesetzter gegenüber seinen Untergebenen, und ihm ist die Möglichkeit gegeben, Weisungen zu erteilen und auf deren Ausführung zu dringen.[25]

### 2.1 LEITER

#### 2.1.1 LEITUNGSSTIL

Der Leitungsstil[26], das heißt, die Art und Weise, wie ein Vorgesetzter seine Mitarbeiter an der gemeinsamen Aufgabenerfüllung beteiligt und dazu mit ihnen kommuniziert, ist von verschiedenen Faktoren abhängig. Diese den Leitungsstil bestimmenden Faktoren wirken sich dann auf die Ergebnisse der Leitung aus.

Zu den *Faktoren des Leitungsstils* gehört die Art der Arbeit, das bedeutet, ob die Arbeit zum Beispiel einer Routine unterliegt (Verpacken eines Gegenstandes) oder aber, ob die Arbeit nur vorstrukturiert ist (Verkaufsgespräch). Ebenfalls beeinflußt das Leitungsverhalten die Art, wie die Organisation von ihren Mitarbeitern wahrgenommen wird (Organisationsklima). Der Einfluß des Leiters innerhalb der Organisationshierarchie nach ›oben‹ ist für die Mitarbeiter von Bedeutung, da von diesem Einfluß abhängt, ob ihre Anliegen und Interessen nach oben gebührend vertreten werden. Hierzu ein Beispiel:

**Gemeindealltag: Interessenvertretung**

*Ein ehrenamtlicher Mitarbeiter eines diözesanen Bildungswerkes erarbeitet zusammen mit dem Bildungswerk eine Arbeitshilfe, die dann schließlich bei einem Verlag herausgebracht wird. Als Student ist für ihn von Anfang an klar, daß diese Arbeit zumindest einen geringen Gewinn abwerfen soll, um auf diese Weise neue Studienliteratur zu finanzieren. Dies wird auch so gegenüber dem zuständigen Referenten geäußert. Jener kann dieses Anliegen aber nicht nach ›oben‹ entsprechend vertreten, so daß es keinerlei Berücksichtigung findet. Das Arbeitsklima verschlechtert sich, und als darauf bestanden wird, die Angelegenheit zu klären, bricht das Bildungswerk die Beziehung ab. Das ›Opfer‹ hat das Gefühl, daß hier einiges zu seinen Ungunsten getürkt wurde.*

In diesem konkreten Fall hatte der Leiter keinerlei Einfluß nach oben, so daß er die Interessen und Anliegen des Untergebenen wirkungsvoll nach ›oben‹ hätte vertreten können.

Ein letzter Faktor, der an dieser Stelle ausführlicher erwähnt werden soll, ist die Persönlichkeit der Leitungsperson.

Eine Vielzahl von Untersuchungen[28] hat sich mit der Frage auseinandergesetzt, welchen Einfluß die Persönlichkeit des Leiters auf den Leitungsprozeß hat. Es wurden bisher eine Reihe von Persönlichkeitsvariablen (Originalität, Selbstvertrauen, Unabhängigkeit, Initiative, Selbstbejahung, Wachsamkeit ... ) ausgemacht, die allgemein einen Führungserfolg begünstigen.

In Erweiterung zu dieser Vorstellung wird man darauf hinweisen müssen, daß Faktoren des Leitungsstils[29], der Leitungsstil selbst und die Auswirkungen des Leitungsverhaltens im Sinne eines Regelmechanismus zu verstehen sind.

So wirkt sich das Verantwortungsgefühl der Mitarbeiter für eine bestimmte Aufgabe auf das Leitungsverhalten aus. Wünscht der Gemeindeleiter einen im engen Sinne koopera-

**Abbildung 22[27] Leitungsverhalten**

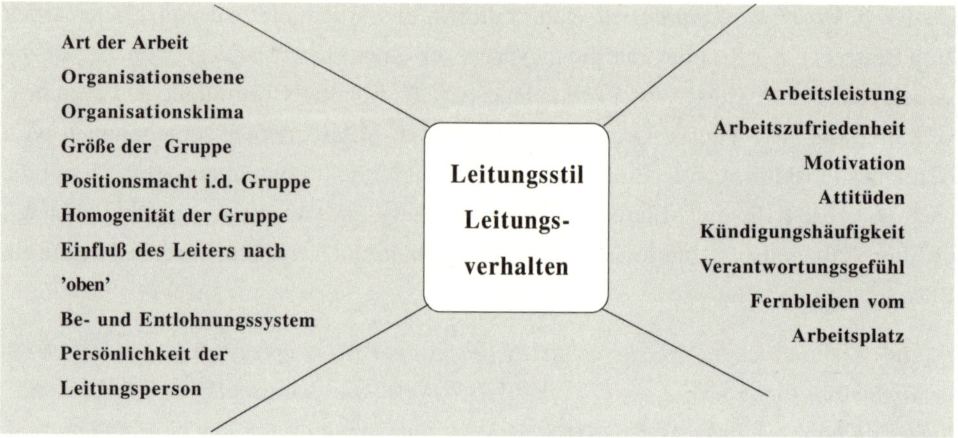


tiven Leitungsstil, die einzelnen Mitarbeiter sind aber nicht bereit, eine dementsprechende Verantwortung zu übernehmen, dann wird sich das Leitungsverhalten ändern müssen. Liegt ihm weiter an einem kooperativen Stil, dann wird er viel Energie und Überzeugungskraft aufwenden müssen, damit er zukünftig die Verantwortung delegieren kann. Ist eine solche Überzeugungsarbeit nicht möglich (weil dazu vermeintlich die Zeit fehlt), oder konnte nicht überzeugt werden, dann wird der Führungsstil wieder in Richtung autoritäre Führung tendieren: der Leiter delegiert die Aufgaben, aber nicht die Verantwortung. Ähnlich wirken sich die Arbeitszufriedenheit und die Motivation der einzelnen Mitarbeiter auf den Leiter aus.
Nur eine regelmäßige Begleitung von Organisationen vermag aufzuzeigen, welche konkreten Abläufe innerhalb der Organisation die Faktoren des Leitungsstils, das Leitungsverhalten und die Auswirkungen des Leitungsverhaltens beeinflußt haben.

*Leitungsverhalten*
In der Praxis gibt es keinen einheitlichen Leitungsstil, sondern es gibt eine ungezählte Variationsbreite zwischen einerseits einem autoritären und andererseits einem kooperativen Leitungsstil.
Die formale Autorität und die damit verbundenen Sanktions- und Gratifikationsmöglichkeiten legitimieren einen autoritären Stil. Sie ist Abbild einer hierarchischen Ordnung und einer festgelegten Rollenverteilung. Ein solcher Führungsstil ist dann erfolgreich, wenn es um Routinearbeiten und programmierbare Leistungsvorgänge geht.[30]
Bei dem kooperativen Leitungsstil wird im Gegensatz dazu der fachlichen und sozialen

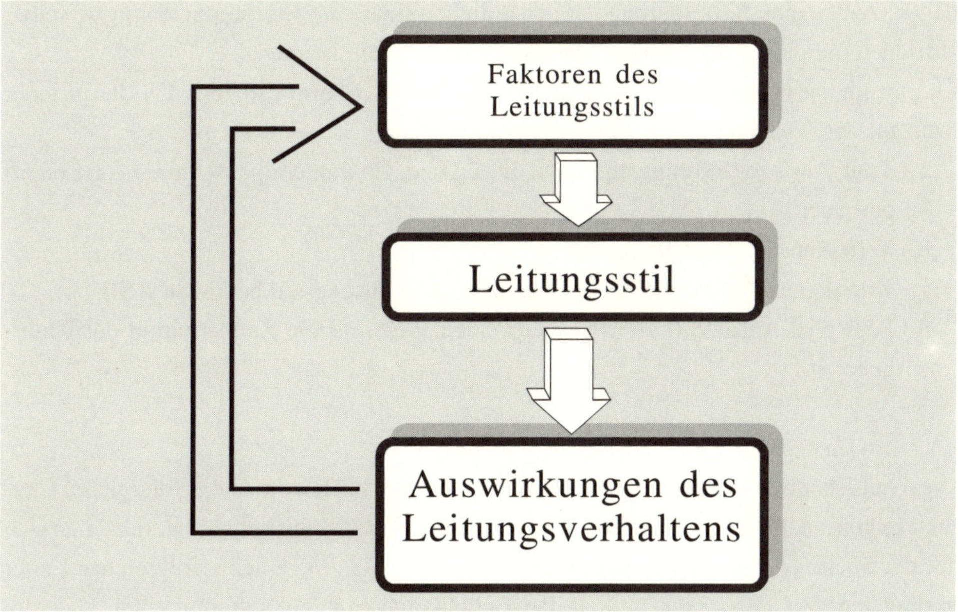


**Abbildung 23**
**Leitungsstil**

Kompetenz eines einzelnen besondere Bedeutung eingeräumt. Strukturell ist damit noch die Dezentralisierung von Entscheidungen[31] verbunden. Von Kooperation im weiteren Sinn spricht man, wenn es eine lockere Mitwirkung der Mitarbeiter gibt, von Kooperation im engeren Sinn, wenn eine starke Mitbestimmung und Mitentscheidung gegeben ist. Ein kollektiver Führungsstil ist gegeben, wenn es im Bereich der Entscheidungsfindung keine Unterscheidung zwischen Leitern und Mitarbeitern mehr gibt.[32] Ein solcher Führungsstil ist dann erfolgreich, wenn es um kreative und individuelle Aufgabenstellungen geht.[33]

*Leitungsprozesse*

Der Leitungsprozeß in einer Pfarrei bedarf einer besonderen Aufmerksamkeit, da einerseits eine gesellschaftliche Ausdifferenzierung auch in den Gemeinden zu spüren ist, andererseits die Zahl der qualifizierten Leitungspersonen offenkundig zu stagnieren scheint.

Im Rahmen der Gemeindeleitung besteht die Aufgabe des Leiters darin, zielgerichtete Gruppenaktivitäten anzuregen, zu begleiten, zu leiten und mehrere Aktivitäten miteinander zu koordinieren.[34] Er gibt nicht nur Anweisung, was zu tun ist, sondern er begleitet die Aktivitäten fortwährend, damit die Mitarbeiter ihr Ziel erreichen können, damit sie bei der Arbeit eine Befriedigung der persönlichen Bedürfnisse erfahren, damit sie selber zufrieden mit dem Arbeitsprozeß und dem Resultat sein können.

Es gibt vier prinzipiell unterschiedliche Ansätze für Führungstheorien[35], die in einer Vielzahl von Nuancen in Einzelmodellen auftauchen:

**Führungs-theorien**

a.) Trait-Ansätze (Führungstheorien, die auf dem Charaktereigenschaften von Leitern aufbauen)
b.) Verhaltenstheoretische Ansätze
c.) Kontingenz-Ansätze (Gruppensituation und Führungsstil bedingen sich)
d.) Path-goal-Ansätze (Leiter beeinflußt den Weg und die Zieldefinition der Untergebenen).

*a.) Trait-Theorien*

Die Trait-Theorien gehen davon aus, daß es gute (d. h. effiziente und erfolgreiche) Charaktereigenschaften für Leiter gibt. In psychologischen Studien befand/befindet man sich auf der Suche nach diesen (angeborenen) Eigenschaften, die einen erfolgreichen Leiter ausmachen. Zu den festgestellten Persönlichkeitsvariablen gehören unter anderem Selbstvertrauen, Individualität, Initiative, Originalität und persönliche Integrität. Ein solcher Ansatz ermöglicht es, mit einem entsprechenden Meßinstrumentarium ideale Führungspersönlichkeiten, die optimal agieren, ausfindig zu machen.

Kritisch anzumerken ist bei den Ansätzen, die auf der Trait-Theorie beruhen, daß sie davon ausgehen, daß allein die Charaktereigenschaften Führungsqualitäten bestimmen. Situationsvariablen werden nicht beachtet, obwohl diese zum Teil viel stärker als die Persönlichkeitsvariablen den Leitungsprozeß beeinflussen könnten. Leitung ist in diesem Ansatz weniger prozeßhaft als vielmehr statisch verstanden. Deutlich wurde durch die Trait-Theorie, daß die Persönlichkeitsvariable eine unter mehreren Einflußgrößen ist.

*b.) Verhaltenstheorien*

In Auseinandersetzung mit der Trait-Theorie entstanden als Gegenpol die Verhaltenstheorien. Es geht nicht mehr um die Frage, wer ein erfolgreicher Leiter ist, sondern wie er sich verhält. Dem Leiter stehen eine Vielzahl von Leitungsstilen zur Verfügung, und er wird entsprechend den persönlichen Fähigkeiten und denen der Gruppenmitglieder ein adäquates Verhalten auswählen. Um diese Auswahl treffen zu können, muß der Leiter verschiedene Faktoren, die das Verhalten seiner Gruppe im Arbeitsprozeß beeinflussen, reflektieren. In Ausdifferenzierungen dieser Grundannahme wurden in verschiedenen Studien[36] die Faktoren des Führungsverhaltens untersucht.

*c.) Kontingenz-Ansatz*

Bei den ersten beiden Theorien wurde deutlich, daß es keinen optimalen Führungsstil gibt, der in allen Situationen erfolgreich sein würde, da in der Regel bisher die Situationsbedingtheit vernachlässigt wurde.

Der Kontingenzansatz berücksichtigt die unterschiedlichen Bedingungen in Situationen. Er geht davon aus, daß die Leistungen einer Gruppe davon abhängig sind, wie die augenblickliche Gruppensituation und der praktizierte Führungsstil zusammenpassen. Es gibt einen ›Grad der Günstigkeit‹, in dem der Leiter Einfluß auf die Gruppe ausüben kann. Die Situation ist dreidimensional beschrieben.[37] Ausgehend von diesem Modell kann man nicht mehr von einem guten oder schlechten Leiter reden, da eine Situationsanalyse in die Beschreibung der Person mit einfließen müßte. Bei einer Beförderung oder Versetzung eines Leiters kann sich die Führungsfähigkeit wesentlich durch die andersartigen Situationsbedingungen verändern.[38] Die Organisation selber kann Einfluß auf den Erfolg des Leiters nehmen, indem sie den ›Grad der Günstigkeit‹ herstellt oder verweigert.

*d.) Path-goal-Ansatz*

Relativ jung ist der Path-Goal-(Weg-Ziel-) Ansatz. Ausgangspunkt ist, daß die Mitarbeiter dann besonders gut sein werden, wenn sie davon ausgehen können, daß ein Arbeitsziel auch ihnen zum Vorteil gereicht (Befriedigung von sozialen, psychischen Bedürfnissen, höherer Lohn, Beförderung etc.). Der Gruppenerfolg muß auch für den einzelnen spürbar sein. Die Aufgabe des Leiters besteht darin, den Gruppenmitgliedern zu einer hohen Einschätzung des Gruppenziels zu verhelfen und sie darin zu unterstützen, dieses Ziel zu erreichen.

Eine Leitung nach diesem Modell erfordert eine starke Reflexion der persönlichen Charakteristika der Gruppenmitglieder und der Umweltvariablen. Bedingung dazu ist, daß der Leiter von den Mitgliedern akzeptiert wird, damit von ihm erwartet werden kann, daß er sich um die Zufriedenheit der Mitglieder sorgt.

### 2.1.2 BIBLISCHE LEITBILDER

In einem raschen Überblick haben wir wichtige Führungstheorien kennengelernt. Sie konnten an dieser Stelle nicht ausführlich auf ihre Schwächen und Stärken diskutiert werden, so daß dies einer anderen Arbeit vorbehalten bleiben muß. Es ging darum, auf die ganz unterschiedlichen Modelle und die damit verbundenen Führungsstile hinzuweisen.

Die Bibel selber stellt uns Leit-Bilder vor. Da an anderer Stelle noch ausführlich auf die christliche Gemeindeleitung im Neuen Testament eingegangen wird, soll hier nur ein erster Überblick gegeben werden.

Das Bild für Leitung/Leiter ist das Hirtenbild. Über 110mal kommt der Hirte in der Bibel vor, und darüber hinaus werden Hirtentätigkeiten wie ›sammeln‹, ›lenken‹ und ›weiden‹ verwandt. Es wird in zweifacher Weise benutzt. Einmal ist Gott selber der Hirte der Menschen und des Volkes, und es wird auch für die Führer des Volkes verwandt. Dem entspricht es, daß das Volk als Herde bezeichnet wird.

**Psalm 23**

*Jahwe ist mein Hirte, ich leide nicht Not,*
*auf grünender Weide läßt er mich lagern. Er führt mich an Wasser der Ruhe.*
*Erquickung spendet er meiner Seele. Er leitet mich auf dem gerechten Pfad, getreu seinem Namen.*
*Und muß ich auch wandern im finsteren Tale, ich fürchte kein Unheil, denn Du bist bei mir.*
*Dein Stock und dein Hirtenstab, die geben mir Zuversicht.*
*Du hast mir einen Tisch bereitet, vor den Augen der Feinde.*
*Du salbst mein Haupt mit Öl, mein Becher ist gefüllt bis zum Rande.*
*Es geleitet mich deine Gnade und Huld durch alle Tage des Lebens.*
*Und wohnen darf ich im Hause Jahwes für immerwährende Zeiten.*

In diesem Psalm wird das Hirtenamt Gottes in dichterischen Worten beschrieben. Er selbst sorgt dafür, daß der Mensch alle Lebens-Mittel besitzt, er selbst sorgt für Leib und Seele. Er selbst gibt Orientierung auch in ›finsteren Zeiten‹, so daß die Menschen aufgrund seiner Leitung zuversichtlich sein können. Mit seinem Hirtenstab verteidigt er die Herde vor Feinden. Gott als Hirte (beg)leitet seine Herde. Dies bedeutet auch, daß der Mensch von und vor Gott Ansehen bekommt (›Du salbst mein Haupt mit Öl‹). Der Hirte ist der, der in Not angerufen werden kann (Ps 80,1), der für die Not der Menschen ein offenes Ohr hat. In diesen Hirtenbildern wird immer deutlich gemacht, daß die Hirtensorge Gottes auch und besonders den Schwachen gilt, die er auf seinen Arm nimmt und an seinem Busen trägt (Jes 40,11). Das Hirtenamt ist eine Dienstleistung an der Herde.[39] Stellvertretend für Gott bekommen Menschen den Hirtendienst an dem Volk übertragen, die Aufgabe Gottes, die Herde zu weiden, sie zu pflegen, Gottes Dienst an den Menschen zu übernehmen.

Gott fragt, wer der Hirte sei, der vor ihm bestehen könne (Jer 50,44), wenn er die Herde wieder zurücknimmt. In Ezechiel 34,2f. wird als Gegenbild zu dem guten Hirten aufgezeigt, was einen schlechten Hirten ausmacht. ›Sie weiden nur sich selber‹, sie mißbrauchen ihre Macht und verstehen ihr Amt nicht als Dienstamt an der Herde, sondern sie nutzen die Herde für ihre Zwecke aus, ohne sie zu weiden. Die Hirten sind von Gott abgefallen (Jer 2,8). Die Folge ist, daß die Gemeinde Gottes Schafen gleicht, die keine Hirten haben (Num 27,17), die Herde zerstreut sich. »Ich sah ganz Israel auf den Bergen verstreut wie Schafe, die keinen Hirten haben.« (2 Chr 18,16) Die Hirten weiden sich selbst (Ez 34,2). In dieser Situation sagt Gott zu, daß er wieder selbst seine Herde weiden wird (Ez 34,11f.). Er wird wieder seine Schafe zusammensuchen, sie auf fette Weide führen, die Verletzten verbinden, das Kranke stärken und die Kräftigen schützen ›so wie es recht ist‹. (Ez 34,16).

**Gott als Hirte**

Das Bild des Hirten im Alten Testament wird in modifizierter Weise im Neuen Testament fortgeführt. Schon in den messianischen Texten des Alten Testaments wird der Messias als neuer, guter Hirte bezeichnet (Mich 5,3; Ez 34,23; Ez 37,24; Jer 3,15; Jer 23,3f.).

Das bekannteste neutestamentliche Hirtenbild kommt im Gleichnis von dem verlorenen Schaf vor, in dem die Freude Gottes für jeden, der verloren war und wiederkehrt, ausgedrückt wird. Jesus selber ist der gute Hirte (Joh 10,11). Er weiß »sich zu den verlorenen Schafen des Hauses Israels gesandt« (Mt 9,36; Mt 10,6; Mt 15,24), um »das Verlorene zu suchen und zu retten.« (Lk 19,10) Das Hirtenbild ist somit nicht mehr nur auf das Volk Israel beschränkt, sondern Jesus ist der universale Hirte, der alle Menschen für seine Herde gewinnen möchte.

Zu den schon bekannten Aufgaben des Hirten in Pflege, Rettung und Führung kommt im Neuen Testament die Hingabe des Hirten für seine Herde hinzu. Damit wird das Handeln Jesu als guter Hirte zum Maßstab aller, die in seiner Nachfolge Leitungsaufgaben übernehmen. Petrus wird von dem Auferstandenen beauftragt, seine Herde zu weiden (Joh 21,15ff.). Den Bischöfen ist die Hirtensorge für die Einzelgemeinden gegeben (1 Petr 5,2; Apg 20,28).

## 2.2 LEITUNGSEBENEN

Leitung innerhalb einer Pfarrgemeinde ist an ganz unterschiedlichen Orten notwendig.[40] Im folgenden soll es deshalb darum gehen, diese Orte etwas genauer zu beschreiben, um dabei dann die Anforderungen an Leiter und Leitung herauszuarbeiten. Leitung geschieht aber nicht nur an verschiedenen Orten, sondern auch in verschiedenen Ebenen. Deshalb werden zur Einführung die unterschiedlichen Ebenen beschrieben.

*Leitungsorte*

Alle Organisationen sind strukturiert in dem Sinn, daß sie eine Vielzahl von Positionen und Einheiten enthalten, die miteinander in Wechselbeziehung stehen. Es findet dabei eine Institutionalisierung von Aufgaben, Tätigkeitsbereichen und Autoritäten statt.[41]

So ist eine Pfarrgemeinde das Produkt des Zu- und Miteinander von Haupt- und Ehrenamtlichen, von Aktiven und Konsumenten, von Gremien und Einzelpersonen.

In diesem Kontext findet Leitung auf drei unterschiedlichen Ebenen statt: a) Demokratische Gremien, b) Monarchische Strukturen, c) Mitglieder (Einzelpersonen/Gruppen).

Die Aufgabe eines Leiters ist auf den unterschiedlichen Ebenen verschieden. Sie setzen unterschiedliche Leitungsstile und unterschiedliches Leitungsverhalten für ein effizientes Arbeiten voraus. Auch sind sie mit einer unterschiedlichen Menge an Macht ausgestattet.[42]

**Natürliche Leitung**

Die faktische und die amtlich bestellte Leitung können, wie oben schon angedeutet wurde, auseinanderfallen (natürliche Leitung).[43] Die Gründe hierzu sind vielfältig. Wenn der bestellte Leiter nicht ausreichend Leitungskompetenz oder Leitungswillen besitzt, eine Gruppe als Gruppe aber weiter bestehen will, dann entwickelt sich in der Gruppe eine Leitungspersönlichkeit, die die faktische Leitung übernimmt. Ein anderer Grund kann sein, daß ein Leiter zwar beauftragt, aber aus rein äußerlichen Gründen[44] nicht in der Lage ist, die Leitung wahrzunehmen. Ein weiterer Grund kann darin liegen, daß die Gruppe den Leiter als Leiter nicht anerkennt. Sie verweigert ihm die notwendige Leitungsautorität.

Problematisch wird eine solche autonome Leitung dann, wenn der amtlich bestellte Leiter seine Leitungsansprüche gegenüber dem ›natürlichen Leiter‹ oder der Gruppe anmeldet und diese gegen Widerstände durchzusetzen sucht.

**Leitungskompetenz**

Ebenfalls problematisch ist es, wenn ein ›natürlicher Leiter‹, der mit Billigung der offiziellen Leitung seine Aufgaben ausführt, nicht mit der entsprechenden Entscheidungs-

und Vollzugskompetenz ausgestattet wird. Ein solch ›ehrenamtlicher Leiter‹ ist letztlich nicht leitungsfähig, da er sich ständig in Einzelfragen nach oben rückvergewissern muß, ob er eine Entscheidung fällen oder durchsetzen darf. Es wurde ihm dann zwar zugestanden, daß er Aufgaben erledigen darf, aber die dazu notwendigen strukturellen Hilfsmittel werden ihm vorenthalten. Eine effiziente Leitung ist nicht möglich. Im Zweifelsfall, wenn der Leiter eine Rückenstärkung gegenüber der Gruppe benötigt, kann er sich deren nicht vorbehaltlos sicher sein.
Der Grund für diese unvollständige Delegation[45] kann darin liegen, daß die amtliche Leitung ›ihre Macht‹ nicht teilen möchte, einen Machtverlust befürchtet, aber aus pragmatischen Gründen Arbeiten weitergeben muß. Konflikte sind auf diese Weise vorprogrammiert.

Leitung innerhalb einer Pfarrgemeinde umfaßt ganz unterschiedliche Inhalte. Der Leiter einer Pfarrei hat, wenn er alle Bereiche selber ausfüllt, ungefähr folgende Aufgaben zu erfüllen

**Aufgabenbereiche**

**Altenarbeit, Arbeitsplanung für Organisten, Lektoren, Kommunionhelfer, Auswahlgespräche für neue hauptamtliche Mitarbeiter, Beichte hören, Bildungsarbeit, Erstkommunionvorbereitung, Finanzverwaltung, Firmvorbereitung, Frauenarbeit, Gottesdienste vorbereiten, Immobilienverwaltung, Jugendarbeit, Kinderarbeit, Kindergarten begleiten, Kontakt mit dem Bischöflichen Ordinariat, Krankenbesuche, Männerarbeit, Messe lesen, Ökumenearbeit, Pfarrbüropräsenz, Präses von katholischen Vereinen, Religionsunterricht, Taufe spenden, Trauungsgespräche führen, Vorsitz des Verwaltungsrates**

Im folgenden sollen die vielfältigen Aufgaben nach systematischen Gesichtspunkten drei unterschiedlichen Leitungsbereichen zugeordnet werden. Es soll dabei deutlich werden, daß in einer Gemeinde drei ganz unterschiedliche Leitungsbereiche vorkommen, die unterschiedliche Anforderungen stellen.

*Liturgie (Sakramente)*
An einen Priester als Gemeindeleiter werden in der Regel zwei Erwartungen geknüpft, er soll Gottesdienstvorsteher (deshalb die Weihe) und Seelsorger sein.[46]
Der Liturge ist amtlich beauftragt, die Sakramente wie Eucharistie, Sakrament der Versöhnung, Krankensalbung, Taufe und Eheassistenz zu spenden. Diese Aufgaben wurden

ihm von seinem Bischof delegiert, sind aber zum größten Teil nicht weiterdelegierbar[47], da für deren Verrichtung die Priesterweihe vorausgesetzt wird.
Neben den Sakramenten im engeren Sinn trägt der Priester auch die Verantwortung für das übrige spirituelle Gemeindeleben, das sich in Form von Andachten, Prozessionen, geistlichen Tagen, Homilien, Besinnungswochen etc. ausdrückt. Ein Teil dieser Aufgaben setzt die Priesterweihe nicht voraus, sie sind also vom Priester delegierbar.
Bei den Sakramenten wurde schon deutlich gemacht, daß die meisten von einem Priester gespendet werden müssen. Damit bleibt aber noch offen, von wem und in welcher Weise sie vorbereitet werden. Es ist möglich, daß die Vorbereitungen an ein Team, in dem der Priester Mitglied ist, delegiert werden (→ Liturgieausschuß). Je nach Leitungsstil[48] wird dann eine unterschiedliche Menge an Kompetenzen diesem Team übertragen. Ein Beispiel für die Fälle, in denen eine Delegation im Bereich der Sakramente nicht funktioniert:

**Gemeinde-alltag: Vollzugs-kompetenz**

*In einem Gefängnis hat sich ein Besuchskreis konstituiert, der aus Mitgliedern der benachbarten Pfarrgemeinden besteht. Ihre Aufgabe sehen die Mitglieder darin, den Gefangenen, die dies wünschen, als Gesprächspartner zur Verfügung zu stehen. Die freiwilligen Helfer unterstützen in ihrer Arbeit die hauptamtlichen Gefängnisseelsorger, von denen einer Priester ist.*
*Im Rahmen dieser Gespräche ergeben sich Situationen, die einem Beichtgespräch nahekommen. Die Lossprechung erfolgt dann zu einem anderen Termin von dem Gefängnisseelsorger. Alle Mitarbeiter (einschließlich des Priesters) sind mit dieser Situation unzufrieden.*

*Seelsorge (Pastoral)*
Die zweite Aufgabe eines Priesters als Gemeindeleiter ist die des Seelsorgers. Im Rahmen des Forschungsseminars ›Leutereligion‹ am Pastoraltheologischen Institut der Theologischen Falkultät an der Universiät Wien wurde unter anderem nach den Erwartungen an einen Priester gefragt. Erwartungen sehen ungefähr so aus:

*»Die Hauptaufgaben eines Priesters sollten sein die Betreuung, persönliche Führung und Leitung seiner Pfarrkinder. Er sollte Zeit haben, wenn sie Probleme haben, sie sollten wissen, daß sie zum Pfarrer gehen können mit ihren Sorgen und Freuden.«* [49]
*»Er soll für andere da sein. Wenn man Probleme hat, daß man hingehen kann.«* [50]
*»Zeit haben für die anderen ist das einzige Kriterium.«* [51]

Der Gemeindeleiter ist in der Vorstellung der Leute vor allem als Seelsorger für ihre eigenen und die Nöte anderer gefordert.
Die Tätigkeiten können mit den Begriffen ›beraten, betreuen, begleiten‹ umschrieben werden. Als Sachkompetenz ist hier eine psychologisch/therapeutische vonnöten.

*Organisation (Verwaltung)*
Der Gemeindeleiter ist gleichzeitig auch Verwaltungschef seiner Gemeinde. In diesem Zusammenhang ist er Personalchef[52], Finanzchef, Immobilienverwalter, Büroleiter etc. Für diese Aufgaben braucht er die Sachkompetenz eines Verwaltungsfachmanns. Je größer eine Gemeinde ist, je mehr Verwaltungsaufgaben anfallen, um so ausgeprägter muß diese Sachkompetenz[53] sein.

*Überschneidungen*
Diese drei Leitungsbereiche in einer Pfarrgemeinde stehen immer in der Gefahr, sich gegenseitig zu überlagern. Ein Gemeindeleiter, der die notwendige Sachkompetenz für alle drei Bereiche hätte, wäre in der Regel mit der Aufgabenmenge schon überfordert. In der pastoraltheologischen Reflexion wird zu überlegen sein, ob eine Delegation von Einzelaufgaben aus den Bereichen oder die Delegation von ganzen Leitungsbereichen eine Entlastung für einen Leiter und damit auch die Gemeinde darstellen kann.

# 3. Leitungskompetenz

Wie im folgenden noch gezeigt wird, bedarf es einer Leitungskompetenz, um mit den unterschiedlichen Leitungsaufgaben und Problemen umgehen zu können. Leitungskompetenz bedeutet, daß derjenige, der amtlich mit der (Gemeinde-) Leitung beauftragt wird, auch die Fähigkeit dazu besitzen muß.

## 3.1 FACHKOMPETENZ

Leitungskompetenz bedeutet nicht, daß der Leiter/die Leiterin in der Lage sein muß, alle anfallenden Einzelaufgaben selber auszuführen. In diesem Sinn muß der Leiter kein Spezialist für Einzelfragen sein.[54] Häufig versuchen Leiter, ›Multispezialisten‹ zu sein und in allen Bereichen ihrer Arbeitsgebiete über ein Tiefenwissen zu verfügen. Ein

Scheitern ist in dieser Frage vorprogrammiert, da es in einer sich immer mehr ausdifferenzierenden Arbeitswelt (auch im kirchlichen Raum) nahezu unmöglich ist, ein solcher ›Multispezialist‹ zu werden. Dies führt zu Frustrationen und geht an den eigentlichen Aufgaben[55] eines Leiters auch vorbei.
Wohl aber muß der Leiter in der Lage sein, sich mit den Mitarbeitern über fachliche Fragen zu unterhalten und deren Arbeit einzuschätzen und weiterführende Impulse zu geben.

### 3.2 SOZIALE KOMPETENZ

Ein Leiter ist ein ›Spezialist in Leitungsfragen‹. In gewisser Weise sind Leiter Universalisten, da sie ein breites Grundwissen über die Tätigkeiten der MitarbeiterInnen besitzen. Sie sind somit kompetente Gesprächspartner für die MitarbeiterInnen und können die fachlichen Fragen verstehen, den Arbeitsprozeß einschätzen und die Anregungen geben, ohne unbedingt selber das Problem lösen zu können. Sie können Mitarbeiter einsetzen, unterstützen und beurteilen. Die Aufgabe eines Leiters besteht darin, das Erreichen der Ziele der (einzelnen) MitarbeiterInnen, der Gruppe und der Organisation zu maximieren.[56]

### 3.3 LEITUNGSKOMPETENZ

Im Unterschied zur Fachkompetenz erwartet man bei einem Leiter vor allem eine soziale Kompetenz.[57]
Die Handlungskompetenz jedes Menschen wird durch drei Faktoren bestimmt: a) fachliche Kompetenz, b) methodische Kompetenz, c) soziale Kompetenz. Die fachliche Kompetenz wurde oben bereits beschrieben. Unter methodischer Kompetenz versteht man, daß jemand im Besitz von Methoden ist, die es ihm ermöglichen, Aufgaben anzugehen und erfolgreich zu beenden. Zur methodischen Kompetenz gehört die Fähigkeit, mit Zeit umzugehen, aus einer Flut von Informationen die notwendige herauszufiltern, planend zu handeln etc. Soziale Kompetenz beschreibt hingegen die Fähigkeit, mit anderen zusammenzuarbeiten, zu kommunizieren, mit anderen zusammenzuleben. Sie ist somit Grundlage jeder Kooperation. Man muß davon ausgehen, daß jeder Mitarbeiter soziale Kompetenz braucht, um seine Aufgaben zu erledigen.[58] Die Quantität der Sozialkompetenz hängt von der Art der Aufgaben und der Menge der Leitungsaufgaben ab, die erledigt werden müssen.

**Sozial-
kompetenz**

Sozialkompetenz besteht aus einer Vielzahl von verschiedenen Fähigkeiten. Zu ihnen werden im allgemeinen *Ausdrucksfähigkeit, Offenheit, Kooperationsbereitschaft, Beziehungsfähigkeit, Zielstrebigkeit*, die Fähigkeit, *Konflikte auszutragen*, zu *klären* und zu *lösen*, des weiteren *Kontakt-* und *Integrationsfähigkeit* sowie *Verantwortungsbereitschaft* gerechnet, ohne daß mit dieser Aufzählung bereits alle Anforderungen aufgeführt wären.

Wenn Leiten nicht bedeutet, andere zu verführen, zu manipulieren, sondern Motivation zum gemeinsamen Handeln ist, dann muß von einem Leiter eine ausgeprägte Sozialkompetenz erwartet werden.[59]

Die Sozialkompetenz wird geprägt durch die unterschiedlichen Sozialisationsphasen im Leben, in denen bestimmte Handlungsmuster angelernt/angeeignet werden.

Drei Dimensionen sind wesentlich: a) der Umgang mit sich selbst; b) Verantwortungsbewußtsein; c) der Umgang mit anderen.

Somit ist der Weg zu einer sozialkompetenten Leitungsperson immer auch ein Weg von Persönlichkeitsbildung und -entwicklung. Mit Hilfe von Selbstbeobachtung und reflektiertem Verhaltenstraining ist es möglich, die drei Dimensionen der Kompetenz zu stärken.

Schon heute müßten pastorale MitarbeiterInnen in einer Pfarrgemeinde eine besonders entwickelte Sozialkompetenz haben, da sie in all ihrem Handeln mit Menschen zu tun haben: sie sind SeelsorgerInnen. Im Blick auf die Zukunft, in der immer mehr Leitungsverantwortung von den hauptamtlichen und ehrenamtlichen Gemeindeleitern erwartet wird, wird auch die Sozialkompetenz besonders dieser Mitarbeiter gefördert werden müssen.

## 3.4 LEITUNGSVOLLMACHT

Das Ausmaß der Leitungsrolle ist abhängig von der Leitungsvollmacht, die man übertragen bekommt oder die sich natürlicherweise ergeben hat.

Die Leitungskompetenz sollte günstigstenfalls mit den Leitungsaufgaben übereinstimmen. Wenn dies nicht der Fall ist, führt das zu ständigen Frustrationen und Reibungen. Die Aufgabe, der man sich nicht gewachsen fühlt, wird als zu groß angesehen, ein Gefühl der ständigen Überforderung kann sich einstellen.

## 4. Leitungsaufgaben und Leitungsprobleme

Bei der Leitung gibt es eine Vielzahl von Leitungsmöglichkeiten. Im folgenden sollen einige Leitungsaufgaben und mögliche Probleme, die besonders bei Gemeinden auftreten können, etwas ausführlicher vorgestellt werden.

### 4.1 ZIELBESTIMMUNG

Grundvoraussetzung für eine aktive Organisation ist, daß sie Ziele hat, daß es eine Hierarchie von Zielen gibt,[60] daß die Mitarbeiter die Ziele kennen und daß sie mit den meisten/elementarsten auch übereinstimmen. Erst wenn Ziele bestehen, ist eine Planung von Arbeitsschritten, eine Koordination von Aufgaben und eine konkrete Umsetzung möglich. Schließlich ermöglichen Ziele Erfolgskontrollen, da sich an ihnen als Fixpunkten Fortschritte der Organisation feststellen lassen. Unklare Ziele dagegen fördern die Arbeitsunzufriedenheit.
Profit-Organisationen haben es scheinbar einfacher, ihre Ziele zu bestimmen, da die meisten in einem materiellen Bereich liegen.[61] Die Definition von Zielen in einer Non-Profit-Organisation, zumal wenn die Mitarbeit auf Freiwilligkeit basiert, hat eine andersartige Qualität.[62]
Ziele innerhalb einer Organisation unterliegen einer hierarchischen Ordnung, das heißt, die Ziele haben eine unterschiedliche Gewichtung. Entsprechend dieser Wertung haben auch einzelne Aufgaben verschiedene Bedeutung. Im Rahmen laufender Arbeitsprozesse ist es deshalb sinnvoll, wenn durch eine regelmäßige Kontrolle überprüft wird, ob die Zielhierarchie auch in den Arbeiten berücksichtigt wird. Es kann sonst passieren, daß Sekundärzielen ein übergroßer Raum eingeräumt wird und auf diese Weise die Primärziele in den Hintergrund gedrängt wurden.

### 4.2 ZIEL-MITTEL-KORRELATION

Oben wurde auf die speziellen Fähigkeiten von Leitungskräften hingewiesen. Dazu zählt auch die Fähigkeit, adäquate Mitarbeiter und Methoden für konkrete Aufgaben auszuwählen.
Dem Leiter obliegt die Aufgabe, die Ziel-Mittel-Korrelation zu überwachen, um so zu

vermeiden, daß unnötige Energien in nebensächliche Tätigkeiten gesteckt werden. Gerade in Gruppen, in denen kooperativ gearbeitet wird und die Mitarbeiter von der Entscheidungsfindung bis zur Ausführung eingebunden sind, besteht die Gefahr, daß Randaufgaben ein übergroßes Gewicht erhalten. Schon beim Entscheidungsprozeß kann einer einzelnen Aufgabe eine falsche Bedeutung beigemessen werden. Hierzu ein Beispiel:

**Gemeindealltag: Entscheidungsprozeß**

*In einem Pfarrgemeinderat wird das anstehende Sommerfest besprochen. Der Pfarrgemeinderat (PGR) hat es im Laufe der Zeit gelernt, alle wichtigen Entscheidungen gemeinsam zu treffen. Im Rahmen eines Wochenendes wurden dazu einige Kommunikationstechniken trainiert. Nach einem Brainstorming sind die Fragen, die zu klären sind, bekannt. Eine nach der anderen soll in dieser Sitzung abgearbeitet werden. Angefangen von der Frage nach den Wurstsorten, die verkauft werden sollen, bis zur Frage, wie der zu erwartende Gewinn verwendet werden soll, beginnt der PGR zu diskutieren und zu entscheiden. Es wird eine der üblichen Nachtsitzungen.*

Aufgabe eines Leiters kann es hier sein, durch eine Strukturierung der Einzelfragen den PGR in seiner Arbeit zu entlasten. Es könnte verdeutlicht werden, daß ein Teil der Aufgaben delegiert werden kann, ohne daß eine Diskussion in allen Einzelfragen im PGR stattfinden muß. Eine Verdeutlichung der Ziele eines Pfarrgemeinderates würde zu einer effizienteren Arbeit und größeren Arbeitszufriedenheit führen.

## 4.3 MITARBEITERAUSWAHL

Eine Organisation wie eine Kirchengemeinde hat haupt- und ehrenamtliche Mitarbeiter, die gemeinsam verschiedene Aufgaben ausführen. Von einem Leiter/einer Leiterin wird erwartet, daß er/sie den Personalbedarf kennt, daß er/sie die MitarbeiterInnen entsprechend ihrer Qualifikation und dem augenblicklichen Bedarf an der richtigen Stelle einzusetzen vermag. Der Gemeindeleiter ist zugleich Personalchef einer Gemeinde.

*Mitarbeiterbedarfsermittlung*

Der Mitarbeiterbedarf in einer Gemeinde wird durch fünf Variablen bestimmt: Aufgaben (Menge und Qualität), Organisationsstruktur und Organisationsqualität, individuelles Leistungsvermögen und Arbeitszeit.[63]

Grundvoraussetzung für eine Festlegung des Mitarbeiterbedarfs ist ein Wissen um die in der Gemeinde zu leistende Arbeit. Mit Hilfe von Arbeits- und Leistungserhebungen[64]

kann festgehalten werden, welche Arbeiten de facto geleistet werden. Eine Wertung der einzelnen Arbeiten und eine Analyse, welche Aufgaben nicht oder nur unzureichend berücksichtigt werden, gibt dann einen Hinweis, welcher (zusätzliche) Bedarf besteht.
Zusätzlich gehen in eine Bedarfsplanung die neuen Projekte ein, die erst in Zukunft gestartet werden sollen, für die aber heute schon um Mitarbeiter geworben werden muß.[65]

*Mitarbeiterprofil*
Eine der Variablen für die Mitarbeiterbedarfsermittlung ist das Leistungsvermögen der Mitarbeiter. Dieser Begriff wird in der Literatur in der Regel qualitativ und nicht quantitativ gebraucht.[66] Es geht um die Qualifikation der Mitarbeiter. Die individuellen Fähigkeiten müssen erkannt werden, damit sie später eingesetzt werden können.[67]
Im Unterschied zu fast allen anderen Organisationen sind die Mitarbeiter in Pfarrgemeinden nicht auf einen bestimmten ›Arbeitsplatz‹ fixiert, vielmehr wird von ihnen erwartet, daß sie ganz unterschiedlich strukturierte Aufgaben ausführen können. Ein Pfarrer muß die Pfarrverwaltung der Gemeinde organisieren, gleichzeitig ist er Leiter von einer Vielzahl von ehren- und hauptamtlichen Mitarbeitern, er soll Katechesen halten etc. In der Wirtschaft gibt es meist eine genaue Arbeitsplatzbeschreibung, die den Arbeitsplatz und damit die Anforderungen an einen Stelleninhaber festhält. In der Regel ist die Arbeitsplatzbeschreibung mit einer Dienstanweisung gekoppelt, die verbindlich die Aufgaben des Stelleninhabers beschreibt. Ein Beispiel für Aufgaben einer Pastoralassistentin:

**Gemeindealltag: Aufgabenbereiche**

*Vorbereitung von Jugendgottesdiensten, Krankenbesuche, Vorbereitung der Mitarbeiterkonferenz, Begleitung der Kommunionmütter, Religionsunterricht, Bereitstellung des Materials für die Kommunionkatechese, Bürostunden im Pfarrbüro, Genehmigenlassen der Strecke des Martinszugs bei der Polizeibehörde, Korrespondenz mit dem Bischöflichen Ordinariat bezüglich eines Bauprojekts.*

Ein Mitarbeiterprofil wird demnach multipel sein müssen und berücksichtigen, daß ein und derselbe Mitarbeiter ganz unterschiedliche Aufgaben parallel ausführen muß. Das Mitarbeiterprofil umfaßt vier Bereiche:

**Mitarbeiterprofil**

**1) das Können**
**2) die Beanspruchbarkeit**
**3) Verantwortung**[68]
**4) die Einflüsse auf die Umgebung**

Die Sachkompetenz steht an erster Stelle. Welche Fähigkeiten bringt ein Mitarbeiter durch seine Ausbildung und bisherigen Tätigkeiten mit? Die Sachkompetenz eines Mitarbeiters muß noch nicht vollständig sein, da er sich im Rahmen seiner Tätigkeit in Kursen etc. weiterqualifizieren kann.

Die Beanspruchbarkeit beschreibt die Belastbarkeit des Mitarbeiters im qualitativen und im quantitativen Sinn. Hierzu ein Beispiel:

**Gemeindealltag: Mitarbeiterführung**

*»Im Dekanatsbüro von B. erscheint Herr C. und berichtet dem Dekan von seinen persönlichen Schwierigkeiten [...]; durch psychische Belastungen hat er die Arbeit aufgeben müssen. Jetzt sitzt er sozusagen auf der Straße. Herr C. ist dem Dekan gut bekannt, er war und ist aktives Glied der Gemeinde. Hilfe tut not. Herr C. braucht Arbeit nicht nur aus wirtschaflichen Gründen. Dem Dekan fällt eine z. Zt. offene Stelle in der Kirchengemeinde in D. ein. Dort könnte Herr C. als Verwaltungskraft arbeiten, zugleich auch etwas in der Gemeindearbeit mithelfen. Aufgrund seines Einflusses gelingt es, Herrn C. ›unterzubringen‹.*

*Etwas besorgt wird der Dekan, als er nach geraumer Zeit hört, daß die Zusammenarbeit nicht so ganz klappt. Die Probezeit ist schon vorbei. Herrn C's psychische Befindlichkeit ist immer noch nicht gut. Er scheint im Hinblick auf Medikamentenmißbrauch gefährdet, weigert sich aber, eine entsprechende Beratung oder Behandlung aufzunehmen. Es wird vom Pfarrer von Kündigung gesprochen, dies wird aber aus ›sozialen und christlichen‹ Gründen verworfen. Unter den Mitarbeitern gibt es Unmut. Herr C. meldet sich immer wieder ohne deutlich sichtbaren Grund krank. Er wechselt dazu auch von einem Arzt zum anderen. Was tun? ›Man wird ihn wohl mit durchtragen müssen‹, sagt der Dekan. Die anderen Mitarbeiter sind teils unmutig.«* [69]

Dieser Fall aus der Literatur zeigt ein typisches Problem der kirchlichen Personalplanung an. Bezüglich der Beanspruchbarkeit von Mitarbeitern hat sich eine paradoxe Situation entwickelt. Einerseits erwartet man, vor allem von Hauptamtlichen, daß sie nicht die Arbeitszeit zählen. Höhere Anforderungen schleichen sich ein, die zwar nicht festgeschrieben, aber doch erwartet werden. Andererseits möchte man sich als christliche Gemeinde von der Wirklichkeit im Wirtschaftsleben deutlich unterscheiden und räumt deshalb auch jenen, die augenblicklich oder dauernd nicht voll beanspruchbar sind, einen Platz im Arbeitsleben einer Gemeinde ein. Man weiß, daß sie nur sehr beschränkt belastbar sind. Unter der Hand werden Abstriche bei den Anforderungen gemacht. Dies kann dann zu Lasten der Arbeitssituation oder der anderen MitarbeiterInnen gehen.[70] Das eben Beschriebene gilt im gleichen Maß für ehrenamtliche MitarbeiterInnen, die nicht minder oft überfordert werden oder sich selbst überfordern, weil die Beanspruchbarkeit nicht ausreichend beachtet wird.

Die Übernahme einer Arbeit setzt Verantwortungsbewußtsein voraus, das je nach Aufgabe unterschiedlich ausgeprägt sein muß. Im engeren Sinn ist es eine Verantwortung für die eigene Arbeit, im weiteren Sinn für die Gesamtziele der Gemeinde.

In der Literatur werden als vierter Bereich die Umgebungseinflüsse diskutiert. Gemeint sind damit die Arbeitsbedingungen, unter denen gearbeitet werden soll. An dieser Stelle soll der vierte Bereich erweitert werden. Die Wirkung des Mitarbeiters auf die Umgebung läßt sich als die Art bestimmen, wie ein Mitarbeiter von seiner Umwelt wahrgenommen wird. Schwierigkeiten in einer Organisation können sich ergeben, weil ein Mitarbeiter nach außen in einer ganz bestimmten Art (z. B. zynisch) wirkt und dadurch seine an sich wertvolle Arbeit (z. B. Hausbesuche) wesentlich in der Wirksamkeit gemindert wird. Aufgabe eines Leiters wäre es hier, dem Mitarbeiter die Möglichkeit zu bieten, seine Wirkung nach außen einschätzen zu lernen, und gegebenenfalls das Verhalten zu modifizieren. Der Leiter kann auch vermittelnd tätig werden, indem er ›Umwelt‹ und Mitarbeiter in einen Prozeß einbindet, in dem Fremd- und Selbstwahrnehmung thematisiert werden.

Anhand dieser vier Bereiche ist es dann möglich, ein Mitarbeiterprofil auszudifferenzieren. Je präziser die Ausdifferenzierung stattfindet, um so effektiver können dann angemessene Arbeitsstellen für die Mitarbeiter gesucht werden.[71]

*Mitarbeitereinsatzplanung*

Bei einem Einsatzplan von ehrenamtlichen und hauptamtlichen Mitarbeitern müssen das Anforderungsprofil und das Fähigkeitsprofil in Beziehung zueinander gesetzt werden. Das Anforderungsprofil umfaßt ebenfalls die vier Bereiche Können, Beanspruchbarkeit, Verantwortung und Umgebungseinfluß.[72] Je ausdifferenzierter hier die Einzelanforderungen sind, um so präziser kann nach passenden Mitarbeitern gesucht werden. In den wenigsten Fällen werden beide miteinander hunderprozentig identisch sein, zumal es sich um ein multiples Profil handelt, also die unterschiedlichsten Aufgaben zugleich zu berücksichtigen sind. Folglich kann es nie den *besten* Personalplan, sondern meist nur den *bestmöglichen* Plan geben.

Bei größeren Differenzen zwischen dem Anforderungs- und dem Mitarbeiterprofil gibt es

mehrere Techniken, damit umzugehen. Bei einer Teambildung werden größere Aufgabenkomplexe zusammengelegt und von einem Mitarbeiterteam gemeinsam bearbeitet. Durch das Zusammenlegen von mehreren Aufgaben wird das Spektrum der Anforderungen etwas breiter gestreut, und das Mitarbeiterteam wird sich im Idealfall in seinen Fähigkeiten ergänzen, so daß jeder seine besonderen Fähigkeiten zur Geltung bringen kann.
Eine andere Möglichkeit ist die Job-Rotation.[73] In einem regelmäßigen Zyklus werden bestimmte Aufgaben übernommen, und auf diese Weise werden die unterschiedlichen Fähigkeiten eines Mitarbeiters gleichmäßig beansprucht. Während bei einer Aufgabe, die langfristig ausgeführt wird, ein Teil der Fähigkeiten nicht mehr zur Geltung kämen[74], ist die Rotation ein Versuch, möglichst viele Charismen zur Geltung kommen zu lassen.

## 4.4 MITARBEITERFÜHRUNG

*»Mitarbeiter machen Arbeit«*, mit diesem doppeldeutigen Satz wird beschrieben, daß der Einsatz von Mitarbeitern (mit und ohne Leitungsaufgaben) nicht nur ein Verteilen von Aufgaben, ein Entlasten des Leiters bedeutet, sondern daß diese Mitarbeiter auch zusätzliche Arbeit machen. Als Gruppe der Mitarbeiter müssen auch sie begleitet werden. Viele, die bisher als ›Alleinarbeiter‹ einer Gemeinde vorstanden, werden Mitarbeiterführung[75] lernen müssen.

### 4.4.1 DELEGATION

Die Aufgaben in einer Pfarrgemeinde sind so vielfältig, daß sie von dem Gemeindeleiter allein gar nicht ausgeführt werden können. *»Die Ernte ist groß, aber wenige sind der Arbeiter!«* (Mt 9,37)
Ein Konzentrieren auf die wesentlichen Aufgaben, um die Arbeitsmenge zu reduzieren, reicht in der Regel nicht aus, da auch dann noch mehr Aufgaben zu erledigen sind, als von einem Leiter allein ausgeführt werden könnten.
Delegiert werden können Entscheidungen und Aufgaben. Delegation ist nur dann sinnvoll, wenn sie eine wirkliche Entlastung darstellt. Im Buch Exodus (18,13–22) wird bei Moses vorgeführt, wann delegiert werden soll und was dies konkret bedeuten kann.[76]

*a) Alttestamentliche Delegation*

Moses muß für das Volk Recht sprechen. Er sitzt vor dem Volk und alle, die einen Streitfall vorbringen müssen, stehen an, um ihm den Fall vortragen zu können und um dann sein Urteil darüber zu hören. In drastischen Worten beschreibt das Buch Exodus diese Situation: Die Menschen müssen von morgens bis abends vor Moses anstehen, um ihren Fall vortragen zu können. Der Schwiegervater des Moses beobachtet die Situation und läßt sie sich danach von Moses erklären. Sein Urteil darüber ist eindeutig: »*Es ist nicht richtig, wie Du das machst. So richtest Du dich selbst zugrunde und auch das Volk, das bei dir ist. Das ist zu schwer für Dich.*« (Ex 18, 17–18a)

**Überforderung**

Es gibt zwei Gründe für Delegation von Aufgaben. Wer sich überarbeitet, richtet sich selbst zugrunde und schadet auch jenen, für die seine Arbeit gedacht ist.

**Entlastung**

Jitro macht einen konkreten Vorschlag, wie Moses entlastet werden kann. Er soll aus dem Volk vertrauenswürdige Vorsteher auswählen, und diese sollen die leichteren Fälle[77] selber entscheiden. Nur die schweren Fälle sind Moses vorbehalten. Des weiteren soll er das Volk vor Gott vertreten und das Volk in Gesetzen und Weisungen belehren.

Genau wird festgelegt, was die Aufgaben der neu bestellten Vorsteher sind und was die Aufgaben Moses bleiben. Eine präzise Beschreibung, was und in welchem Umfang delegiert wird, ist Voraussetzung, damit Delegation funktionieren kann. An die Vorsteher werden bestimmte Ansprüche[78] gestellt, damit ihnen diese Aufgabe übergeben werden kann. Sie sollen »gottesfürchtig«, »tüchtig« und »zuverlässig« sein. Um die Gesetze Gottes auf Streitfälle auslegen zu können, müssen sie Sachkompetenz (Gottesfurcht) mitbringen. Wer einen Teil der Arbeiten übertragen bekommt, muß so zuverlässig sein, daß er die Aufgaben qualifiziert ausführt. Eine permanente Kontrolle wäre kontraproduktiv, es würde zu einer Mehrbelastung kommen. Die Richter sollen als tüchtige Männer dem Volk jederzeit zur Verfügung stehen.

»*Entlaste Dich und laß auch andere Verantwortung tragen!*» (Ex 18,22), damit beendet Jitro seinen Ratschlag an Moses. Es geht nicht nur um die Verteilung von Arbeit, sondern die Delegation ist immer auch mit der Weitergabe von Verantwortung und Macht verbunden. Denn nur so können in unserem Fall die Richter wirklich eigenständig entscheiden, ohne ständig rückfragen zu müssen, und Moses wirklich entlasten.

**Delegation**

*Delegation* bedeutet also die Weitergabe von Verantwortung und Macht[79], eine Verteilung dieser auf mehrere Mitarbeiter mit dem Ziel, den einzelnen zu entlasten. Der Gegenstand der Delegation muß genau beschrieben werden. Delegation ist eine Frage des Vertrauens. Die Oberaufsicht bleibt in der Hand des Hauptverantwortlichen. In Streitfragen hat er das entscheidende Wort zu sprechen. Er ist auch für die Begleitung der Mitarbeiter zuständig.

*b) Entscheidungsformen*

Entscheidungen innerhalb einer Organisation können auf drei unterschiedliche Arten zustande kommen: autoritär, konsultativ, Gruppenentscheidungen.[80]

Autokratische Entscheidungen werden von dem Leiter selbst gefällt, wobei er Mitarbeiter zum Zusammentragen von Sachinformationen auffordern kann. Die Mitarbeiter enthalten sich einer Bewertung und schlagen keine eigenen Lösungen vor.

Konsultative Entscheidungen werden dann getroffen, nachdem der Vorgesetzte seine Mitarbeiter um Stellungnahmen zu dem anstehenden Problem gebeten hat. Er kann, muß aber nicht, die Meinung der Mitarbeiter bei der Entscheidung berücksichtigen.

Gruppenentscheidungen können auf zwei unterschiedliche Weisen zustande kommen. Entweder bereitet der Leiter die Entscheidung vor, trägt sie den Mitarbeitern vor, und diese stimmen dem Vorschlag zu, oder in einer Gruppe wird das Problem vorgestellt, und die Gruppe entwickelt gemeinsam Lösungen, um sich dann für eine zu entscheiden. Der Leiter leitet den Entscheidungsfindungsprozeß, versucht aber nicht, als Leiter auf die Entscheidung Einfluß zu nehmen.

Wenn die Akzeptanz der Entscheidung bei Mitarbeitern wichtig ist, dann empfehlen sich Gruppenentscheidungen, bei denen die Mitarbeiter schon bei der Entscheidungsfindung partizipieren können. In diesem Fall ist das Verantwortungsbewußtsein der Mitarbeiter zur Durchsetzung einer Entscheidung wesentlich höher, die Verbundenheit der Mitarbeiter untereinander ist stärker.

Aber Gruppenentscheidungen sind immer zeitintensiv, der Entscheidungsprozeß ist wesentlich aufwendiger. Für schnelle Entscheidungen ist deshalb eine Gruppenentscheidung nicht geeignet.

*c) Aufgaben*

Werden konkrete Aufgaben delegiert, dann ist damit immer eine Entscheidungs- und Ausführungsbefugnis verbunden. Es wird ein Teilbereich der Autorität und Macht mitdelegiert. Es wird eingeräumt, daß Entscheidungen und Vorkehrungen, die zum Erreichen des Zieles notwendig sind, eigenständig gefällt und getroffen werden können. Eine Rücksprache mit einem Hauptverantwortlichen ist in der Regel nicht notwendig.

Der Hauptverantwortliche/die Hauptverantwortlichen haben die Rolle von Moderatoren: Sie dürfen nur dann eingreifen, wenn die Gefahr besteht, daß das Ergebnis einer delegierten Aufgabe dem Hauptziel einer Organisation widerspricht. Sie begleiten[81] die Arbeit, loben, motivieren, unterstützen da, wo es notwendig ist, und sie koordinieren sie mit anderen Tätigkeiten.
Hier ist die neue Tätigkeit, die die Leiter aufgrund der Delegation an die neuen Mitarbeiter zu verrichten haben.

### 4.4.2 INFORMATIONSMONOPOL

Information ist eine wesentliche Grundvoraussetzung für eine erfolgreiche Gemeindeleitung: die Informationen über die Vorgänge in der Gemeinde, die Befindlichkeit von Mitgliedern und Mitarbeitern, über den Stand der augenblicklichen Aktivitäten usw.
Je mehr Mitarbeiter mit leitenden Aufgaben beschäftigt sind, um so besser muß der Informationsfluß geregelt sein, damit jeder die Informationen zur Verfügung hat, die für seine Arbeit wichtig sind.
In Pfarrgemeinden gibt es einen Punkt, an dem sich die Informationen konzentrieren: das Pfarrbüro. Damit dies nicht zu einem Informationsmonopol[82] wird, muß geklärt werden, wer welche Informationen benötigt und wie er diese erhält.

*a) Informationswertigkeiten*
Informationen besitzen eine unterschiedliche Wichtigkeit. Der Informationsgehalt ist abhängig von der Aktualität der Information (Zeitfaktor), von der Informationsdichte (Neuigkeitswert der Information, Glaubwürdigkeit der Information) und von der Informationsrelevanz (Bedeutung für die eigene Arbeit).
Von dem Informationsgehalt hängt es ab, in welche der drei folgenden Gruppen eine Information eingeordnet wird:

- sehr wesentliche Information; die Information beeinflußt direkt Entscheidungen und Handlungen, sie muß möglichst sofort in den Entscheidungsprozeß eingebunden werden.
- wesentliche Information; die Information beleuchtet das Hintergrundgeschehen um eine Aktion, sie kann später relevant werden.
- unbedeutende Information; die Information steht in keiner Beziehung zu einer Aktion oder ist bereits veraltet, überholt.

*b) Informationswege*

Damit Informationen an die richtige Stelle gelangen, muß geklärt sein, wer welche Informationen für seine Tätigkeit braucht. Je größer eine Organisation ist, um so klarer muß die Informationsweitergabe strukturiert sein. Es sollte klar sein, wie ›sehr wesentliche Informationen‹ am schnellsten und sichersten weitergeleitet werden können. Informationen, die allgemein interessant sind, sollten auf geeignete Weise allen Mitarbeitern zugänglich gemacht werden, kurz: die Informationsverteilung sollte unter den Mitarbeitern abgeklärt werden.

Wenn der Pfarrermangel dazu führt, daß mehrere Personen mit der Gemeindeleitung im engeren Sinne beauftragt werden, dann muß der Frage der Informationswege und der Informationswertigkeit eine besondere Beachtung geschenkt werden.

### 4.4.3 RABATTMARKEN

Rabattmarken sind kleine Papierstückchen, die man bei jedem Einkauf je nach Einkaufswert erhält und in ein Heftchen einklebt. Wenn das Heft gefüllt ist, dann kann man es gegen eine Ware oder Geld eintauschen.

Dieser weltliche Vorgang hat als Beschreibung eines Phänomens in Gruppen in die Organisationspsychologie Eingang gefunden. Beschrieben wird damit, daß in Organisationen Mitarbeiter ebenfalls ›Rabattmarken‹ sammeln und diese nach einem bestimmten Zeitraum einlösen. Es handelt sich hierbei im wahrsten Sinn des Wortes um Gut-Scheine. Die Mitarbeiter sind der Meinung, daß sie gegenüber der Organisation oder deren Leitern etwas guthaben. Immer dann, wenn sie im täglichen Arbeitsprozeß eine Frustration erfahren haben, wenn ein Erfolgserlebnis ausgeblieben ist oder eine Belohnung[83] verweigert wurde oder nicht den Erwartungen entsprochen hat, wird dieses in dem ›Rabattheft‹ stillschweigend notiert. Diese Enttäuschungen finden ihren direkten Niederschlag in der Arbeits(un)zufriedenheit und -motivation. Aber, und dies ist entscheidend, in dem ›Rabattheft‹ werden sie gesammelt, bis sie an einem Tag eingelöst werden.

**Enttäuschungen**

Die Art, wie die Rabattmarken eingelöst werden können, ist unterschiedlicher Natur. Am spektakulärsten ist das plötzliche und teilweise unmotiviert erscheinende Ausscheiden aus der Organisation. Mit einem Mal, vielleicht aus einem winzig erscheinenden Grund, wird die Mitarbeit beendet. Nach außen erscheint die Reaktion überzogen und für den Einzelfall unangemessen, in Wirklichkeit war es eine Gesamtreaktion, deren Auslöser zwar in dem aktuellen Einzelfall lag, deren Intensität aber nur durch vorausgehende Fru-

**Arbeitsunzufriedenheit**

strationen zu verstehen ist. Etwas moderatere Formen sind die Arbeitsverweigerung bzw. die Arbeitsverzögerung durch stillen Boykott.

**Bruch**

Mit jeder Rabattmarke nimmt die Distanz zu einer Organisation und deren Zielen zu, bis es schließlich zum vollständigen, nach außen sichtbaren Bruch kommt. In den Fällen, in denen ein solch deutlicher Bruch nicht möglich ist,[84] nehmen die Motivation und das Verantwortungsgefühl gegenüber einer bestimmten Aufgabe weiter ab. Die Arbeitszufriedenheit sinkt, und es wird nur noch das erledigt, was unbedingt notwendig ist.
Die Organisation verliert durch stille Rabattsammler an Effizienz, da sich ständig neue Reibungsverluste ergeben und durch fehlendes Eigenengagement die Qualität der ausgeführten Arbeiten zu wünschen übrigläßt.
Für Leiter ist es wichtig zu erkennen, wann Mitarbeiter mit dem Sammeln beginnen und aus welchen Gründen die Frustrationen entstehen. Bei aufmerksamer Begleitung der Mitarbeiter kann man frühzeitig reagieren, um anstehende Probleme in einer Phase zu behandeln, in der sie noch möglichst klein sind.

### 4.4.4 DAS ELIJAS-SYNDROM

Der an den Anfang dieses Kapitels gestellte Text aus dem ersten Buch der Könige stellt heute schon für manche haupt- und ehrenamtlichen Mitarbeiter die Einschätzung der eigenen Arbeit dar. Für viele ist der erste Teil der Geschichte des Propheten Elija ein Spiegel ihrer eigenen Geschichte mit und in der Gemeinde. Aber, und das ist ein wesentlicher Unterschied, sie meinen, daß die Geschichte für sie unter dem Ginsterstrauch endet. Mit ihnen und für sie soll der biblische Text durchmeditiert werden, um nach Lösungsmöglichkeiten Ausschau zu halten.
Ein Pastoralamtsleiter stellt in einem Gespräch fest, daß in seiner Diözese die Gemeinden immer weniger auf langjährige (ehrenamtliche) Mitarbeiter und Mitarbeiterinnen zurückgreifen können. Immer häufiger beenden Männer und Frauen ihre Mitarbeit in der eigenen Gemeinde, sie ziehen sich zurück. Frauen ziehen einen Halbtagsberuf einer erneuten Mitarbeit in der Gemeinde vor. Sie gehen ›eine Tagesreise weit in die Wüste hinein‹, aus der sie sich nicht mehr zurückholen lassen. Dieses Verhalten ist unter dem Begriff »Elijas-Müdigkeit« bekannt.[85]
Eine Meditation anhand des biblischen Textes soll helfen zu verstehen, warum immer weniger Menschen bereit sind, über einen längeren Zeitraum ehrenamtlich in ›ihrer‹ Gemeinde mitzuarbeiten. In den nachfolgenden Schritten wird es dann um eine Bewertung

dieses Syndroms aus organisationspsychologischer Sicht und das Aufzeigen von möglichen Hilfestellungen gehen.

*a) Textmeditation: Ausgebrannt fühlen (1 Kön 19,3–13a)*

**Resignation**

Der Prophet Elija ist von Gott zu seinem Volk gesandt worden, um das Volk Gottes und den König zur Umkehr aufzurufen. Das Volk hat sich von Gott ab- und Baal zugewendet. Aus Furcht, sein Leben durch die Hand der Gottlosen zu verlieren, geht Elija weg. Nachdem er seinen Diener versorgt hat, macht er sich auf seinen – wie er meint – letzten Weg, einen Tagesmarsch weit in die Wüste. Einen Weg ohne Rückkehr, da er keine Nahrung bei sich hat, um fern von der Welt und seiner Gemeinde zu sterben. Aber nicht nur von seiner Gemeinde hat er sich entfernt, sondern auch von Gott und seinem Auftrag. »*Ich bin nicht besser als meine Väter*«, sagt er, und er, der Prophet Gottes, setzt sich mit denen gleich, die sich von Gott abgewandt haben.›*Nun ist es genug*‹, denn trotz der Resignation machtvollen Taten, die er gewirkt hat, um dadurch Gottes Wirken zu verkünden, scheint sein Wirken, ebenso wie das der vorausgegangenen Propheten, kaum erfolgreich zu sein. Ebenso wie bei den vorausgegangenen Propheten, die alle getötet wurden, trachtet man ihm nach dem Leben. ›*Ich allein bin übriggeblieben*‹, sagt er, um so die Aussichtslosigkeit seiner Arbeit zu unterstreichen. Er kann keine Früchte seiner Arbeit erkennen, so daß er sich lieber resigniert zurückzieht. Eine Resignation, die nicht nur oberflächlich besteht und kurze Zeit wirkt, sondern er ist ganz tief und ernst enttäuscht, so daß er sogar bereit ist zu sterben – ein Weg ohne Rückkehr.

**Stärkung**

In dieser Situation, nachdem er sich unter den Ginsterstrauch gelegt hat, begegnet ihm ein Bote Gottes. Aber Elija wird nicht mit dem Auftrag, den er aufgegeben hat, konfrontiert, sondern der Bote versorgt ihn mit dem, was er zum Leben nötig hat: mit Stärkung frischem Brot und frischem Wasser. Entgegen allzu einfachen Lösungen, die gleich beim ersten Mal wirken, stellt diese Begegnung nur den ersten Schritt auf dem Weg zurück dar. Unaufdringlich rührt ihn der Bote Gottes ein zweites Mal an und versorgt ihn wiederum mit dem, was zum Leben nötig ist.

So gestärkt kann sich Elija auf den neuen Weg machen, der ihm eine Begegnung mit Gott selber bringen wird. Er kennt zwar noch nicht seine neuen Aufgaben, aber durch die Stärkung hat er eine Ahnung davon, daß es sich lohnt, vierzig Tage durch die Wüste zu wandern, auf ein bisher noch unbekanntes Ziel hin.

*b) ›Nun ist es genug!‹ (1 Kön 19,4c)*

Ähnlich dem Propheten Elija sagen heute haupt- und ehrenamtliche MitarbeiterInnen Gemeinden ›*Nun ist es genug!*‹. Sie haben sich teilweise jahrelang in ihren Gemeinden engagiert, sie trugen wesentlichen Anteil an der Gestaltung des Gemeindelebens, teilweise waren sie die Stützen der Kerngemeinde. Plötzlich und überraschend – oder aber auch schon seit einiger Zeit sich abzeichnend[86] – sind viele nicht mehr bereit, sich in der Gemeinde zu engagieren.

Es mischen sich Trauer und Resignation. Die Trauer bezieht sich auf das eigene Versagen, die vertanen Chancen, die vergeblichen Mühen. Die Resignation erwächst daraus und läßt in der Zukunft keine Möglichkeiten erkennen, die Situation grundlegend zu ändern.

Für den Umgang mit ›trauernden Mitarbeitern‹ ist es wichtig zu wissen, daß die Trauer ein Stück Wirklichkeitsbeschreibung des Trauernden ist. Als Teil der Wirklichkeit kann und darf sie nicht wegdiskutiert[87], sondern sollte ernstgenommen und geteilt werden. Aber bei der Zukunftsbeschreibung können neue Perspektiven eröffnet werden.

*c) Weg ohne Rückkehr*

Dieser ›Ausstieg‹ aus der Gemeinde, aus welchem Grund auch immer, ist in der Regel ein ›Weg ohne Rückkehr‹. Man entfernt sich geistig eine Tagesreise von der Gemeinde, so daß eine Rückkehr unmöglich erscheint. Trauer und Resignation vermischen sich, und mangelnder Erfolg wird als persönliches Versagen aufgefaßt (›Ich bin nicht besser als meine Väter‹). In dieser Situation sieht man keine Chance zurückzukehren, um mit der Aufgabe weiterzumachen.[88] Um ja nicht mehr zurückkehren zu müssen, verstellt man sich selbst den Rückweg, bricht alle Brücken hinter sich ab. Eine Tagesreise von der letzten menschlichen Siedlung entfernt, ohne Brot und Wasser ist es sicher, daß man nicht wider Willen zurückkehren kann.

*d) ›Steh auf und iß!‹ (1 Kön 19,7b)*

Die Reaktion Gottes auf die ›Flucht‹ ist vorbildlich. Nicht die moralische Ermahnung, nicht die Erinnerung an ein gemeinsames Ziel und auch nicht der Versuch zu überzeugen, daß das persönliche Engagement für die Gemeinde oder einzelne wichtig ist, sind die ersten Worte Gottes. Vielmehr hält er Wasser und Brot bereit, damit Elija essen und trinken kann. Und trotz dieser Lebens-Mittel legt sich der Prophet wieder hin. Und Gott versorgt ihn weiter geduldig mit dem Lebensnotwendigen. Es folgt eine lange Zeit der Klärung (40 Tage), in der Elija umherwandert, bevor er auf dem Gottesberg vor Gott

seine eigene Situation beschreiben kann. Nach der Gottesbegegnung kann der Prophet wieder eine neue Aufgabe übernehmen.
Wenn Gottes Handeln an Elija ein Beispiel für den Umgang mit jenen ist, die sich wegen des Engagements in der Gemeinde ausgebrannt fühlen, dann lassen sich fünf Punkte festhalten:

**Begleitungsmöglichkeiten**

1.) Sich ausgebrannt fühlen ist kein Zeichen für Glaubensverlust oder Glaubensmangel. Auch Heilige und Propheten kennen dieses Phänomen in ihrem Leben. Vielmehr ist es eine natürliche Reaktion auf Überlastungen, ein Warnzeichen, sein Arbeitsfeld neu zu überdenken und es gegebenenfalls radikal zu ändern.
Für diejenigen, die das Elijas-Syndrom bemerken, ist es Zeichen und Aufforderung. Zeichen, daß ein Mitarbeiter der Unterstützung bedarf, und Aufforderung, die ›Arbeitsbedingungen‹, unter denen es zu dem Ausbrennen gekommen ist, neu zu überdenken.

2.) Christliche Gemeinde als Alternativgesellschaft[89] will Leben ermöglichen. Sie ist ein Raum, in dem verletztes Leben wieder geheilt werden soll, in dem Verwundetes wieder wachsen kann. Es ist unvereinbar, wenn die ehren- und hauptamtlichen Mitarbeiter beim Bemühen um dieses Ziel selber verletzt und verwundet werden. Die Gemeinde sollte deshalb bei Verletzungen, die in ihr und durch sie geschehen, zuerst ›Lebens-Mittel‹ für die Mitarbeiter bereithalten. In einem solchen Fall gilt die Fürsorge dem Menschen und nicht der Erfüllung einer Aufgabe. Das frischgebackene Brot und das klare Wasser sind Symbole dafür, daß zuerst wieder der Lebensraum hergestellt werden muß, bevor an neue Aufgaben gedacht werden kann.

3.) Ist die Lebensmöglichkeit in der Gemeinde wieder gegeben, dann müssen Platz und Zeit[90] zu einer Selbstklärung für den Betroffenen sein. 40 Tage und Nächte in der Wüste, das heißt, nicht sofort mit neuen Aufgaben beansprucht zu werden; Zeit, Vergangenes zu bearbeiten, um die augenblickliche Situation zu analysieren, um so neue Perspektiven für die Zukunft zu entdecken.

4.) Diese Bewältigung bedarf der Kommunikation mit anderen. Das, was gefühlt und gedacht wird, muß ausgesprochen werden, um Klarheit zu gewinnen und um eine neue Vision entwickeln zu können. Gerade bei pfarrlichen Gruppen, die entweder als Ganzes unter dem Elijas-Syndrom leiden oder in denen einzelne Mitglieder darunter leiden, ist es sehr schwer möglich, den Raum für eine solche Kommunikation freizumachen. Pfarrgemeinderäte, Mitarbeiterkonferenz und viele weitere Gremien der

Gemeinde oder auf übergeordneter Ebene haben ein dichtes Programm zu erfüllen, so daß ein Gespräch über die Gruppe meist aus Zeitgründen abgelehnt wird. Es erfordert deshalb Überzeugungsarbeit, in der gezeigt wird, daß eine solche Kommunikation nicht nur das Wohlbefinden der Gruppe/des einzelnen verbessern kann, sondern auch die Produktivität erfolgreicher werden kann.

5.) Nachdem der Prophet an einer Aufgabe gescheitert war, nachdem er dieses für sich durchgeklärt hatte und in der Gottesbegegnung Stärkung und Sinnerfüllung erfahren hatte, war er bereit, eine Aufgabe zu übernehmen. Er bekommt eine neue Aufgabe zugewiesen.
Daß eine neue Aufgabe ausgesucht wird, ist aus einem Grund wichtig. Das Scheitern an der ursprünglichen Aufgabe kann verschiedene Ursachen haben. Es kann an der Struktur der Aufgabe, an der Person, die diese Aufgabe bewältigen sollte, oder aber auch an der augenblicklichen Situation liegen. Um die Ursache beheben zu können, muß sie erst einmal gefunden werden. Die Kompetenz, dies zu bewerkstelligen, liegt nicht in jeder Gemeinde vor.

### 4.4.5 MITARBEITERGRATIFIKATION

Ein wichtiger Begriff in der Mitarbeiterführung ist die Arbeitszufriedenheit. Bekannt ist, daß die Arbeitszufriedenheit sehr motivierend, während Arbeitsunzufriedenheit sehr hemmend wirken kann.
Arbeitszufriedenheit wird u.a. bestimmt durch das Verhältnis zwischen erwarteter und eingetretener Belohnung.[91] Hierbei wird vorausgesetzt, daß jeder eine Einschätzung der geleisteten Arbeit vornimmt und an dieser Einschätzung die tatsächlich zugeteilte Belohnung bemißt.

*a) Belohnung*
Unter Belohnung darf in diesem Fall nicht nur die finanzielle oder materielle Zuwendung verstanden werden, sondern sie kann in ganz unterschiedlicher Weise, manchmal auch automatisch, erfolgen.
Eine solche automatische Belohnung kann zum Beispiel dann vorliegen, wenn der Erfolg der eigenen Arbeit für den Mitarbeiter sichtbar wird. Wenn er erkennen kann, wofür er gearbeitet hat. Gerade in Pfarrgemeinden besteht aber die Gefahr, daß eine solche au-

tomatische Belohnung nicht eintritt, weil trotz aller Bemühungen ein Erfolg (Gestaltung der Gottesdienste → Abnahme der Gottesdienstbesucher) ausbleibt oder sich sogar Mißerfolge erkennen lassen. Wenn eine übernommene Arbeit als echte Herausforderung[92] gesehen wird, dann enthält dies auch Elemente der Belohnung. Belohnung kann darüber hinaus in Form der Anerkennung von KollegInnen und/oder des Vorgesetzten stattfinden oder in Form einer Beförderung innerhalb der Organisation. Schließlich sind auch Geschenke und Bezahlung eine Form der Belohnung.

*b) Funktion der Belohnung*

Belohnung hat in dem oben umschriebenen Rahmen den Stellenwert eines Arbeitsresultats. Sie kann unterschiedliche Funktionen haben. Im Falle von Lohnarbeit befriedigt der Lohn natürlich die physiologischen Bedürfnisse. Darüber hinaus hat sie psychologische Funktion. In den meisten Fällen haben Belohnungen Symbolcharakter, sie sollten in Form eines Zeichens, eines Wortes oder einer Geste die Wertschätzung für eine geleistete Arbeit ausdrücken. Sie bedeutet Anerkennung und Sicherheit[93], und dadurch entsteht mehr Freiheit im eigenen Leben. Statussymbole können auch Belohnungen sein.

Zu einem wichtigen Faktor der Belohnung gehört die verbale Interaktion. Ein positives Feedback durch KollegInnen, Untergebene oder Vorgesetzte bei konkreten Arbeiten wirkt motivierend und kommt einer materiellen Belohnung nahe.

Belohnung bewirkt zweierlei: sie bestätigt die bisherige Arbeit, und sie motiviert für zukünftige Aufgaben. Ausbleibende Belohnung dagegen verunsichert und demotiviert[94], kurz, die Arbeitszufriedenheit sinkt.

Die Wirkung der Belohnung ist abhängig von den individuellen Persönlichkeitsmerkmalen[95] der einzelnen. So können gleiche Belohnungen bei unterschiedlichen Personen ganz verschiedene Wirkung haben.

*c) Erfolgreich belohnen*

Ein (nicht ganz) fiktives Beispiel für Belohnung in einer katholischen Pfarrgemeinde.

**Gemeindealltag: Gratifikation**

*Wochen vor Weihnachten überlegen sich die hauptberuflichen Mitarbeiter einer Pfarrei, wie man dieses Jahr den vielen ehrenamtlichen Mitarbeiterinen, ohne deren Unterstützung das gesamte Gemeindeleben nicht mehr denkbar wäre, einen weihnachtlichen Gruß senden soll.*

*Man möchte jedem Mitarbeiter ein kleines Geschenk als Ausdruck des Dankes zukommen lassen. Schließlich bekommt jedes aktive Gemeindemitglied einen von den Hauptamtlichen verfaßten und unterschriebenen Brief mit Weihnachtsgrüßen und als kleine Anerkennung ein 3-Monats-Abonnement der Kirchenzeitung.*[96]

Dieses Beispiel soll verdeutlichen, wie man nicht richtig belohnt. In dem angeführten Fall kann es sogar passieren, daß genau das Gegenteil ausgelöst wird.

Positiv wird man an dem obigen Beispiel feststellen, daß den Hauptamtlichen in einer Pfarrei klar ist, daß die vielen Mitarbeiter eine Belohnung bekommen sollen. Das Weihnachtsfest bietet sich hierfür geradezu an. Ein gemeinsamer Brief und ein kleines Geschenk werden ausgewählt.

Problematisch dagegen ist, daß nach dem Gießkannenprinzip gearbeitet wird.[97] Das bedeutet, daß keine Unterschiede in der Qualität der Belohnung gemacht werden. Für die Mitarbeiter ist dies kein positives Feedback auf konkret geleistete Arbeit. Vielmehr wird alles gleich bewertet. Es besteht die Gefahr, daß einige Mitarbeiter, denen seit längerem eine qualifizierte Bewertung ihrer Arbeit vorenthalten wurde, hier eine kleine Rabattmarke[98] bekommen haben. Kurz, die Belohnung ist nicht qualifiziert genug.

Zweitens ist problematisch, daß bei einem solchen Prinzip die persönlichen Ansprüche und Erwartungen nicht berücksichtigt werden können. Oben wurde darauf hingewiesen, daß die Arbeitszufriedenheit und damit die Motivation davon abhängt, wie die erwartete Menge und die wahrgenommene Menge an Belohnung zusammentreffen. Eine große und andauernde Diskrepanz zwischen Erwartung und Ereignis kann zur Arbeitsunzufriedenheit und Demotivation führen.

**Richtlinien für Gratifikationen**

**Kriterien für eine erfolgreiche Mitarbeitergratifikation könnten sein:**
**a) Sie sollte individuell sein (Individualität).**
**b) Sie sollte angemessen sein (Gerechtigkeit).**
**c) Sie sollte authentisch sein (Authentizität).**
**d) Sie sollte konkret sein (Konkretheit).**

Die Wirkung einer Belohnung hängt von zwei Faktoren ab: den Erwartungen des Belohnten und seiner Persönlichkeitsstruktur. Daraus ergibt sich, daß Mitarbeiter immer nur individuell belohnt werden können. Ein Kennen der Person und ein Wissen um seine Wünsche und Erwartungen ist erste Voraussetzung für eine erfolgreiche Belohnung. Da Belohnung immer als Wertung der geleisteten Arbeit gesehen wird, muß eine Relation zwischen der Arbeit und der Quantität der Belohnung erkennbar sein. Eine gleiche Belohnung von unterschiedlichen Arbeiten kann als ungerecht oder als Mißachtung der Arbeitsleistung und damit letztlich auch der Person aufgenommen werden.

Die Wirkung einer Belohnung ist zu einem Teil auch von dem abhängig, der sie übermittelt. Es kann eine materiell wertvolle Belohnung allein durch die Art, wie sie übergeben wurde, völlig entwertet werden. Der Belohnte kann das Gefühl vermittelt bekommen, daß er dieser eigentlich nicht wert ist, daß man eigentlich noch mehr von ihm erwartet hätte...

Ein letztes Kriterium ist die Konkretheit der Belohnung. Immer dann, wenn es einen Grund zu einer Belohnung gibt, sollte sie auch konkret ausgesprochen werden. Die Wirkung der Belohnung nimmt in dem Maß ab, in dem die Zeit zwischen Arbeit und Belohnung zunimmt: Ein mitten in einem Arbeitsprozeß gegebenes Feedback wirkt motivierend und kann die Verantwortung für die konkrete Aufgabe steigern.[99]

## 4.5 TEAM-IDEOLOGIE

Ein wesentliches Merkmal von Organisationen ist, daß erstens in ihnen Arbeitsteilung und zweitens unterschiedliche Einfluß- und Bezugskompetenzen existieren. Darüber hinaus gibt es Zentren der Entscheidungs- und Einflußnahme, die Einzelaktivitäten koordinieren und unterstützen. Diese Merkmale sind notwendig, damit effizient und zielorientiert gearbeitet werden kann. Das Prinzip der kooperativen Gemeindeleitung im engeren Sinn[100] setzt voraus, daß es Entscheidungs- und Verantwortungsbereiche gibt, die delegiert werden können.

In Gemeinden und Gruppen innerhalb der Gemeinden kann die Tendenz bestehen, ausgehend von einer Idealvorstellung von Gemeinde, möglichst weit auf Leitungsstrukturen zu verzichten. ›Wir besprechen, entscheiden und organisieren alles gemeinsam!‹, das ist die selbstgesteckte Zielvorgabe. Man versteht sich als ein offenes Team, das weitgehend auf Strukturen und deren negative Folgen wie Machtmißbrauch, Vetternwirtschaft etc. verzichten möchte. Gewalt- und Herrschaftsverzicht[101] sind zwei Stichworte, die die neue gesellschaftliche Form von christlichen Gemeinschaften bestimmen sollen.[102] Die Gemeinde könnte zu einer Kontrastgesellschaft werden, die frei von allen Strukturen[103] der Welt ist. Bestimmt ist eine solche Teamvorstellung vor allem von der Selbsteinschätzung der Gesamtgruppe und durch die Zielvorgabe ›christliche Gemeinschaft‹. Alle die, die dieses Konzept vertreten, sind hoch motiviert, um ihre Gemeindevorstellung zu verwirklichen.

Grundlage einer solchen Idealvorstellung ist die Selbsteinschätzung der Gruppe und der Einzelmitglieder. An die Kommunikationsfähigkeit und die Umgangsformen werden hohe Ansprüche gestellt, um die ›Herrschaftslosigkeit‹ zu ermöglichen. Die ideale Kommunikationsgemeinschaft wird als Bedingung und Ziel der realen vorausgesetzt..

Das Hauptergebnis einer solchen Teamvorstellung, wenn sie als konkrete Handlungsanweisung verstanden wird, ist ein Strukturverlust. Auch wenn ein Gremium eingerichtet wird, in dem die Gemeinde alles miteinander berät und entscheidet (Gemeindeversammlung)[104], muß weiter eine individuelle Verantwortlichkeit bestehenbleiben. Derjenige, der eine Aufgabe von der Gemeinschaft übertragen bekommen hat, muß dafür sorgen, daß sie ausgeführt wird. Da sich die wenigsten Aufgaben von selbst erledigen, vielmehr ein aktives Eingreifen erfordern, hat er nicht nur die Verantwortung, sondern auch die Macht, die Aufgabe auszuführen. Es ist also keine machtfreie Gemeinschaft, sondern die Macht ist nur wenig strukturiert. Eine Team-Vorstellung darf sich deshalb nicht für eine absolute Herrschafts- und Machtlosigkeit entscheiden. Sinnvoll ist es nur, sich gegen bestimmte Formen (z.B. absolutistische Machtstrukturen) zu wenden. Im folgenden wird noch davon zu reden sein, daß wenig ausdifferenzierte Machtstrukturen einen Machtmißbrauch nicht verhindern, sondern diesen in bestimmten Situationen sogar begünstigen.

In einer Gemeinde bedarf es einer Verantwortungsstruktur, in der Verantwortung an konkrete Personen mit Kompetenz und Verantwortungsgefühl gebunden ist. Eine Gemeindeversammlung muß Verantwortung für Aufgaben delegieren, da sie als Abstraktum nicht in der Lage ist, konkrete Aufgaben außerhalb ihrer selbst auszuführen. Was eine Delegation von Aufgaben für Verantwortung und Macht bedeutet, wurde oben beschrieben.[105] An dieser Stelle soll deshalb nur noch einmal betont werden, daß es Strukturelemente gibt, die den einzelnen, dem eine Aufgabe delegiert wurde, motivieren, kontrollieren und gegenüber anderen Interessen verteidigen.

## 5. Leitung und Macht

In einem Fernsehinterview zu seiner Einführung in das neue Amt sagte ein deutscher Bischof, in der Kirche ›*gäbe es keine Macht, sondern nur Vollmacht*‹.

Und tatsächlich ist die Machtfrage eine der unbeliebten Fragen innerhalb der Kirche, da sich sofort die Frage nach dem Mißbrauch der Macht aufzwingt. Nicht nur in Form einer Team-Ideologie wird deshalb die Machtfrage verschleiert.

Gerade vor einer Umstrukturierung der Gemeinde soll hier der Vorschlag gemacht werden, die Machtfrage aus zwei Gründen offen anzusprechen: Erstens ist ein Machtmißbrauch besonders leicht und effektiv, wenn das Thema Macht tabuisiert ist. Zweitens ist die Macht ein realer Faktor des zwischenmenschlichen Zusammenlebens. Sie kommt in der Kirche vor; mit ihr muß unter christlichen Gesichtspunkten umgegangen werden.

## 5.1 TYPEN VON MACHT

In einer Pfarrei kommt Macht als Realität vor. Eine Typologie der Macht soll zeigen, daß es ganz unterschiedliche Formen der Macht gibt, die auch ganz unterschiedlich zu bewerten sind.

**Abbildung 24 Typen von Macht**

| Typ | Charakter |
|---|---|
| Legitimationsmacht | verbunden mit einer Position in einer Gruppe, z.B. Entscheidungs- oder Vollzugsmacht |
| Belohnungsmacht | Belohnungen u.a., die von den Gruppenmitgliedern erwünscht sind, Zustimmung des Leiters |
| Zwangsmacht | ist das Ergebnis von Furcht, verschlechtert die Arbeitsmotivation |
| Expertenmacht | Leiter ist kompetenter Experte, seine Fähigkeiten begründen seine Macht |
| Referenzmacht | persönliche Anziehungskraft des Leiters, sein Charisma führt zur Identifikation mit ihm |

Oben wurde schon von der Rolle einer Leitungsperson in einer Organisation gesprochen. Dieser Person kommt eine bestimmte Macht zu, die sie zur Ausführung ihrer Aufgaben benötigt. Zu unterscheiden sind fünf Typen von Macht.

Die Leitungsperson hat nun eine unterschiedliche Menge der unterschiedlichen Typen zur Verfügung. Diese Menge ist abhängig von ihrer Persönlichkeit, der Gruppenstruktur etc. Auch untereinander beeinflussen sich die Typen. So hat eine Leitungsperson, die aufgrund ihrer Ausstrahlung eine besonders stark ausgeprägte Referenzmacht hat, auch eine hohe Belohnungsmacht.

Im Zusammenhang mit einer konkreten Tätigkeit dominiert ein Typ von Macht.

## 5.2 MACHTSTRUKTUREN

Macht kommt immer in einem Kontext, in einer Struktur vor. Sie ist ein Arbeitsmittel in einer strukturierten Organisation, um ein gemeinsames Ziel zu erreichen.
Die Machtmenge und der Machttyp sind gekoppelt mit der konkreten Aufgabe. Mit jeder Delegation von Arbeit ist auch eine Delegation der Macht, die zur Ausführung der Tätigkeit notwendig ist, verbunden. Würde die Entscheidungs- und Vollzugsmacht nicht mit abgegeben werden, wäre die Delegation keine wirkliche Entlastung, da ständige Rückfragen an die übergeordnete Ebene notwendig wären und dies zu einer Mehrbelastung führen würde.
Die Schwierigkeit in Leitungsfragen, die mit Machtfragen in einer Pfarrgemeinde zu tun hat, liegt darin begründet, daß es drei unterschiedliche Machtzentren[106] in einer Pfarrgemeinde gibt. Da sind zuerst einmal die Hauptamtlichen, die kraft ihres Amtes mit einer Legitimationsmacht ausgestattet sind. Das zweite Machtzentrum sind die demokratisch gewählten Gremien und die ehrenamtlichen Mitarbeiter in der Gemeinde. Sie haben ihre Legitimation aus ihrer Wahl bzw. aus ihrem Engagement in der Gemeinde. Drittes Machtzentrum ist die Gesamtgemeinde. Ihre Mitglieder können, ohne Teil der anderen beiden Zentren zu werden, diese durch Anfragen, Vorschläge… beeinflussen. Zu diesen drei internen Machtzentren[107] kommen noch externe wie die der politischen Gemeinde, der Diözese etc. hinzu.
Für die Leiter in der Gemeinde ist von entscheidender Bedeutung, in welcher Beziehung die Machtzentren zueinander stehen. Sind sie miteinander vernetzt und verstehen sie sich als gegenseitig ergänzend, dann beschränkt sich die Managementaufgabe auf ein motivierendes und unterstützendes Begleiten. Stehen die Machtzentren aber einander konfrontativ gegenüber, dann besteht die Gefahr, daß sich eines von diesen verselbständigt und eigenmächtig entscheidet und handelt. Die Aufgabe des Leiters besteht dann darin, die Zentren (wieder) miteinander zu verknüpfen und deren Arbeiten aufeinander zu beziehen.

## 5.3 MACHTMISSBRAUCH

Ein Machtmißbrauch liegt immer dann vor, wenn ein Typ der Macht nicht sachgerecht angewendet wird, das heißt, daß nicht die Macht an sich gut oder schlecht ist, sondern es auf den Gebrauch, die angestrebten Ziele ankommt, die durch den Einsatz der Macht erreicht werden sollen. Ein Beispiel für einen Machtmißbrauch innerhalb einer Gemeinde:

**Gemeindealltag: Machtmißbrauch**

*In einer Diözese muß man aufgrund des Pfarrermangels immer häufiger Gemeinden zusammenlegen, da sie nicht mehr besetzt werden können. Das Verfahren ist so geregelt, daß die beiden Gemeinden, die zusammengelegt werden, ihre Zustimmung dazu geben müssen. Geben sie ihre Zustimmung nicht, dann bleibt die Gemeinde selbständig bestehen, wird aber nicht mehr besetzt.*

*In zwei kleineren Gemeinden stand eine ›Zusammenlegung‹ an. Beide Pfarrgemeinderäte wurden über die Situation und die Möglichkeiten vom Pastoralamt informiert. In beiden Gemeinden wurde heftig diskutiert, aber der Pastoralamtsleiter hatte den Eindruck, daß beide einer Zusammenlegung aufgrund der Vorteile dieser Konstruktion zustimmen würden. Der Pfarrgemeinderat A stimmte auch mehrheitlich für eine Zusammenlegung, dagegen lehnte der Pfarrgemeinderat B fast einstimmig eine Zusammenlegung ab.*

*Ein erneuter Besuch beim Pfarrgemeinderat B war notwendig, und der Pastoralamtsleiter führte im Vorfeld dazu mit einzelnen Pfarrgemeinderatsmitgliedern Gespräche, um die Gründe für die (überraschende) Ablehnung herauszufinden. Es ergab sich folgendes Bild:*

*Der Pfarrgemeinderat B wird seit über 20 Jahren von demselben Pfarrgemeinderatsvorsitzenden geleitet. Er ist ein angesehenes Mitglied der Pfarrei, Sägewerksbesitzer und größter Arbeitgeber am Ort. Da er (zu Recht, wie sich später herausstellte) befürchten mußte, nicht mehr Pfarrgemeinderatsvorsitzender in einem neuen Gesamtpfarrgemeinderat zu werden, hatte er vor der entscheidenden Abstimmung noch einmal mit einigen Mitgliedern gesprochen und in der Sitzung selber dann alle Argumente gegen eine Zusammenlegung vorgetragen. In der Abstimmung stimmten dann fast alle Pfarrgemeinderatsmitglieder mit ihm.*

*Nachdem dies geklärt war, wurde noch einmal abgestimmt, und die beiden Gemeinden konnten zusammengelegt werden.*

Macht wurde in diesem Fall mißbraucht, weil ein Leiter seine Position und die damit verbundene Macht für seine Privatzwecke genutzt hat. Das Behalten von Pfründen war der Grund, warum der Pfarrgemeinderat B gegen eine Zusammenlegung stimmen sollte. Es wurden Eigeninteressen und die Interessen der Pfarrgemeinde miteinander gleichgesetzt.

Eine andere Form von Machtmißbrauch liegt vor, wenn die Typen der Macht nicht sorgfältig auseinandergehalten werden, wenn ein Leiter einer Gruppe, dem nur eine Legitimationsmacht zukommt (seine Macht gründet in der Position, die er innehat), für sich Expertenmacht beansprucht. Hat man sich gemeinsam auf das Verfahren der Gruppenentscheidung geeinigt – das heißt, die Teilnehmer diskutieren unter der Leitung eines/einer Vorsitzenden anstehende Fragen und entscheiden darüber als Gruppe – dann sollte der Leiter aufgrund seiner Position die Entscheidungsfindung führen, aber nicht in seiner Funktion als Leiter selbst beschließen. In diesem Fall könnte er mit Hilfe der Expertenmacht entscheidend in den Prozeß eingreifen, wenn er vorgibt, als Experte eine besondere Kompetenz in dieser Frage zu haben. Ist dies aber nicht der Fall, handelt es sich um eine Form des Machtmißbrauchs, da der Leiter sich eine Macht aneignen würde, um eine Entscheidung in seinem Sinne herbeizuführen.
Die Gründe für einen Machtmißbrauch sind vielfältig. Sie können, müssen aber nicht, auch innerhalb der Gemeinde liegen. So kann Machtmißbrauch eine Reaktion auf vorenthaltene Belohnung sein.[108]

**Richtlinien für den Umgang mit Macht**

Um Machtmißbrauch zu verhindern, sind drei Regeln wichtig:

1) **Die Macht, die einem Aufgabenbereich zukommt. ist möglichst präzise definiert.**
2) **Der Machttyp, der in einem Aufgabenbereich dominiert, ist geklärt.**
3) **Es gibt eine übergeordnete Instanz, die die Autorität hat, vermittelnd einzugreifen.**

Die übergeordnete Instanz kann entweder eingreifen, weil sie von einer Seite angerufen wurde, oder aber weil sie im Rahmen ihrer Kontrolle den Eindruck hat, selbständig aktiv werden zu müssen.[109]

## 6. Organisationspsychologische Perspektiven

Eine erste Folge des Pfarrermangels ist jetzt schon deutlich zu erkennen. Die Pfarrgemeinde als Ort von Arbeit und Mitarbeit wird in Zukunft anders strukturiert werden (müssen). Bisherige Leitungsmodelle werden auf die Realsituation hin überdacht werden müssen.

So müssen z.B. organisationspsychologische Erkenntnisse über die Begleitung von Mitarbeitern, über den Umgang mit Macht, über Mitarbeitergratifikation eingebracht werden.
Allein schon die abnehmende Zahl an Mitarbeitern, die bereit sind, haupt- oder ehrenamtlich Aufgaben in einer Gemeinde zu übernehmen, zwingt dazu, sich intensiver mit diesen zu beschäftigen, um nicht auch noch sie für die Gemeinde zu verlieren.

## 7. Ausbildung und Weiterbildung

Die modifizierten Anforderungen an Gemeindemitarbeiter bringen es mit sich, daß sich das Profil von haupt- und ehrenamtlicher Mitarbeit verändern muß.
Zukünftig werden die hauptamtlichen Mitarbeiter in Gemeinden immer seltener Einzelaufgaben selbst ausführen, sondern vielmehr andere Menschen anleiten, in der Gemeinde Verantwortung zu übernehmen, Einzelaufgaben auszuführen und in einem Team die Gemeinde mit zu leiten.[110]
In der Aus- und Weiterbildung von TheologenInnen sollte deshalb jetzt schon darauf geachtet werden, daß sie die Kompetenz erwerben, verschiedene Aktivitäten in der Gemeinde zu koordinieren, Entscheidungsprozesse zu begleiten und Mitarbeiter zu unterstützen.
Im Rahmen einer berufsbegleitenden Weiterbildung können dann zusätzliche Qualifikationen, die von Persönlichkeits- und Situationsvariablen abhängen, erworben werden.

## 8. Zusammenfassung

Gemeinde, mit dem Instrumentarium der Organisationspsychologie beschrieben, öffnet die Möglichkeit, Chancen und Schwierigkeiten, die sich aus dem augenblicklichen Pfarrermangel ergeben, zu sehen.
Modelle für Pfarreien, die mit dem Mangel an geweihten Gemeindeleitern konfrontiert sind, werden sich daran messen lassen, inwieweit sie die Möglichkeit von unterschiedlichen Leitungsstilen, die Verschiedenheit der Leitungsorte und schließlich die fachliche und soziale Kompetenz des Leiter/der Leiterin berücksichtigen. Führen bedeutet, Mitarbeiter in ihren speziellen Tätigkeiten zu unterstützen und die verschiedenen Tätigkeiten

zu vernetzen. Dabei können Probleme entstehen. Es gilt, die richtigen Mitarbeiter für bestimmte Aufgaben zu finden, jedem die für seine Arbeit wichtige Information zukommen zu lassen, Mitarbeiter zu motivieren, frühzeitig Rabattsammler zu erkennen und schließlich die, die am Elijas-Syndrom leiden, zu begleiten. Modelle für zukünftige Gemeinden berücksichtigen in ihren Strukturen diese Leitungsfragen. Schließlich sind Leitungstechniken im Rahmen der Aus- und Weiterbildung an die haupt- und ehrenamtlichen Mitarbeiter in den Gemeinden zu vermitteln.

## 9. Literatur und Anmerkungen

BAUMGARTEN, ISIDOR: Pastoralpsychologie. Düsseldorf, [1] 1990.

BUNDESARBEITSGEMEINSCHAFT DER MITTEL- UND GROSSBETRIEBE DES EINZELHANDELS E.V. (Hrsg.): Führen und Handeln ist gefordert: Initiativ – Kreativ – Kooperativ. Köln, 1988.

FAIX, WERNER G.: Soziale Kompetenz – das Potential zum unternehmerischen und persönlichen Erfolg. Wiesbaden, 1991.

GÄRTNER, HERIBERT (Hrsg.): Leiten als Beruf: Impulse für Führungskräfte in kirchlichen Aufgabenfeldern. Mainz, 1992.

GEMEINSAME SYNODE DER BISTÜMER DER BUNDESREPUBLIK DEUTSCHLAND: Offizielle Gesamtausgabe. hrsg. v. Ludwig Bertsch u. a., Freiburg i. Br., [7] 1989.

HALL, R. H.: Organizations: Structure and process. Englewood Cliffs, N. J., 1972.

HENTZE, JOACHIM: Personalwirtschaftslehre. Bern/Stuttgart, 1977.

KIRCHSCHLÄGER, WALTER: Die Anfänge der Kirche – eine biblische Rückbesinnung. Graz/Wien/Köln, 1990.

KUHN, ALFRED: Unternehmensführung. München, 1982.

LOHFINK, GERHARD: Wie hat Jesus Gemeinde gewollt?. Freiburg i. Br., [8] 1989.

MAG, WOLFGANG: Einführung in die betriebliche Personalplanung. Darmstadt, 1986.

PERELS, HANS-ULRICH: Wie führe ich eine Kirchengemeinde? – Möglichkeiten des Managements. Gütersloh, 1990.

RAHN, HORST-JOACHIM: Führung von Gruppen. Heidelberg, 1978.

RAHNER, KARL: Zur Theologie und Spiritualität der Pfarrseelsorge. In: Schriften zur Theologie 14, Zürich/Einsiedel/Köln, 1980.

SCHALL, TRAUGOTT ULRICH: ›Ich fühle mich ausgebrannt‹ – Die Elijas-Müdigkeit – was dagegen hilft und wie man ihr vorbeugt. In: Diakonie 1987, 203 ff.

SCHALL, TRAUGOTT ULRICH: Mitarbeiterführung in Kirche und Kirchengemeinde. Würzburg, 1991.

SCHELLENBERGER, BERNHARDIN: Wider den geistlichen Notstand – Erfahrungen mit der Seelsorge. Freiburg i. Br., 1991.

SCHWARZ, P.: Management in Nonprofit-Organisationen. In: Die Orientierung, Nr. 88, Bern, 1986, (Hrsg.: Schweizerische Volksbank).

STROEBE, RAINER W.: Arbeitsmethodik I. Heidelberg, [5] 1990.

STROEBE, RAINER W.: Führungsstile: situatives Führen und Management by Objectives. Heidelberg, [3] 1990.
STROEBE, RAINER W.: Grundlagen der Führung: mit Führungsmodellen. Heidelberg, [6] 1990.
STROEBE, RAINER W.: Motivation. Heidelberg, [5] 1991.
WEINERT, ANSFRIED B.: Lehrbuch der Organisationspsychologie. Weinheim/München, [2] 1978.
ZULEHNER, PAUL M.: Pastoraltheologie Bd. 1 – Fundamentalpastoral. Düsseldorf, [1] 1989.
ZULEHNER, PAUL M.: Pastoraltheologie Bd. 2 – Gemeindepastoral. Düsseldorf, [1] 1989.

*

[1] Zulehner, Paul M.: Pastoraltheologie Bd. 1 – Fundamentalpastoral. Düsseldorf, [1] 1989, 149.

[2] Baumgarten, Isidor: Pastoralpsychologie. Düsseldorf, [1] 1990.

[3] Gemeinde ist nicht nur eine ›übernatürlichen Zielen dienende, profane Organisation gesellschaftlicher Art‹ (Rahner, Karl: Zur Theologie und Spiritualität der Pfarrseelsorge. In: Schriften zur Theologie 14, Zürich, 1980, 149), aber ihr Dienst in der Welt zeigt sich in einer Organisation. Ähnlich auch Lehmann, Karl: Was ist mit der Kirche los? Fastenhirtenbrief 1992. Mainz, 1992.

[4] Dienste und Ämter, in: Gemeinsame Synode der Bistümer der Bundesrepublik Deutschland. Offizielle Gesamtausgabe, hrsg. v. Ludwig Bertsch u. a.: Freiburg i. Br., [7] 1989, 605 – 606.

[5] Dienste und Ämter, in: Gemeinsame Synode der Bistümer der Bundesrepublik Deutschland. Offizielle Gesamtausgabe, hrsg. v. Ludwig Bertsch u. a.: Freiburg i. Br., [7] 1989, 604.

[6] Zulehner, Paul M.: Pastoraltheologie Bd. 1 – Fundamentalpastoral. Düsseldorf, [1] 1989, 33.

[7] Dienste und Ämter, in: Gemeinsame Synode der Bistümer der Bundesrepublik Deutschland a. a. O.

[8] Gottesdienst, in: Gemeinsame Synode der Bistümer der Bundesrepublik Deutschland a. a. O.

[9] Weinert, Ansfried B.: Lehrbuch der Organisationspsychologie. Weinheim/München, [2] 1978, 41.

[10] Gleichwohl kann dieses ein Nebenziel sein, um durch den Profit dann das Hauptziel unterstützen zu können.

[11] Hauptziel ist das Ziel, das erklärtermaßen angestrebt wird, dem keine weiteren Ziele übergeordnet werden und auf das die meisten Energien verwendet werden.

[12] Bei den Nebenzielen kann es durchaus ›objektivierbare‹ Erfolgsmaßstäbe geben. Es besteht dann immer die Gefahr, daß diese das Hauptziel ersetzen, weil die Motivation bei ihnen größer ist. Siehe Seite 96.

[13] Dieses Beispiel wurde ausgewählt, weil im Augenblick viele darunter leiden, daß die Zahl der Kirchenmitglieder ständig abnimmt, und dies als ein Zeichen für persönlichen Mißerfolg erachtet wird.

[14] Perels, Hans-Ulrich: Wie führe ich eine Kirchengemeinde? – Möglichkeiten des Managements. Gütersloh, 1990, 13.

[15] Schwarz, P.: Management in Nonprofit-Organisationen. In: Die Orientierung, Nr. 88, 1986, Bern (Hrsg.: Schweizerische Volksbank).

[16] Primärmotiv ist der Broterwerb, dem dann noch eine Vielzahl von Sekundärmotiven untergeordnet sein können, z. B. soziale Motive, gesellschaftliche Motive, politische Motive …

[17] Vergleiche zum Ganzen Lumen Gentium, in dem die Grundlage der Kirche, die Schrift als ›normam credendi et vivendi‹ (LG 15) bezeichnet wird. Die Kirche ist also nicht nur auf den Glauben beschränkt, sondern umfaßt das ganze Leben.

[18] So sind zum Beispiel die Ziele in einem christlichen Altenheim bereits durch den Träger vorgegeben.

[19] In diesem Punkt ist Heribert Gärtner: Leiten als Beruf. Mainz, 1992, 15f., zu widersprechen, der davon ausgeht, daß in einer Gemeinde schon alle Ziele ›von außen‹ vorgegeben sind. An anderer Stelle wird noch ausführlich auf die Zielfestlegung eingegangen.

[20] An dieser Stelle wird vorausgesetzt, daß eine Pfarrgemeinde nicht ausschließlich als geschlossene Organisation und nicht ausschließlich als offenes System zu verstehen ist. Vergleiche zum Ganzen: Weinert, Ansfried B.: Lehrbuch der Organisationspsychologie. Weinheim/München, [2] 1978, 44 – 56.

[21] Hier sei verwiesen auf das an anderer Stelle erzählte Beispiel der Jugendgruppe in einer schweizer Pfarrei, Seite 175.

[22] Nach einer Skizze von Hall, R. H.: Organizations: Structure and process. Englewood Cliffs, N. J., 1972.

[23] Zulehner, Paul M.: Pastoraltheologie Bd.2 – Gemeindepastoral. Wien, [1] 1989, 178.

[24] In der betriebswissenschaftlichen Literatur wird von Führern gesprochen. Umgangssprachlich ist dieser Begriff negativ belegt und wird in der Nähe von Ver-führung gesehen. Aus diesem Grund soll hier häufiger der neutrale Begriff ›Leiter‹, ›Leitung‹ Verwendung finden.

[25] Mag, Wolfgang: Einführung in die betriebliche Personalplanung. Darmstadt, 1986, 124.

[26] Stroebe, Rainer W.: Führungsstile: situatives Führen und Management by Objectives. Heidelberg, [3] 1990.

[27] Nach Weinert, Ansfried B: Lehrbuch der Organisationspsychologie. Weinheim/München, [2] 1978, 342.

[28] Weitere Literatur in: Weinert, Ansfried B: Lehrbuch der Organisationspsychologie. Weinheim/München, [2] 1978, 342.

[29] Siehe Abbildung 23, Seite 85.

[30] Hentze, Joachim: Personalwirtschaftslehre. Bern/Stuttgart, 1977.

[31] Und damit eine Delegation von Verantwortung.

[32] Kuhn, Alfred: Unternehmensführung. München, 1982.

[33] Hentze, Joachim: Personalwirtschaftslehre. Bern/Stuttgart, 1977.

[34] Tannenbaum, A. S.: Control in organizations. New York, 1968.

[35] Eine Übersicht bietet Weinert, Ansfried B: Lehrbuch der Organisationspsychologie. Weinheim/München, [2] 1978, 348 – 377. Sie ist Grundlage der folgenden Darstellung.

[36] ›*Ohio-Führungsstudien*‹: Es gibt zwei Variablen, die den Führungsstil beeinflussen: Ausrichtung auf das Arbeitsziel, Ausrichtung auf die Mitarbeiter. Beide kommen in unterschiedlicher Konzentration bei allen Leitern vor. ›*Michigan-Führungsstudien*‹: Es gibt ebenfalls zwei Variablen: Personenzentrierte Führung, Produktionszentrierte Führung. Ergebnis beider Studien ist, daß eine an den Personen orientierte Leitung langfristig erfolgreicher ist. Bei beiden wird der Einfluß der Situationsvariablen außer acht gelassen. ›*Grid-System*‹: Es geht auch von den beiden Variablen aus, diese werden aber unabhängig voneinander gesehen. Es bietet ein Ausbildungsmodell an. ›*Vier-Faktoren-Führungsmodell*‹: Unterstützung und Hilfe durch den Lei-

ter, Erleichterung der zwischenpersönlichen Interaktionen, Erleichterung der Arbeit und der Arbeitsbedingungen und die Betonung der Gruppe sind die vier Situationsvariablen.

37 1. Dimension: Beziehung des Leiters zu den Gruppenmitgliedern; 2. Dimension: Strukturiertheit der Aufgabe; 3. Dimension: Macht und Autorität der Führungsposition.

38 Ein ›guter‹ Schulleiter und Lateinlehrer kann somit durchaus ein ›schlechter‹ Kirchenführer sein. Vgl. dazu: Gärtner, Heribert: Leiten als Beruf. 1992, Mainz, 13f.

39 Zulehner, Paul M.: Pastoraltheologie Bd.2 – Gemeindepastoral. Düsseldorf, [1] 1989, 179.

40 Wir beschränken uns im folgenden vor allem auf die Leitung, die durch bestellte haupt- und ehrenamtliche Mitarbeiter einer Gemeinde ausgeübt wird. Faktisch geschieht aber auch noch darüber hinaus in vielfacher Weise Leitung.

41 Weinert, Ansfried B.: Lehrbuch der Organisationspsychologie. Weinheim/München, [2] 1978, 138.

42 Siehe 5.1, Typen von Macht, Seite 115.

43 Zulehner, Paul M.: Pastoraltheologie Bd.2 – Gemeindepastoral. Düsseldorf, [1] 1989, 184.

44 Er hat z. B. zu viele Gruppen zu leiten und kann sich deshalb kaum um die einzelne Gruppe kümmern. Schellenberg spricht in diesem Zusammenhang davon, daß »sich bereits eine ganze Generation [...] von der Kirche entfremdet, wenn keine Person mehr am Ort ist, die für sie den lebendigen Bezug zur Kirche herstellt [...] Die Kirche aber [...] wird also in Zukunft, wo Bedarf anfällt, den geistlichen Klempner vorbeischicken.« Schellenberger, Bernhardin: Wider den geistlichen Notstand – Erfahrungen mit der Seelsorge. Freiburg i. Br., 1991, 52f.

45 Siehe 4.4.1 Delegation, Seite 101ff.

46 Siehe B.1.1 Erwartungen an den Priester, Seite 35f.

47 Siehe Kapitel F. Kirchenrechtlicher Handlungsspielraum, Seite 149ff.

48 Siehe 2.1.1, Seite 82.

49 Forschungsseminar »Leutereligion«, SS 1990, Wien, StA3, Seite 23, unveröffentlicht.

50 Forschungsseminar »Leutereligion«, SS 1990, Wien, Abl2, Seite 44, unveröffentlicht.

51 Forschungsseminar »Leutereligion«, SS 1990, Wien, Abl6, Seite 61, unveröffentlicht.

52 Ein Pfarrer, der als Pfarrer in vier Gemeinden eingesetzt ist, hat insgesamt über 20 hauptamtliche Mitarbeiter. Allein in den vier katholischen Kindergärten sind 16 Erzieherinnen angestellt. Durch die Anstellung von Jahrespraktikantinnen, Mutterschaftsvertretungen etc. ist er fast alle 6 Wochen mit Personalentscheidungen der Kindergärten beschäftigt. Hinzu kommen noch die pastoralen und nichtpastoralen Mitarbeiter in den Gemeinden.

53 Sie umfaßt juristische, finanztechnische und verwaltungstechnische Bereiche.

54 Stroebe, Rainer W.: Grundlagen der Führung: mit Führungsmodellen. Heidelberg, [6] 1990, 18.

55 Eine Anekdote berichtet, daß Henry Ford, nachdem er einen Mitarbeiter beim Arbeiten eine Zeitlang beobachtet hatte, rügte: »Eigentlich sollte ich Sie entlassen, Sie verschwenden mein Geld, indem Sie Dinge tun, die ein Mitarbeiter, der nur ein Drittel Ihres Gehaltes bekommt, genauso gut tun könnte!«

56 Weinert, Ansfried B.: Lehrbuch der Organisationspsychologie. Weinheim/München, [2] 1978, 345.

57 Vergleiche zum folgenden: Faix, Werner G.: Soziale Kompetenz. Wiesbaden, 1991.

58 Von einem Bäcker über einen Ingenieur, die Sekretärin, bis hin zu Personalführungskräften.

59 Ein weiser Mann erklärte, daß, wenn man ein großes Schiff bauen will, nicht einzelne Aufgaben an Männer verteilen soll, sondern sie zuerst die Sehnsucht nach dem weiten, endlosen Meer lehren soll.

[60] Primär- und Sekundärziele.

[61] In den Unternehmen ist hier ein Umdenken im Gange. So haben der Vorstand, der Aufsichtsrat und der Betriebsrat der Bertelsmann AG in einer ›Verfassung‹ die Ziele des Unternehmens festgelegt. Es geht darum, dem Menschen als einzelnem oder als Gesellschaft durch die Arbeit zu dienen. Im Rahmen von CI suchen immer mehr Unternehmen nach nichtwirtschaftlichen Primärzielen.

[62] Das Zugehörigkeitsgefühl hängt wesentlich mit der Übereinstimmung zu den wichtigsten Zielen zusammen.

[63] Mag, Wolfgang: Einführung in die betriebliche Personalplanung. Darmstadt, 1986, 54f. Die dort vorgeschlagenen Variablen wurden auf Gemeinde zugeschnitten.

[64] Schall, Traugott Ulrich: Mitarbeiterführung in Kirche und Kirchengemeinde. Würzburg, 1991, 38f.

[65] Eine Schweizer Diözese hat mit einem Punktesystem einen solchen Bedarfsplan für alle Gemeinden erstellt und dann dementsprechend die hauptamtlichen Mitarbeiter zugeteilt.

[66] Mag, Wolfgang: Einführung in die betriebliche Personalplanung. Darmstadt, 1986, 55.

[67] Schall, Traugott Ulrich: Mitarbeiterführung in Kirche und Kirchengemeinde. Würzburg, 1991, 36.

[68] Zu 1 – 3: Mag, Wolfgang: Einführung in die betriebliche Personalplanung. Darmstadt, 1986, 88.

[69] Schall, Traugott Ulrich: Mitarbeiterführung in Kirche und Kirchengemeinde. Würzburg, 1991, 27.

[70] Ein Stück Ehrlichkeit und Offenheit im Umgang miteinander könnte hier erheblich Konflikte reduzieren. Es ist sicher sinnvoll, daß in einer Gemeinde auch die einen Platz haben, die in der Umwelt schon längst keine Chance mehr haben. Der gutgemeinte Versuch, diese als hundertprozentig belastbar einzusetzen, schadet der Gemeinde, verursacht dem Leiter Schwierigkeiten und verletzt den Mitarbeiter selber.

[71] Im Bereich der Personalplanung gibt es ein Instrumentarium, um Mitarbeitereigenschaften festzustellen. Eine Adaption für den kirchlichen Bereich steht allerdings bisher noch aus.

[72] In seiner jetzt doppelten Bedeutung!

[73] Mag, Wolfgang: Einführung in die betriebliche Personalplanung. Darmstadt, 1986, 91.

[74] Was zu Frustrationen führen kann.

[75] Im folgenden wird kein Unterschied zwischen haupt- und ehrenamtlichen Mitarbeitern gemacht. Auf haupt- und ehrenamtliche Mitarbeiter wird in den pastoraltheologischen Reflexionen gesondert eingegangen werden. Siehe Seite 167.

[76] Jitro, der Schwiegervater des Moses, ist in gewisser Weise der erste Personalberater. Er beobachtet die Situation, analysiert sie und macht dann konkrete Verbesserungsvorschläge.

[77] Und damit vermutlich die Mehrzahl der Fälle!

[78] Siehe 4.3 Mitarbeiterauswahl, Seite 97ff.

[79] Der Begriff Macht wird in Kapitel 5.1, Seite 114f. genauer beschrieben.

[80] *Vroom-Yetton-Modell*, in: Weinert, Ansfried B.: Lehrbuch der Organisationspsychologie. Weinheim/München, [2] 1978, 424f.

[81] In der Literatur wird von ›kontrollieren‹ in einer wertneutralen Weise gesprochen.

[82] Wissen kann hier tatsächlich zu Macht werden.

[83] Zum Begriff Belohnung siehe Kapitel 4.4.5.1, Seite 110f.

[84] Weil man auf eine bestimmte Zeit gewählt ist oder weil man von dem Einkommen abhängig ist.

85 Schall, Traugott U.: ›Ich fühle mich ausgebrannt‹ – Die Elijas-Müdigkeit – was dagegen hilft und wie man ihr vorbeugt. In: Diakonie, 1987, 203ff.

86 Siehe 4.4.3 Rabattmarken, Seite 105.

87 Der Trauernde hat sonst mit Recht das Gefühl, daß er nicht ernst genommen wird.

88 Weiter unten wird gezeigt, daß es nicht darum gehen kann, dorthin zurückzukehren, wo man aufgehört hat, sondern daß die Zuwendung Gottes einen Neuanfang mit einer neuen Aufgabe ermöglicht.

89 Rahner spricht von ›christlichen Oasen in der Welt‹.

90 ›Die Arbeit muß weitergehen, wir haben keine Zeit zu solchen Spielereien‹ ist das häufigste und erfolgreichste Argument von Gruppen in der Gemeinde gegen eine zeitaufwendige Selbstklärung.

91 Weinert, Ansfried B.: Lehrbuch der Organisationspsychologie. Weinheim/München, [2] 1978, 292.

92 Eine Aufgabe als Herausforderung zu sehen, erhöht das Verantwortungsgefühl gegenüber der Tätigkeit.

93 Die Arbeit wird von einer anderen Person auch bewertet, und die eigene Einschätzung läßt sich daran messen. Selbsteinschätzung und Fremdeinschätzung werden miteinander verglichen und gegebenenfalls bestätigt. Schwierig wird die Lage, wenn sich beide konstant widersprechen. Folge davon ist entweder der Selbstzweifel, oder aber den anderen wird die Kompetenz zu einer Einschätzung abgesprochen.

94 Siehe 4.4.3 Rabattmarken, Seite 105, und 5.3 Machtmißbrauch, Seite 116.

95 z.B. Selbstwertschätzung, Selbstvertrauen, Angst, persönliche Probleme u.a.

96 Dabei waren die ersten beiden Monate im Rahmen einer Werbeaktion des Verlages kostenlos!

97 Der Anschaulichkeit halber wird hier davon ausgegangen, daß dies die einzige Form der Belohnung in der Gemeinde war. Durch diese Zuspitzung ist es möglich, die prinzipiellen Fehler aufzuzeigen.

98 Siehe 4.4.3 Rabattmarken, Seite 105.

99 Beispiele für mögliche Belohnungen siehe: Rausch, Ulrich (Hrsg.): Kreative Gemeinde: Eine Arbeitshilfe – Band 2. Frankfurt a.M., 1995.

100 Damit ist nicht das Modell ›Gemeindeleitung in Kooperation‹ des Bistums Limburg gemeint!

101 Beides nicht nur als innere Einstellung, sondern als Handlungsanweisung für die Praxis. (Lohfink, G.: Wie hat Jesus Gemeinde gewollt? Freiburg i. Br., [8] 1989, 144).

102 Lohfink, Gerhard: Wie hat Jesus Gemeinde gewollt? Freiburg i. Br., [8] 1989, 144.

103 Die Frage ist, ob es in den neutestamentlichen Texten wirklich um einen Strukturverlust geht, oder ob z.B. bei Mk 10,34–45 ›nur‹ der Strukturmißbrauch in der Gemeinde abgelehnt wird. Es muß deshalb Lohfink widersprochen werden, wenn er sagt, daß sich aus diesen Texten ableiten ließe, daß ›die Autorität, von der hier die Rede ist, [...] nicht einmal mehr das erzwingen [darf], was legitim und richtig ist. Sie kann nur noch bezeugen und notfalls dafür sterben.‹ (Lohfink, G.: Wie hat Jesus Gemeinde gewollt? Freiburg i. Br., [8] 1989, 136). Moderne Führungstheorien enthalten ausdrücklich den dienenden Charakter einer Leitungsposition. In den prozeßhaften Leitungstheorien geht es darum, daß der Leiter den Mitarbeitern hilft, selbstverantwortlich ihren Weg zum Ziel zu gehen. Er unterstützt, motiviert, koordiniert und beseitigt alle auftretenden Hindernisse. Auch die ersten Gemeinden waren strukturierte Gemein-

schaften (Kirchschläger, Walter: Die Anfänge der Kirche – Eine biblische Rückbesinnung. Graz/Wien/Köln, 1990, 21).

104 Es wird hier vorausgesetzt, daß langfristig eine Gemeinde immer alles innerhalb eines solchen Gremiums besprechen und entscheiden kann. Innerhalb der Gemeindeversammlung darf es keine Mehrheitsentscheidung geben (dies wäre Herrschaft der Mehrheit über die Minderheit), sondern alles muß einstimmig entschieden werden. Es darf noch nicht einmal ein wie auch immer gearteter Druck auf Unentschiedene ausgeübt werden, sich einer Mehrheit anzuschließen.

105 Siehe 4.4.1 Delegation, Seite 101.

106 Perels, Hans-Ulrich: Wie führe ich eine Kirchengemeinde – Möglichkeiten des Managements. Gütersloh, 1990, 33.

107 Perels spricht von fünf Machtzentren. Das fünfte Machtzentrum ist bei ihm die Tradition. Seiner Meinung nach kann diese steuernd auf die Gemeinde einwirken. Dagegen muß gesagt werden, daß die Tradition selber nicht aktiv werden kann, was Bedingung für Machtausübung ist, sondern sie kann nur von anderen in den Dienst genommen werden, um z. B. deren Machtposition zu unterstützen.

108 Siehe 4.4.3 Rabattmarken, Seite 105.

109 In dem oben berichteten Fall war die übergeordnete Instanz das Pastoralamt, das auf eigene Initiative aktiv wurde und den Sachverhalt klären konnte.

110 Diese Aufgabe kann auch von Ehrenamtlichen ausgeübt werden, wenn sie entsprechende Fähigkeiten mitbringen. In diese Richtung sollte die Entwicklung dann gehen, um so die Verantwortlichkeit der Gemeinde für sich selber noch mehr in den Mittelpunkt zu stellen. Die Gemeinden können keine Gemeinden mehr sein, die sich versorgen lassen.

# E. BIBELTHEOLOGISCHE GEMEINDEVISIONEN

*Wenn einer von euch einen Sklaven hat, der pflügt oder das Vieh hütet, wird er etwa zu ihm, wenn er vom Feld kommt, sagen: Nimm gleich Platz zum Essen? Wird er nicht vielmehr zu ihm sagen: Mach mir etwas zu essen, gürte dich und bediene mich, wenn ich gegessen und getrunken habe, kannst auch du essen und trinken. Bedankt er sich etwa beim Sklaven, weil er getan hat, was ihm befohlen wurde? So soll es auch bei euch sein: Wenn ihr alles getan habt, was euch befohlen wurde, sollt ihr sagen: Wir sind unnütze Sklaven; wir haben nur unsere Schuldigkeit getan.*

*Lk 17,7–10*

Nachdem im vorausgegangenen Kapitel einige organisationspsychologische Anmerkungen zur Gemeinde/Gemeindeleitung gemacht wurden, sollen in diesem Kapitel auf die Entstehungszeit der Kirche geschaut und die ersten Dokumente der christlichen Gemeinden auf die Lebensform von Gemeinde befragt werden. Auch hier soll wieder nach Impulsen gesucht werden, wie vielleicht zukünftig Gemeinde gestaltet werden kann.
Den neutestamentlichen Dokumenten kommt insbesondere deshalb eine hervorragende Rolle zu, weil sie kirchliche Tradition darstellen, an der sich unser heutiges Handeln in noch näher zu bestimmender Weise messen lassen muß. Die ersten Gemeinden sind es, die uns über das Leben und Wirken Jesu berichten.
Neben der historischen Beschreibung der ersten Gemeinden, insoweit sie uns durch die Dokumente zugänglich sind, soll die paulinische Gemeindetheologie vorgestellt werden. Paulus gründete Gemeinden und begleitete sie in ihren Entwicklungen, so daß in seiner Gemeindetheologie ein Stück praktische Erfahrung, die Aufarbeitung von alltäglichen Problemen erwartet werden darf.
Ein bibeltheologisches Kapitel über Gemeinde darf nicht dazu verleiten, biblische Gemeinden als universelles Schnittmuster für unsere heutige Zeit mißzuverstehen. Die Sozial- und Gesellschaftsformen, in denen sie entstanden, unterscheiden sich wesentlich von unseren, so daß ein Transfer der ›Urgemeinde‹ in unsere Zeit diese Unterschiede immer berücksichtigen muß.
Von Visionen ist deshalb hier die Rede, weil das, was uns das Neue Testament über Gemeinden berichtet, heute eine visionäre Kraft haben kann, die Gemeinden wieder in Bewegung bringen könnte.

## 1. Situation der Urgemeinden

Aus den Dokumenten des Neuen Testaments, in denen uns von den Anfängen der christlichen Gemeinden berichtet wird, geht hervor, daß die Jünger Jesu sehr schnell Menschen – Männer und Frauen (Apg 5,14) – fanden, die sich ihnen anschlossen.
Auch wenn die Zahlen, die in der Apostelgeschichte genannt werden (Apg 4,4), nur sehr vorsichtig zu bewerten sind, so ist doch wahrscheinlich, daß die Gemeinden schnell wuchsen. Über die Art der Verkündigung gibt die Apostelgeschichte ein ungefähres

Bild.[1] In der nachösterlichen Zeit verkündigten die Jesujünger wahrscheinlich im Synagogengottesdienst im Anschluß an die Prophetenlesung. Sie deuteten den gehörten Text in seiner Erfüllung durch Jesus.
Ihre Predigten haben kaum Massenbekehrungen ausgelöst, aber einzelne oder ganze Familien werden sich den Gemeinden angeschlossen haben.[2] In den ersten Jahren blieben die Urgemeinden weitgehend unbehelligt. Es schlossen sich Mitglieder aller Schichten und religiösen Gruppierungen an, denn die Botschaft Jesu deckte sich mit den meisten Vorstellungen eines endzeitlichen Handeln Gottes.[3]
Auf zwei unterschiedliche Weisen hat sich die Gemeinschaft vergrößert: a) durch Wanderprediger und b) durch ›seßhafte Sympathisanten‹[4]. Beide Formen gab es schon in der vorösterlichen Zeit, und auch danach sind sie bezeugt. So berichtet Paulus (1 Kor 9,1–5) von Barnabas, der als Wanderprediger die Stadt Antiochia in Syrien missioniert hat. Daneben gab es Familien in einzelnen Orten, die ihr Leben in der Nachfolge Christi zu gestalten versuchten und so zum Mittelpunkt kleiner Gemeinden wurden. In ihren Häusern traf man sich zum Herrenmahl, sie hatten den Platz und stellten das Geld, das die Gemeinde benötigte, zur Verfügung.

## 2. Leitung der Urgemeinden

Die Leitungs- und Organisationsfrage der Gemeinde hat sich insbesondere für die Jerusalemer Gemeinde gestellt. Sie hatte als Gemeinde an dem Ort, an dem Jesus starb, eine besondere Bedeutung. In gewisser Weise stellte sie die Verbindungsstelle zu allen verstreut lebenden Christen dar. In ihr gab es, wie später noch näher gezeigt wird, unterschiedliche Gruppierungen, so daß die Leitungsfrage ein besonderes Gewicht hatte.

*a) Hausgemeinden*

In der Apostelgeschichte wird das Leben der jungen Gemeinde bruchstückhaft beschrieben. Sie traf sich regelmäßig im Tempel und brach in den Häusern das Brot und hielt Mahl miteinander (Apg 4,46). An dieser Stelle wird schon deutlich, daß es offensichtlich in der Gesamtgemeinde von Jerusalem einige Untergliederungen gegeben haben muß.[5] Der Begriff der Hausgemeinde/Hauskirche umschreibt, was unter diesen Untergliederungen zu verstehen ist.

*Der Begriff ›Haus‹ (oikos)*

In der griechischen Sprache hat der Begriff ›Haus‹ zwei Bedeutungen. Einmal wird damit das Haus als Wohnstätte, als bewohntes Gebäude bezeichnet, ein anderes Mal wird damit die Familie/Sippe einschließlich der ihr zugeordneten Angestellten, also der Hausstand, bezeichnet.[6]

Die Hausgemeinde als Gruppe, die sich in einem Wohnhaus versammelt, soll aus bis zu höchstens 35 Personen bestanden haben. Sowohl die griechischen als auch die römischen Häuser boten einen Raum, in dem 20 bis höchstens 40 Personen Platz finden konnten. Limitierung der Größe bedeutet hier also nicht die Abgrenzung nach außen, sondern war nur durch die räumlichen Gegebenheiten bestimmt. Die Hausgemeinden von Aquila und Priska, von denen Paulus berichtet (1 Kor 16,19; Apg 18,18; Röm 16,3.5) bzw. an die er Grüße ausrichten läßt, sind Hausgemeinden in diesem Sinn. Das jüdische Ehepaar hatte, nachdem es aus Rom vertrieben worden war, sich in Ephesus niedergelassen, einen Betrieb (Zeltmacher oder Lederverarbeitung) eröffnet und eine Hausgemeinde gegründet. In dieser war Paulus zu Gast, als er an die Korinther schreibt. Bei jedem Wohnortwechsel gründeten sie eine neue Gemeinde, die sich in ihrem Haus versammelte.

Die Hausgemeinde als Versammlung der im Haus Lebenden ist durch die Rolle des Mannes definiert.[7] Sie ist nach Aristoteles[8] dreifach, nämlich als Gatte, als Vater und als Herr bestimmt. Petrus kommt in das Haus des römischen Hauptmanns Kornelius, um ihm und seinem Haus die Frohe Botschaft zu verkündigen und schließlich das gesamte ›Haus‹ auch zu taufen (Apg 10,1 ff.).[9]

*Leitung der Hausgemeinden*

Das Beispiel des Hauptmanns Kornelius zeigt an, daß in den Hausgemeinden, in denen sich Mitglieder des Hauses versammelten, der Hausvater der Leiter ist. Er hat sich belehren und taufen lassen, und mit ihm wurde sein ganzes Haus gerettet.

Die Hausgemeinden (als Versammlungen in einem bestimmten Haus) stellten immer einen Querschnitt durch die Gesellschaft des entsprechenden Ortes dar. So waren sie in Korinth ein Profil durch die antike Stadtgesellschaft.[10] Es gab einige Vertreter einer reichen Oberschicht, Handwerker wie das Ehepaar Priska[11] und Aquila, die Mehrzahl aber bestand aus Sklaven und Lohnarbeitern.

Grundvoraussetzung für eine Hausgemeinde war aber, daß ein Versammlungsraum, in dem sich die Gemeinde zu Gebet und Herrenmahl treffen konnte, zur Verfügung stand.

Diesen konnten die Reichen, die sich in der Gemeinde befanden, bereitstellen. So werden Priska und Aquila ausdrücklich als jene erwähnt, in deren Haus sich eine Gemeinde traf (Röm 16,5).[12]

**Frauen als Gastgeberinnen**

Auch Frauen konnten Gastgeber der Gemeinde sein, so wird Phoebe als prostratis (Patronin)[13] der Gemeinde von Kenchreä bezeichnet.[14] Die Hausgemeinde konnte somit der Ort sein, an dem der Satz »[es] gibt [...] nicht mehr Jude noch Grieche, Sklave oder Freier, Mann oder Frau, ihr alle seid eins in Christus« (Gal 3,28) verwirklicht wird.
Der Evangelist Lukas beschreibt in der Apostelgeschichte Apg 2,42 ff., wie ein vorbildliches Gemeindeleben aussah. Es bestand aus täglicher Predigt und Herrenmahl.
Über die konkreten Aufgaben der Gastgeber lassen uns die biblischen Zeugnisse im unklaren. Es muß aber davon ausgegangen werden, daß sie Leitungsfunktionen ausübten. Hierzu zählt sicher, daß sie den Raum zur Verfügung stellten, zur Versammlung einluden und auch Ansprechpartner für Apostel wie andere Reisende waren. Über den Vorsitz beim Herrenmahl sagen die Texte nichts, so daß sich hier eine Analogie zu dem jüdischen Brauch, daß dies der Hausvater übernahm, vermuten läßt.[15]

*b) Ortsgemeinde*

Neben den Hausgemeinden gab es in Korinth eine Ortsgemeinde. Diese Gemeinde traf sich vermutlich zu (charismatischen) Wortgottesdiensten (1 Kor 14,23). Auch das Herrenmahl wurde gemeinsam gefeiert (1 Kor 11,21). Hierbei traten dann Spannungen zwischen den einzelnen Hausgemeinden zutage.[16] Gastgeber für die Versammlung der gesamten Ortsgemeinde war Gaius (Röm 16,23). In seinem Haus war Platz für alle Hausgemeinden zusammen.
Problematisch war das Zu- und Miteinander von Orts- und Hausgemeinden. Die Hausgemeinden waren eher um die Person des Leiters (Hausvater oder Gastgeber/in) konzentriert. Parteiungen entstanden dann, wenn sich diese Gemeinden zur Ortsgemeinde trafen.

*Simon Petrus*

Petrus spielt für die Entwicklung der Gemeinden und der Gesamtkirche bis heute eine besondere Rolle. Petrus wird als Fundament (Fels) der Gemeinden angesehen. Im folgenden soll seine Bedeutung für und in den ersten Gemeinden herausgearbeitet werden.
In den Evangelien wird Simon Petrus eine herausragende Stellung zuteil. So ist Petrus Zeuge bei der Verklärung Jesu (Mk 9,2–8). Sie verdeutlicht Petrus, daß jetzt die Endzeit,

in der sich Himmel und Erde vereinen, anbricht.[17] Jesus wird für Petrus als der Sohn Gottes geoffenbart.

Petrus ist auch Zeuge, als Jesus von seinem Boot aus den Menschen die Frohe Botschaft verkündet und es danach zu dem wunderbaren Fischfang kommt (Lk 5,1–11), den Jesus vorausweisend deutet und ihn zum Menschenfischer erklärt.

Obwohl Petrus Jesus verleugnete, wird er der erste Jünger, dem Jesus wiedererscheint. Er wird von dem Auferstandenen in seiner bisherigen Position bestätigt (Mk 16,7).[18]

Petrus wird von den Evangelisten als ein gewichtiger Osterzeuge dargestellt (Lk 24,12; Joh 20,4–7[19]).

Seine besondere Rolle kommt ihm in der Gemeinde zu, weil er der erste Auferstehungszeuge ist (1 Kor 15,5). Für Paulus wird in dem vierzeiligen ›Auferstehungsvers‹ das ganze Ostergeschehen zusammengefaßt. Als einziger wird Petrus mit seinem Namen, nämlich dem Amtsnamen Kephas, dort als Zeuge genannt. Die Wichtigkeit dieser Formel betont Paulus, indem er in 1 Kor 15,3 darauf hinweist, daß er eine alte Überlieferung weitergebe, die von allen ohne inhaltliche Abweichungen berichtet werde, gleich, wer sie verkündet (1 Kor 15,11).

*c) Jerusalemer Gemeinde*

In der nachösterlichen Jerusalemer Gemeinde tritt Petrus als Sprecher des Kreises der Jünger auf. Er hält die Pfingstpredigt, in der er das Pfingstereignis erklärt und deutet (Apg 2,14–36). Petrus wird beauftragt, die krisengeschüttelte Gemeinde zu stärken (Lk 22,32b).[20] Vermutlich wird an dieser Stelle ein Ereignis der Gemeinde beschrieben, in der Petrus die Brüder im Glauben gestärkt hatte. Rückblickend wird dies als Erfüllung des Auftrags Jesu gedeutet.

Nicht eindeutig ist, ob Petrus nur diese herausgehobene Stellung in der Jerusalemer Gemeinde innehatte oder sie zusammen mit Johannes und Jakobus ausübte.[21] Auf jeden Fall kommt ihm eine besondere Bedeutung zu, da Paulus seinetwegen nach Jerusalem reist (Gal 1,18). Petrus besucht zusammen mit Johannes Missionsgebiete (Apg 8), und er beginnt mit der Heidenmission (Apg 10).

In den Augen von Lukas und Paulus reicht die Verantwortung von Petrus über die Jerusalemer Gemeinde hinaus.

*d) Die Zwölf*

Petrus war nicht der einzige Lehrer der Jerusalemer Gemeinde. Im Markusevangelium

(Mk 3,13–19) beruft Jesus, nachdem er einige Zeichen seiner Vollmacht gegeben hat, die zwölf Jünger. Welche Bedeutung kommt den Zwölfen zu? Was unterscheidet sie von den übrigen Jesusjüngern?

*Kollektive Gemeindeleitung*

Auf welche Weise die Zwölf entstanden sind, ist historisch ungeklärt.[22] Es bieten sich zwei Möglichkeiten an. Entweder wurden sie als Kreis so von Jesus eingesetzt, und Petrus hat sie nach seiner Begegnung mit dem Auferstandenen wieder zusammengerufen, oder sie sind eine nachösterliche Einrichtung, die durch den Auferstandenen bestätigt wurde. Auf jeden Fall kam Petrus in diesem Kreis immer eine besondere Bedeutung zu. In dem Zwölferkreis wird viermal eine kleine Gruppe besonders hervorgehoben(Mk 5,37; 9,2; 13,3; 14,33).[23] Petrus, Jakobus, Johannes und Andreas wird ein besonderes Verhältnis der Nähe zu Jesus zugesprochen. So sind sie es, die in entscheidenden Situationen mit Jesus allein sind.

Die Zwölf übten in der Jerusalemer Gemeinde Leitungsfunktion aus. Sie waren zuständig für die Gesamtgemeinde, während die hellenistische und die aramäische Gemeinde nochmals eigene Leitungsgremien hatten.

*Weitere Leitungspersonen*

Neben den Zwölfen der Jerusalemer Gemeinde wurde ein Kreis von Sieben (Apg 6, 1–6) von den Gemeindemitgliedern ausgewählt.[24] Ihre Aufgabe bestand darin, die Zwölf beim Tischdienst zu entlasten. Darüber hinaus hatten sie noch weitere Aufgaben. So war Stephanus Prophet, Missionar und Heiler.[25] Vermutlich waren sie auch eine Art Vorstandsgremium der hellenistischen Gemeinde in Jerusalem. Sie waren also mit der Leitung eines Teils der Gemeinde betraut.

Jakobus, der Herrenbruder, trat, solange die Gemeinde als Ganzes bestand, nicht besonders in Erscheinung. Nach der Ausweisung der ›Hellenisten‹ aus Jerusalem übernahm er die Leitung der Restgemeinde. Vermutlich war er schon – ähnlich den Sieben – mit Leitungsaufgaben in dem aramäisch sprechenden Teil der Gemeinde beschäftigt.

Das Amt eines Lehrers oder Priesters gab es in der Jerusalemer Gemeinde nicht, da sie sich in dieser Frage an die Lehrer und Priester des Judentums hielt.[26] So war der Levit und jüdische Theologe Barnabas, als er sich der Gemeinde anschloß, in der Gemeinde der Rabbi, der die Schrift auslegte.

## 3. Amtsverständnis in Jerusalem

Eine ausgesprochene Amtskonstitution kannte die erste Gemeinde in Jerusalem nicht. Wer ein ›Amt‹ übernahm, wurde charismatisch bestimmt oder auf Grund seiner Fähigkeiten und Veranlagungen bestimmt. In diesem Sinne waren die Ämter personenorientiert. So machte man sich zu Beginn deshalb auch keine Gedanken über die Nachfolge in bestimmten Ämtern.

Einzig das Verhältnis der Zwölf zu den Vorständen der Teilgemeinden war festgelegt. Die Zwölf waren für die Gesamtgemeinde zuständig, d. h. aber auch, daß sie über den Vertretern der Teilgemeinden standen.

## 4. Leitungslose Gemeinde?

Der 1. Brief des Johannes 1 Joh 2,27 a+b läßt an einer Stelle aufhorchen, an der er schreibt:

> *»Für euch aber gilt: Die Salbung, die ihr von ihm empfangen habt, bleibt in euch, und ihr braucht euch von niemandem belehren zu lassen.«* **1 Joh 2,27 a + b**

Die Wahrheit, so schreibt der Verfasser zuvor (1 Joh 1,21), sei ihnen längst schon bekannt, und er wolle sie nur ermahnen, in der Wahrheit zu bleiben. Ist die angeschriebene johanneische Gemeinde leitungslos?[27]

Von der Frage, welche Leitung gemeint sein könnte, soll hier abgesehen werden. Vielmehr sollen skizzenartig die Besonderheiten der johanneischen Gemeinden beschrieben werden, um dann aufzuzeigen, in welcher Form und ab wann Leitung akzeptiert wurde.

*a) Ausgangssituation*

Die Schriften des Johannes sind zwischen 80 und 100 entstanden. Abfassungsort könnten das Ostjordanland oder Ephesus in Kleinasien sein.[28] Zwei Ereignisse haben die Schriften nachhaltig geprägt: a) Ausschluß der Gemeinde aus der Synagoge nach der Zerstörung des Tempels, b) Spaltung der Gemeinde in Ephesus.

*Synagogenausschluß*

Nachdem der Tempel zerstört war, schloß das wiedererstarkte Judentum abweichende

Strömungen mittels einer Verfluchung, die ins Achtzehnbittgebet eingebaut wurde und von Christen nicht mitgesprochen werden konnte, aus der Synagoge aus. Der Synagogenausschluß konnte auch wirtschaftliche Nachteile haben. Der dadurch vollzogene Bruch mit dem Judentum samt seinen wirtschaftlichen Nachteilen in einigen Regionen (z. B. dem Ostjordanland) zwang die Gemeinden, stärker ihre eigene Identität in den Mittelpunkt zu stellen. Es entwickelten sich eigenständige Lebens- und Gottesdienstformen. So entstanden, bedingt durch die geographische Trennung, im Vergleich zu den synoptischen und paulinischen Gemeinden eigene Traditionen.

*Gemeindespaltung*

Ein zweites ›traumatisches Ereignis‹ ist die Abspaltung eines (größeren) Teils der Gemeinde in Ephesus, der sich einer gnostischen Strömung anschloß und die ›Fleischwerdung des Gottessohnes‹ leugnete. Offensichtlich hatte dieser Gemeindeteil mehr Erfolg (1 Joh 4,5). Die Restgemeinde war durch die Spaltung in ihrer Existenz bedroht.[29] Es kam deshalb im Laufe der Zeit zu einer Annäherung an die paulinischen und synoptischen Gemeinden.

*Gemeindeleben*

Die Gemeinde bestand aus einer Vielzahl von verstreut lebenden Kleingruppen. Der Kontakt der Gemeinden untereinander wurde mittels reisender Missionare hergestellt. Apostel hatten somit keine ›politische Funktion‹, sondern sie waren Boten, die von einer Gemeinde zur Verkündigung ausgesandt wurden.

Diese Form blieb auch bestehen, als die Gemeinde in Kleinasien lebte. Das Zentrum war Ephesus, in dem es mehrere Hausgemeinden gab; die übrigen Gemeinden waren im Umland verstreut.

Die Erfolge der Mission waren bescheiden. Man beschäftigte sich (gezwungenermaßen) mehr mit den einzelnen Menschen.

*b) Leitung*

Innerhalb der johanneischen Gemeinde gab es einige Aufgaben. Die Wandermissionare (αποστολοι) wurden schon erwähnt. Sie wurden vom Gemeindezentrum ausgeschickt und besuchten die verstreuten Einzelgemeinden. Sie garantierten einen Austausch der Gesamtgemeinde und sorgten sich um den Erhalt der bedrohten Gemeinden.

Es gab Lehrer, deren Aufgabe das Lehren und Tradieren der Glaubensinhalte in der Ge-

meinde war. Es werden vermutlich keine Funktionäre als Lehrer beauftragt worden sein, aber eine faktische Einschränkung auf bestimmte Personen wird stattgefunden haben. Die dritte Aufgabe innerhalb der Gemeinde war die des Propheten.
Innerhalb der Gemeinde gab es also drei Funktionen: Prophet, Lehrer und Apostel. Presbyter (Älteste), als Bezeichnung für eine Amtsposition, kennt die johanneische Gemeinde nicht. Der zweimal verwandte Titel (2 Joh 1, 3 Joh 1) des Ältesten ist eine reine Ehrenbezeichnung, die Ausdruck einer Hochachtung ist, die einem uns unbekannten Briefschreiber entgegengebracht wird. Offen bleibt die Frage, wer beim Herrenmahl den Vorsitz führte. Es liegt nahe, daß in Anlehnung an die jüdische Tradition dies Aufgabe des Hausvaters war.

**Frauen in der Gemeinde**

In den johanneischen Schriften kommt den Frauen eine besondere Rolle zu. So werden die samaritanische Frau (Joh 4,1–42) und Marta (Joh 11, 20–27) zu wichtigen Glaubenszeuginnen und Empfängerinnen der Offenbarung. Von Marta wird gesagt, daß sie am Tisch bediente (Joh 12,2). Damit könnte eine innergemeindliche Funktion beschrieben werden, vor allem, wenn man bedenkt, daß sie damit Jesus nachtut, der selber den Tischdienst ausführte (Joh 6,11; Joh 13,4f.). Schließlich ist es eine Frau, Maria von Magdala, die als erste dem Auferstandenen begegnet.
Wenn man diese Elemente als Beschreibung der Gemeindesituation nimmt, dann wird man festhalten müssen, daß die Frauen innerhalb der Gemeinde lange eine aktive Rolle gespielt haben. Erst durch die Gemeindespaltung wurde ihre Rolle zurückgedrängt.[30]
Die Gemeinde versteht sich unmittelbar mit Christus verbunden und geht von einer Geistbegabung aller Getauften aus.[31] In diesem Sinn ist auch der oben zitierte Vers von 1 Joh 2,27 a+b zu verstehen. In dem Brief werden die Gemeindemitglieder daran erinnert, was sie selber schon wissen: es braucht keine menschlichen Lehrer, die zwischen dem Geist und den Glaubenden vermitteln. Deshalb benötigt der Schreiber des Briefes auch keinen Verweis auf eine besondere Autorität, die ihn legitimieren könnte, da er nur das sagt, was die Glaubenden schon in ihrem Herzen erkannt haben.

### *c) Verhältnis zu den übrigen Gemeinden*

Bedingt durch die schwierige Situation der eigenen Gemeinde finden sich im Johannesevangelium Hinweise darauf, daß die Gemeinde die Leitung der Kirche durch die petrinischen Gemeinden anerkannt hat. So muß sich der Lieblingsjünger von Petrus in Joh 21,7 erst sagen lassen, daß die Gestalt am Ufer der Auferstandene ist. Spaltung und Unterdrückung führte sie vor die Wahl, eine gnostische Sekte zu werden oder sich der

Kirche anzuschließen. Man entschied sich für den ›Anschluß‹ und war dafür bereit, die eigenständige Organisationsform aufzugeben und die kirchliche Leitungsform anzunehmen.

Im dritten Johannesbrief (3 Joh 9–11) deutet sich ein Konflikt zwischen dem Briefschreiber und einem Gemeindemitglied, Diotrephes, an, der offensichtlich in der Ortsgemeinde eine Führungsposition innehat. Dieses Machtstreben wird von dem ›Presbyter‹ als nicht zum Stil der Gemeinde passend angesehen. Die Situation ist schon eskaliert, da Diotrephes den Briefschreiber nicht mehr anerkennt und keinen seiner Abgesandten in die Gemeinde läßt. Er wird damit selber zur obersten Autorität der Gemeinde[32]. Der Schreiber hat aber unter Wahrung der Prinzipien keine Möglichkeit einzugreifen. In dieser Episode zeichnet sich ab, was später offiziell geschehen wird: die Anerkennung einer hierarchischen Führung der Gemeinden.

## 5. Paulinische Gemeindetheologie

Eine der prägendsten Gestalten des Neuen Testaments bis heute ist Paulus, der in seinen Briefen Hinweise über seine Gemeinden gibt. Lukas berichtet in der Apostelgeschichte über die Verkündigungspraxis des Paulus.

Im folgenden sollen die Gemeindetheologie des Paulus und die Praxis seiner Gemeinden beschrieben werden.

### *a) Ein Leib, viele Glieder*

**1 Kor 12, 12–31a**

*[12]Denn wie der Leib eine Einheit ist, doch viele Glieder hat, alle Glieder des Leibes*
*aber, obgleich es viele sind, einen einzigen Leib bilden: so ist es auch mit Christus.*
*[13]Durch den einen Geist wurden wir in der Taufe alle in den einen einzigen Leib auf-*
*genommen, Juden und Griechen, Sklaven und Freie; und alle wurden wir mit dem*
*einen Geist getränkt. [14]Auch der Leib besteht nicht nur aus einem Glied, sondern*
*aus vielen Gliedern. [15]Wenn der Fuß sagt: Ich bin keine Hand, ich gehöre nicht zum*
*Leib!, so gehört er doch zum Leib. [16]Und wenn das Ohr sagt: Ich bin kein Auge, ich*
*gehöre nicht zum Leib!, so gehört es doch zum Leib. [17]Wenn der ganze Leib nur Auge*
*wäre, wo bliebe dann das Gehör? Wenn er nur Gehör wäre, wo bliebe dann der*
*Geruchssinn? [18]Nun aber hat Gott jedes einzelne Glied so in den Leib eingefügt, wie*

*es seiner Absicht entsprach.* [19]*Wären alle zusammen nur e i n Glied, wo bliebe dann der Leib?* [20]*So aber gibt es viele Glieder und doch nur e i n e n Leib.* [21]*Das Auge kann nicht zur Hand sagen: Ich bin nicht auf dich angewiesen. Der Kopf kann nicht zu den Füßen sagen: Ich brauche euch nicht.* [22]*Im Gegenteil, gerade die schwächer scheinenden Glieder des Leibes sind unentbehrlich.* [23]*Denen, die wir für weniger edel ansehen, erweisen wir um so mehr Ehre, und unseren weniger anständigen Gliedern begegnen wir mit mehr Anstand,* [24]*während die anständigen dies nicht nötig haben. Gott aber hat den Leib so zusammengefügt, daß er dem geringsten Glied mehr Ehre zukommen ließ,* [25]*damit im Leib kein Zwiespalt entstehe, sondern alle Glieder einträchtig füreinander sorgen.* [26]*Wenn darum e i n Glied leidet, dann leiden alle Glieder mit; wenn ein Glied geehrt wird, dann freuen sich alle anderen mit ihm.* [27]*Ihr aber seid der Leib Christi, und jeder einzelne ist ein Glied an ihm.* [28]*So hat Gott in der Kirche die einen als Apostel eingesetzt, die anderen als Propheten, die dritten als Lehrer; ferner verlieh er die Kraft, Wunder zu tun, sodann die Gaben, Krankheiten zu heilen, zu helfen, zu leiten, endlich die verschiedenen Arten von Zungenrede.* [29]*Sind etwa alle Apostel, alle Propheten, alle Lehrer? Haben alle die Kraft, Wunder zu tun?* [30]*Besitzen alle die Gabe, Krankheiten zu heilen? Reden alle in Zungen? Können alle solches Reden auslegen?* [31a]*Strebt aber nach den höheren Gnadengaben!*

Mit diesem sehr bekannten paulinischen Text wird Gemeinde beschrieben. Das Bild des Leibes mit seinen unterschiedlichen Organen spiegelt die Vollzüge in einer Gemeinde wider. Im folgenden soll dieser Text genauer untersucht werden.

*Zur Übersetzung*

Wenn man der Übersetzung und damit der Interpretation des Textes der Einheitsübersetzung folgen möchte, dann könnten sich unter anderem folgende Rückschlüsse für Gemeinde ergeben:

Christus ist ein Leib (V 12b)

Durch die Taufe wird jeder in diesen Leib aufgenommen (V 13)

Wie in einem Leib gibt es in der Kirche verschiedene Glieder (V 28)

Auf Kirche übertragen könnte man dies so übersetzen: Es gibt eine Gemeinde, in diese wird man aufgenommen durch die Taufe. In der Gemeinde gibt es verschiedene Aufgaben. Dies wäre ein statisches Gemeindebild. Die Gemeinde ist vorhanden, und man kann von ihr aufgenommen werden.

An einer solchen Übersetzung könnte stutzig machen, daß das Bild vom Leib als ein Organismus eigentlich ein dynamisches ist. Es wird von Paulus noch an einer zweiten Stelle (Röm 12,45) verwandt. Auch dort entwirft die Einheitsübersetzung ein eher statisches Bild. Ein Organismus, ein dynamisches Bild, als Beispiel für eine statische Gemeindeverfassung?
In einer Arbeitsübersetzung könnte man Vers 12 und 13 ungefähr folgendermaßen wiedergeben:

**Arbeitsübersetzung**

*[12]Denn der Leib ist einer, und er hat viele Glieder, aber alle Glieder des Leibes, die viele sind, sind ein Leib – so ist es auch mit dem Christus, [13] denn durch einen Geist sind wir alle zu einem Leib getauft worden, ob Juden oder Griechen, ob Sklaven oder Freie, und alle sind wir mit einem Geist getränkt worden.*

Das Bild des Leibes bewahrt hier seine dynamische Kraft, denn es ist nicht mehr der eine Leib vorgegeben (-fertigt), in den man gelangen kann, sondern *der Leib entsteht* erst durch das Zusammenspiel der einzelnen Glieder. Um es an dieser Stelle schon vorwegzunehmen: Gemeinde ist dann nicht mehr etwas, zu dem man von außen hinzukommt, in das man als bislang Unbeteiligter eintritt. Vielmehr konstituiert jeder einzelne Gemeinde mit. Durch die Übersetzung wird der Unterschied zwischen der Bild- und der Sachhälfte in dem Text deutlicher. Auf der Bildseite wird beschrieben, wie ein menschlicher Leib zusammengesetzt ist, auf der Sachhälfte wird die Gemeinde genannt. Der Halbsatz ›so ist es auch mit dem Christus‹ gehört demnach zur Sachhälfte und ist eine Bezeichnung für die Gemeinde.

*b) Zusammengetauft zum Leib Christi*

Zusammengetauft zum Leib Christi, so kann man das Gemeindeverständnis, das hinter diesen Versen steht, nennen.
Gemeinde in der Theologie des Paulus ist vorrangig lokalkirchlich konzipiert. Die einzelne Gemeinde bildet den Leib Christ, und sie wird von Christus selber als dem Haupt geleitet.
Zusammengetauftsein heißt aber auch, daß jeder einzelne eine Verantwortung für sich und die Gemeinde übertragen bekommt. Die Vorstellung, daß sich jetzt das neue Gottes-Volk sammelt[34], gründet in dem Ostergeschehen, prägt die Gemeinde und fordert von jedem seinen Einsatz. Der ›nachösterliche Mensch‹[35] sieht sein Leben und das Leben der ganzen Gemeinde aus diesem Blickwinkel.

*c) Wirken des Heiligen Geistes*

Eine solche Gemeindekonzeption verlangt nach einer Erklärung, auf welche Weise der Geist Gottes in der Gemeinde wirken kann. Paulus entwickelt keine Lehre vom Heiligen Geist, vielmehr beschreibt er, wo und auf welche Weise der Geist Gottes wirkt.

Eine verbreitete Vorstellung besagt, daß der Geist in einer Gemeinde von ›oben nach unten‹ weitergegeben wird (Abbildung 25 linke Bildhälfte). In einer zusammengetauften Gemeinde wirkt der Geist in besonderer Weise. Er gibt dem einzelnen Gnadengeschenke, die er in die Gemeinde einbringt und dadurch die Gemeinde mitgestaltet (rechte Bildhälfte).

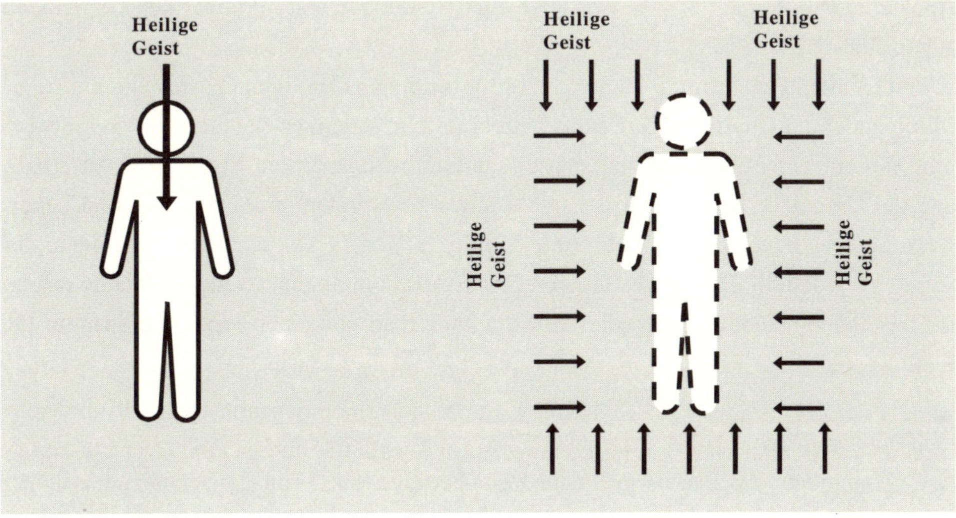


**Abbildung 25 Zwei Gemeinde-Modelle**

*d) Bedeutung des Amtes*

Paulus verwendet den Begriff der Ekklesia insgesamt 44mal in seinen Briefen.[36] Er verwendet ihn für die konkreten Gemeinden (1 Kor 1,2; 2 Kor 1,1; Gal 1,2 ...) im Sinne des ›Zusammengetauft zum Leib Christi‹[37]. In diesem Zusammenhang kann man bei Paulus von ›charismatischen Ämtern‹, die in Gott ihren Grund haben, sprechen.[38] Neben dem Begriff des ›Leibes Christi‹ ist bei Paulus der ›Volk-Gottes‹-Begriff‹ von Bedeutung.

Durch die Zitate alttestamentlicher Texte (Ps 94,14; Dt 32,43; Lev 26,11 f.; Hos 2,1; Hos 2,25) im Römerbrief stellt er eine Kontinuität zwischen dem Volk Gottes im AT und der christlichen Gemeinde her. In Jesus Christus wird die Gerechtigkeit Gottes deutlich. Jeder, ob Jude oder Heide, kann nun zum Glauben kommen, nachdem Gott sich ›unabhängig vom Gesetz‹ (Röm 3,21) geoffenbart hat. So ist es für Paulus nicht mehr unbedingt notwendig, das mosaische Gesetz zu erfüllen, um zum Volk Gottes zu gehören. Glaube ist die Antwort auf das, was im Evangelium und durch die Zeugen geoffenbart wurde. Gott schafft sich in der Gemeinde der Glaubenden ein neues Volk.[39]

Der Apostel ist in diesem Zusammenhang Zeuge und Verkünder des Evangeliums. Er ist im Auftrag Gottes gesandt, allen Völkern das Evangelium zu verkünden (Röm 1,5); und dadurch hat er innerhalb der Kirche Autorität. Als Verkünder der Frohen Botschaft personifiziert sich in ihm die Autorität des Evangeliums. Wenn sich Paulus als ›Apostel der Heiden‹ (Röm 11,13) bezeichnet, dann wird deutlich, daß seine Aufgabe eher eine ist, die zur Schaffung des Volkes Gottes beitragen soll, als Gemeinden zu begleiten. Der Apostel ist Apostel der Kirche und trotz aller Bindungen erst sekundär den Gemeinden zugeordnet.[40]

In den Gemeinden vertraute Paulus auf die Wirkung des Heiligen Geistes und ein freies Miteinander der Charismen.[41] Paulus bettet dies ein, indem er einerseits die Verantwortung des einzelnen für sein Charisma und dessen sachgerechten Einsatz zur Auferbauung der Gemeinde betont (1 Kor 14,5b), andererseits indem er zur Leitung und Unterweisung der Gemeinde Propheten und Lehrer (1 Kor 12,28) als Strukturelemente der Gemeinde vorstellt. Diesen besonderen Charismen kommt eine spezielle Verantwortung für das Gemeindeleben zu. In diesem Sinn kann man von einer doppelten Struktur bei Paulus sprechen.

*e) Gemeindepraxis*

Die Gemeinden, die Paulus gründete bzw. betreute, sind von ganz unterschiedlicher Natur. Zwei wesentliche Elemente scheinen aufzutauchen: a) Paulus respektierte die unterschiedlichen soziokulturellen Gegebenheiten in den Gemeinden; b) sein Kirchenverständnis prägt die Gemeinden.[42]

Das Missionsgebiet, in dem sich Paulus bewegte, umfaßte griechische und kleinasiatische Städte. Von daher findet er nicht nur in jedem Gebiet, sondern auch in jeder Gemeinde ganz unterschiedliche Ausgangsbedingungen vor. In seinen Briefen ermahnt er die Gemeinden, sich des eigentlich Christlichen bewußt zu sein, nämlich das Bekenntnis zu Christus und die Ausrichtung des Gemeindelebens nach dem grundlegenden Gebot der Liebe (Röm 13,9).

In allen anderen Fragen, zum Beispiel der Gemeindekonstitution, betont er immer wieder, daß es unterschiedliche Fähigkeiten, Voraussetzungen und Möglichkeiten gibt. Diese sind von Gott gegeben und damit gewollt, und daraus ist das konkrete (Gemeinde-)

Leben zu gestalten.[43] Er verwendet dynamische Bilder (1 Kor 12; Röm 12), wenn er die Lebenspraxis beschreiben will, um deutlich zu machen, daß ›Gemeinde sein‹ sein lebendiger Prozeß ist, der aus dem Vorhandenen, das entwickelt und gepflegt werden soll, entsteht. Die paulinischen Gemeinden sind deshalb nicht formlos, sondern die konkrete Ausfaltung der Form ist jeweils unterschiedlich. So gab es in jeder Gemeinde eine Leitung.[44] Sie wurde unterschiedlich angesprochen. So heißen die Leiter in der Verwaltungs- und Beamtenstadt Thessalonich ›Vorsteher‹, während in der Hafenstadt Korinth von κυεβερνεσισ (= Schiffsteuerung) die Rede ist.

Das zweite Merkmal der paulinischen Gemeinde ist das Kirchenverständnis. Oben wurde schon darauf hingewiesen, daß eine Gemeinde den vollständigen Leib Christi bildet, der sich unter der Führung Christi befindet. Modern gesprochen wird hier ein ortskirchliches Verständnis vertreten. Die Ekklesia, die Versammlung Gottes, ist an dem jeweiligen Ort ganz präsent. So spricht Paulus die Gemeinden mit ›die Kirche Gottes, die in … ist‹ (1 Kor 1,2 etc.; 2 Kor 1,2; Gal 1,2; 1 Thess 1,1; Phlm 1) an.[45] Das Ortsprinzip wird nicht anstelle eines eher universalen Prinzips gestellt, denn Paulus verweist in der einleitenden Formel im ersten Korintherbrief ausdrücklich darauf, daß die Gemeinde berufen ist ›als Heilige mit allen, die den Namen Jesu Christi, unseres Herrn, überall anrufen, bei ihnen und bei uns.‹ (1 Kor 1,2) Die Gemeinde ist nicht als Einzelgemeinde zum Heil berufen, sondern in der Gemeinschaft mit allen anderen Gemeinden, die sich zu Jesus Christus bekennen.

Dies betont Paulus dadurch, daß er in den Briefen von der Gemeinde, in der er sich gerade befindet, an die angeschriebenen Gemeinden Grüße ausrichtet (1 Kor 16,19+20; Gal 1,2; Röm 16,16b).

Die Gemeinden kannten einander nicht nur durch Paulus, sondern offensichtlich gab es einen gewissen Austausch zwischen den Gemeinden durch Reisende.[46] So empfiehlt Paulus den Gemeinden, bestimmte Personen freundlich aufzunehmen (Röm 16,1).[47]

In den paulinischen Gemeinden existierten die oben beschriebenen Hausgemeinden, die zu einer Ortsgemeinde zusammengefaßt waren. Das Leben spielte sich nicht nur in der Hausgemeinde ab; auch die Ortsgemeinde traf sich in einem Haus (1 Kor 1,14), um gemeinsam Gottesdienst (1 Kor 14,23) und Herrenmahl zu halten (1 Kor 11,21).

## 6. Geschichtliche Weiterentwicklung

In den folgenden Jahren entwickelten sich die unterschiedlichen Gemeindeformen weiter. Es soll an dieser Stelle keine Entwicklung von der Gemeinde zur Pfarrei[48] der folgenden Jahrhunderte nachgezeichnet werden. Lediglich soll noch das folgende Jahrhundert in den Blick genommen werden.

In den Ignatiusbriefen[49] (ca. 115 n. Chr.) werden Organisationsformen von Gemeinde vorgestellt.[50] Im Unterschied zu den neutestamentlichen Texten werden hier Amtstitel in der Gemeinde eindeutig definiert und verwendet. Es wird eine deutliche Hierarchie der Ämter vorgestellt.[51] Entscheidend ist, daß der Entstehungsgrund die Abwehr von Irrlehren bzw. Irrlehrern war. Es fällt auf, daß der Verfasser die Bezeichnungen Apostel, Prophet und Lehrer immer nur als Beschreibung für historische Persönlichkeiten verwendet. So sind zum Beispiel für ihn die Apostel nur die Zwölf und Paulus.

In der Gemeinde gibt es für die Leitung drei Ämter: Episkopen, Presbyter und Diakone. Die Ordnung der drei Ämter ist eindeutig. In jeder Gemeinde gibt es einen Episkopen (Bischof)[52], dem die Gemeinde und eventuell auch die umliegenden Regionen unterstehen. Zum Schutz vor Häresien fordert Ignatius die Gemeinden auf, sich an den Bischof zu halten. Alles, was in der Gemeinde geschehen soll, bedarf der bischöflichen Zustimmung.[53] Der Bischof ist nach Ignatius vom Herrn selber gesandt und repräsentiert ihn. Er steht über den übrigen Gemeindemitgliedern, die ihm gegenüber zum Gehorsam verpflichtet sind. Dies ist nicht als besondere Würde der Person zu verstehen, sondern betrifft das Amt, das er innehat. Er ist verantwortlich für die Unversehrtheit der Lehre in der Gemeinde.[54] Auch Wanderlehrer, die für die Verbreitung der Irrlehren verantwortlich gemacht werden, kommen nicht mehr vor.

Die Presbyter einer Gemeinde stehen dem Bischof als Helfer und Berater zur Seite. Ihre konkreten Funktionen bleiben im unklaren. Das dritte Amt in der Gemeinde haben die Diakone inne. Sie werden als Diener des Bischofs bezeichnet und haben vermutlich Dienste bei der Eucharistie und Agape zu verrichten gehabt.

Ignatius stellt somit einen wesentlichen Punkt in der Geschichte des Amts- und Kirchenbegriffs dar, da hier zum erstenmal das dreigeteilte kirchliche Einheitsamt beschrieben wird.

## 7. Zusammenfassung

Der Blick auf die biblischen Gemeinden zeigt, daß es in den unterschiedlichen Situationen, in denen sich die ersten Christen zusammenfanden, auch unterschiedliche ›Gemeindeformen‹ gab. Gemeindeleitung war in dieser Zeit in unterschiedlichen Formen und Ausprägungen denkbar.

Mittelpunkt der meisten Gemeinden war ein Haus. Dort traf man sich zu Gottesdienst und Herrenmahl. Neben den Hausgemeinden gab es in Jerusalem eine Ortsgemeinde, in der die verschiedenen Hausgemeinden zusammengefaßt waren. Die Leitung der Gemeinden hatte der Mann oder die Frau inne, die das Haus für die Versammlung zur Verfügung stellte. Die Jerusalemer Ortsgemeinde wurde von dem Kreis der Zwölf gemeinsam geleitet.

Die Ausgangssituation der johanneischen Gemeinden unterschied sich von der der übrigen Gemeinden. Deshalb konnte sich dort eine andere Form von Gemeindekultur entwickeln. Eine ausgeprägte Amtsstruktur kannte sie nicht. Die verstreut lebenden Kleingruppen hielten durch reisende Apostel untereinander Kontakt. Die Gemeinden verstanden sich als unmittelbar mit Christus verbunden und nahmen eine unmittelbare geistige Begabung jedes einzelnen wie selbstverständlich an. Es bedurfte keines menschlichen Lehrers, der zwischen dem Geist und den Glaubenden vermittelte.

Für die paulinische Gemeindetheologie stand die Verantwortung des einzelnen im Mittelpunkt. Kirche war für sie blokalkirchlich konzipiert. In ihr weckt der Geist die Gnadengaben jedes einzelnen und wirkt dadurch.

Zum erstenmal begegnet uns bei Ignatius von Antiochien das dreigeteilte, kirchliche Einheitsamt. Er beschreibt die Aufgaben und das Verhältnis von Bischof, Presbytern und Diakonen in einer Gemeinde.

## 8. Literatur und Anmerkungen

Degen, Susanne: Hausgemeinde. Bad Homburg, 1992, unveröffentlicht.

Hainz, Josef (Hrsg.): Kirche im Wachsen Studien zum Thema Amt und Gemeinde im Neuen Testament. München, 1976.

Hainz, Josef: Ekklesia – Strukturen paulinischer Gemeinde-Theologie und Gemeindeordnung. Regensburg, 1972.

KERTELGE, KARL: Grundthemen paulinischer Theologie. Freiburg i. Br., 1991.

KIRCHSCHLÄGER, WALTER: Die Anfänge der Kirche – Eine biblische Rückbesinnung. Graz/Wien/Köln, 1990.

KLAUCK, HANS-JOSEF: Die Johannesbriefe. Darmstadt, 1991.

KLAUCK, HANS-JOSEF: Gemeinde Amt Sakrament – Neutestamentliche Perspektiven. Würzburg, 1989.

LOHFINK, GERHARD: Wie hat Jesus Gemeinde gewollt? Freiburg i. Br., [8] 1989.

MEEKS, WAYEN A. (Hrsg.): Zur Soziologie des Urchristentums. München, 1979.

ROHDE, JOACHIM: Urchristliche und Frühkatholische Ämter. Berlin, 1976.

SCHENKE, LUDGER: Die Urgemeinde – Geschichtliche und theologische Entwicklung. Stuttgart/Berlin/Köln, 1990.

VENETZ, H. J.: So fing es mit der Kirche an. Zürich, [3] 1985.

ZULEHNER, PAUL M.: Pastoraltheologie Bd. 2 -Gemeindetheologie. Düsseldorf, [1] 1989.

*

[1] Kirchschläger, Walter: Die Anfänge der Kirche – Eine biblische Rückbesinnnung. Graz, 1990, 47.

[2] Schenke, Ludger: Die Urgemeinde. Stuttgart, 1990, 66.

[3] Gager, John F.: Das Ende der Zeit und die Entstehung von Gemeinschaften, in: Meeks, Wayen A., Zur Soziologie des Urchristentums. München, 1979, 88 ff.

[4] Venetz, H. J.: So fing es mit der Kirche an. Zürich, [3] 1985, 70f.

[5] Schenke, Ludger: Die Urgemeinde. Stuttgart, 1990, 74.

[6] Gemoll, Griechisch-Deutsches Handwörterbuch. [9] 1988, 534.

[7] Klauck, Hans-J.: Gemeinde Amt Sakrament. Würzburg, 1989, 13.

[8] Aristoteles, Pol 1253b 4–8.

[9] In diesem Sinne stellt die Schilderung dieser Taufe gleichzeitig auch die Beschreibung der Gemeindegründung in Cäsarea dar.

[10] Klauck, Hans-J.: Gemeinde Amt Sakrament. Würzburg, 1989, 38.

[11] Viermal wird das Ehepaar von Paulus erwähnt. Interessant ist dabei, daß die Frau dabei dreimal am Anfang genannt wird.

[12] So werden ein städtischer Beamter, ein Synagogenvorsteher als ›Gastgeber der Gemeinde‹ ausdrücklich von Paulus erwähnt.

[13] Die Einheitsübersetzung übersetzt dies mit ›Helferin‹. Die ursprüngliche Bedeutung ist ›Vorsteher, Anführer, Oberhaupt‹ und wäre mit Patron besser wiedergegeben. Nach attischem Recht ist dies einer, der Fremdlinge, denen die Rechtsfähigkeit fehlte, in Rechtsgeschäften vertreten kann. Dem Text des Briefes nach ist sie Vorsteherin vieler gewesen!

[14] Weitere Leiterinnen von Hausgemeinden sind Nympha, Priska, Appia und Lydia. Für Frauen als Leiterinnen von Hausgemeinden spricht auch, daß in der Antike das Haus der Bereich der Frau war. Würden sich die christlichen Gemeinden davon abheben wollen, hätte dies auch seinen Niederschlag in den Texten gefunden.

[15] Klauck, Hans-J.: Gemeinde Amt Sakrament. Würzburg, 1989, 17.

[16] Die Cliquenwirtschaft aus 1 Kor 1,12 in vier Parteien ist wohl eine Auseinandersetzung zwischen Hausgemeinden.

[17] Man ist davon ausgegangen, daß mit dem Wiedererscheinen von Mose und Elija die Endzeit beginnt.

[18] Kirchschläger, Walter: Die Anfänge der Kirche. Graz, 1990, 113.

[19] Im Zusammenhang mit den johanneischen Gemeinden kommt dieser Stelle eine besondere Bedeutung zu, da in ihr eine Anerkennung der Rolle des Petrus stattfindet. Siehe dazu Verhältnis zu den anderen Gemeinden, Seite 137.

[20] Klauck, Hans-J.: Gemeinde Amt Sakrament. Würzburg, 1989, 21.

[21] Kirchschläger, Walter: Die Anfänge der Kirche. Graz, 1990, 117.

[22] Schenke, Ludger: Die Urgemeinde. Stuttgart, 1990, 75.

[23] Kirchschläger, Walter: Die Anfänge der Kirche. Graz, 1990, 129.

[24] Das Verfahren war so, daß die Gemeinde die sieben Männer aussuchte und diese dann von den Aposteln bestätigt und gesegnet wurden.

[25] Schenke, Ludger: Die Urgemeinde. Stuttgart, 1990, 78.

[26] Schenke, Ludger: Die Urgemeinde. Stuttgart, 1990, 80.

[27] Vgl. zum folgenden: Klauck, Hans-J.: Gemeinde Amt Sakrament. Würzburg, 1989, 195ff.

[28] Eine Wanderbewegung der Gemeinde ist denkbar.

[29] Klauck, Hans-J.: Die Johannesbriefe. Darmstadt, 1991, 155.

[30] Die Gnostiker hatten die Rolle der Frau ebenfalls sehr frei ausgedeutet. Um dem Häresieverdacht zu entgehen, nahm man in der Gemeinde die bisherigen Selbstverständlichkeiten wieder zurück.

[31] Klauck, Hans-J.: Gemeinde Amt Sakrament. Würzburg, 1989, 215f.

[32] Vielleicht ein erster Bischof in den johanneischen Gemeinden.

[33] Einheitsübersetzung.

[34] Lohfink, Gerhard: Wie hat Jesus Gemeinde gewollt? Freiburg i. Br., [8] 1989, 96.

[35] Kirchschläger, Walter: Die Anfänge der Kirche. Graz, 1990, 170.

[36] Sowohl im Singular als auch im Plural.

[37] Siehe 5.1, Zusammengetauft zum Leib Christi, Seite 140.

[38] Kertelge, Karl: Grundthemen paulinischer Theologie. Freiburg i. Br., 1991, 212.

[39] »Sie lebt aus dem Wort und dem Leib Christi und wird dadurch selbst zum Leib Christi.« Ecclesia Catholica: Katechismus der Katholischen Kirche. – München, 1993, 227.

[40] Kertelge, Karl: Grundthemen paulinischer Theologie. Freiburg i. Br., 1991, 225.

[41] Die in Apg 14,23 beschriebene Einsetzung von Presbytern durch Paulus spiegelt mehr die Situation in der Gemeinde zum Zeitpunkt der Abfassung (90 n. Chr.) wider.

[42] Ich folge hier: Kirchschläger, Walter: Die Anfänge der Kirche. Graz, 1990, 59ff.

[43] Vergleiche hierzu 1 Kor 12, 4 – 6.

[44] Auffallend ist, daß Paulus hier häufig den Plural verwendet. Dies läßt vermuten, daß es in den Gemeinden Leitungsgremien gab.

[45] In jüngerer Zeit wurde diese Formulierung von der zairischen Kirche aufgegriffen, indem sie in ihren Dokumenten von der Kirche Gottes, die in Zaire ist, spricht. Vgl. hierzu: Bertsch, Ludwig: Laien als Gemeindeleiter. Freiburg i. Br., 1990.

[46] Ob es sich hierbei, wie in den johanneischen Gemeinden, um Wanderprediger handelte, muß offen bleiben. Zumindest der erste Umzug von Priska und Aquila war so nicht motiviert.

[47] Ob für Dauer oder zeitlich beschränkt, läßt sich nicht sagen.

48 Zulehner, Paul M.: Gemeindepastoral. Düsseldorf, 1989, 63f.

49 Die Frage, wer die sieben Briefe verfaßt hat, ist nicht eindeutig geklärt.

50 Ob als Empfehlung oder als Beschreibung bestehender Gemeinden ist unklar.

51 Hier folge ich: Rohde, Joachim: Urchristliche und frühkatholische Ämter. Berlin, 1976, 122f.

52 Die Namen von vier der fünf Bischöfe sind uns in den Briefen überliefert. Es handelt sich hier fraglos um bereits bestehende Ämter.

53 Eucharistie, Taufe, Eheschließung und Agape bedürfen der Zustimmung des Bischofs. Er soll entweder selber anwesend sein oder durch einen Beauftragten vertreten sein.

54 Dies bedeutet, daß es keine freien, charismatischen Lehrer mehr geben kann.

# F. KIRCHENRECHTLICHER HANDLUNGS-SPIELRAUM

*So hat Gott in der Kirche die einen als Apostel eingesetzt,*
*die anderen als Propheten, die dritten als Lehrer;*
*ferner verlieh er die Kraft, Wunder zu tun,*
*sodann die Gaben, Krankheiten zu heilen, zu helfen,*
*zu leiten, endlich die verschiedenen*
*Arten der Zungenrede.*
*Sind etwa alle Apostel, alle Propheten,*
*alle Lehrer?*
*(1 Kor 12, 28–29a)*

Die unterschiedlichen Lösungsmöglichkeiten für einen Umgang mit dem Pfarrermangel müssen sich – zumindestens im katholischen Raum – an den Maßstäben, die der Codex Iuris Canonici (CIC) vorgibt, messen lassen. Aus diesem Grund ist es angemessen, im Rahmen dieser Untersuchung einen knappen Blick auf die Möglichkeiten, die das augenblickliche Kirchenrecht bietet, zu werfen.
Dabei ausgespart bleibt einerseits eine Diskussion, die die einzelnen Normen auf ihre Angemessenheit für die dramatische Zukunft der Gemeinde befragt, und andererseits eine historische Untersuchung, die die der Entwicklung einzelnen Kanones nachzeichnet und so auf Möglichkeiten verweist, die historisch begründbar sind. Ebenfalls ausgespart bleibt ein Vergleich mit kirchenrechtlichen Möglichkeiten, die sich in anderen Kirchen bieten.
Die Vorgehensweise wird so sein, daß in einem ersten Schritt der Kanon 517,2, der inzwischen in einigen Diözesen für die Begründung der unterschiedlichen Modelle herangezogen wird, auf die Relevanz für den Pfarrermangel überprüft wird. Im zweiten Schritt wird dann ein allgemeiner Überblick über die kirchenrechtlichen Aspekte gegeben.

## 1. Einführung

Im Kirchenrecht von 1983 wird davon ausgegangen, daß in Gegenwart und Zukunft nicht mehr jede Pfarrgemeinde mit einem Pfarrer versorgt werden kann. Deshalb wird in einer Vielzahl von Kanones auf den Pfarrermangel Bezug genommen. Im folgenden soll es darum gehen, zu beleuchten, welcher Handlungsspielraum sich nach dem CIC 1983 ergibt.
Im Vergleich zm CIC 1917 ist allgemein festzuhalten, daß die Rechtsvorschriften im neuen Kirchenrecht immer eine pastorale Komponente enthalten. In diesem Sinne ist es zu verstehen, daß der CIC 1983 in Einzelnormen, wenn es notwendig erscheint, implizit und explizit den Pfarrermangel berücksichtigt.
Einige Grunddaten, die das Kirchenrecht für die Pfarrgemeinden aufstellt, sind wichtig:

1. Die Kirche ist territorial verfaßt, das heißt, daß sich alle kirchlichen Vollzüge in einem geographisch umgrenzbaren Raum vollziehen.
2. Oberster Gemeindeleiter innerhalb einer Diözese ist der Diözesanbischof. In seinem Auftrag übernehmen Pfarrer die Gemeindeleitung.

3. Die Leitung einer Pfarrgemeinde wird in der Regel einem geweihten Priester übertragen. Dieser hat alle Leitungsaufgaben innerhalb der Gemeinde.
4. Der Gemeindeleiter kann nur eine Gemeinde leiten und hat in seiner Gemeinde Residenzpflicht.

Im Wissen, daß in der heutigen Weltkirche diese Grundsätze nicht (mehr) in allen Einzelheiten durchsetzbar sind, werden in einigen Kanones Einschränkungen – teilweise mit ausdrücklichem Bezug auf den Pfarrermangel – gemacht.

So wird das Prinzip, daß ein Pfarrer nur eine Gemeinde leiten kann, aufgehoben.[1] In der Konsequenz wird dann auch die Residenzpflicht, die bei mehreren zu leitenden Pfarreien nicht mehr für alle Gemeinden zu realisieren wäre, relativiert.[2] Es kann einem Pfarrer vom Ortsordinarius gestattet werden, auch außerhalb der Pfarrei zu wohnen.

Es können auch mehrere Priester mit der Leitung einer Pfarrei oder mehrerer Pfarreien beauftragt werden.[3] In diesem Fall bekommt jeder Priester alle Kompetenzen, die einem Pfarrer zukommen, ist aber verpflichtet, sich an die Weisungen des Teammoderators zu halten.[4]

Fehlen Priester für Predigt[5], Eheheschließung[6] und zur Brautbelehrung[7], dann können geeignete Laien von dem Ortsbischof mit diesen Aufgaben beauftragt werden. Schließlich können Laien, auch wenn sie keine ausdrückliche Beauftragung des Bischofs erhalten haben, in Notfällen mit bestimmten liturgischen Aufgaben betraut werden.[8]

## 2. Kanon 517,2

In einigen Diözesen wird besonders auf einen Kanon des Kirchenrechtes zurückgegriffen und als Legitimation des jeweils eigenen Modelles herangezogen.[9] Es ist deshalb sinnvoll, sich mit diesem Kanon etwas intensiver auseinander zu setzen. Im Wortlaut der deutschen Übersetzung heißt er:

**can 517 § 2**

*Wenn der Diözesanbischof wegen Priestermangels glaubt, einen Diakon oder eine andere Person, die nicht die Priesterweihe empfangen hat, oder eine Gemeinschaft von Personen an der Wahrnehmung der Seelsorgsaufgaben einer Pfarrei beteiligen zu müssen, hat er einen Priester zu bestimmen, der, mit den Vollmachten und Befugnissen eines Pfarrers ausgestattet, die Seelsorge leitet.*[10]

Die deutsche Übersetzung des Kanons 517,2 übersetzt *curam pastoralem moderetur* mit

›die Seelsorge leitet‹. Fraglich ist, ob dies den genauen Sinn wiedergibt. Andere Übersetzungen wie zum Beispiel die englische Ausgabe sprechen an dieser Stelle von der Aufgabe eines *Moderierens der Seelsorge*. Der Sinnunterschied zwischen Leiten und Moderieren ist deutlich.

Für unsere Interpretation halten wir uns an den authentischen Text, d. h., wir sehen den Priester als *Moderator der Gemeindeleitung*.[11]

Für Gemeinden, die aufgrund des Pfarrermangels keinen eigenen Pfarrer mehr am Ort haben, könnte sich nach diesem Kanon folgende Perspektive auftun: Vom Ortsbischof wird ein Laie oder eine Gruppe von Laien mit der Leitung der Ortsgemeinde beauftragt. Als Moderator des Leitungsteams wird ein Priester bestimmt.

## 3. Kirchenrechtlicher Handlungsspielraum

Die Zusammenstellung der kirchenrechtlichen Bestimmungen, die aufgrund des Pfarrermangels entstanden sind oder durch ihn eine besondere Bedeutung bekommen, verdeutlicht, daß es nach Vorstellung des kirchlichen Gesetzgebers einen kirchenrechtlichen Handlungsspielraum gibt, der eine Vielzahl von unterschiedlichen pastoralen Seelsorgekonzepten ermöglicht, wenn ein Priester nicht mehr am Ort lebt oder ihm mehrere Gemeinden übertragen wurden. Die Laien haben nach dem Kirchenrecht die Möglichkeit, eine Vielzahl von Teilbereichen der Gemeindeleitung wahrzunehmen. Die Frage, ob das Weiheamt und das Leitungsamt unbedingt miteinander verbunden sind, wird zwar durch den CIC nicht explizit entschieden, aber durch die Beteiligung der Laien an allen Leitungsämtern innerhalb der Kirche scheint diese unbedingte Verknüpfung nicht zwingend gegeben zu sein, das heißt, sie wird durch die Praxis teilweise unterlaufen.

## 4. Zusammenfassung

Ein Blick in das Kirchenrecht von 1983 zeigt, daß der kirchliche Gesetzgeber mit der Situation des Pfarrermangels gerechnet und entsprechend Vorsorge getroffen hat. Kernpunkt ist der Kanon 517,2, nach dem einzelne Personen, die nicht geweiht sind, oder ein Team die Gemeindeleitung übertragen bekommen können. Ein Priester hat in diesem Fall die ›Moderation‹ zu übernehmen.

## 5. Literatur und Anmerkungen

BERTSCH, LUDWIG (Hrsg.): Laien als Gemeindeleiter: Ein afrikanisches Modell. Freiburg i. Br., 1990.

CAC-CODEX DES KANONISCHEN RECHTS, $^{2}$ 1984, Kevelaer.

*

[1] Can 526, 1.

[2] Can 533,1.

[3] Can 543,1&2.

[4] Can 543,1 & 2.

[5] Can 861,1.

[6] Can 1112,1.

[7] Can 1112,2.

[8] Can 230,3. Der Kanon gibt eine alle Möglichkeiten aufzählende Aufstellung (nämlich) von Aufgabenbereichen, die Laien in einem solchen Fall ausführen könnten, wieder. Es ist aber davon auszugehen, daß diese Aufstellung nur beispielhaften Charakter hat, da an anderer Stelle das Kirchenrecht darüber hinaus weitere Möglichkeiten nennt, bei denen Laien beteiligt werden können.

[9] Vergleiche zum Beispiel: Bertsch, Ludwig (Hrsg.): Laien als Gemeindeleiter: Ein afrikanische Modell. Freiburg i. Br., 1990, 202 ff.

[10] Codex des kanonischen Rechts. Kevelaer $^{2}$1984, 237.

[11] Dies entspricht auch den Erfahrungen der Managementtheorien, die ausdrücklich darauf hinweisen, daß in einem solchen Fall keine Leitung im engeren Sinn mehr möglich wäre und statt dessen eine Begleitung eines Leitungsteams angemessen wäre.

# G. PASTORALTHEOLOGISCHE REFLEXION

*Am folgenden Morgen setzte sich Moses um für das Volk Recht zu sprechen. Die Leute mußten vor Mose vom Morgen bis zum Abend anstehen. Als der Schwiegervater des Mose sah, was er alles für das Volk zu tun hatte, sagte er: Was soll das, was du da für das Volk tust? Warum sitzt du hier allein, und die vielen Leute müssen vom Morgen bis zum Abend vor dir anstehen? Mose antwortete seinem Schwiegervater: Die Leute kommen zu mir, um Gott zu befragen. Wenn sie einen Streitfall haben, kommen sie zu mir. Ich entscheide dann ihren Fall und teile ihnen die Gesetze und Weisungen Gottes mit. Da sagte der Schwiegervater zu Mose: Es ist nicht richtig, wie du das machst. So richtest du dich selber zugrunde und auch das Volk, das bei dir ist. Das ist zu schwer für dich; allein kannst du es nicht bewältigen. Nun höre zu, ich will dir einen Rat geben, und Gott wird mit dir sein. Vertritt du das Volk vor Gott! Bring ihre Rechtsfälle vor ihn, unterrichte sie in den Gesetzen und Weisungen, und lehre sie, wie sie leben und was sie tun sollen. Du aber sieh dich im ganzen Volk nach tüchtigen, gottesfürchtigen und zuverlässigen Männern um, die Bestechung ablehnen. Gib dem Volk Vorsteher für je tausend, hundert, fünfzig und zehn! Sie sollen dem Volk jederzeit als Richter zur Verfügung stehen. Alle wichtigen Fälle sollen sie vor dich bringen, die leichteren sollen sie selber entscheiden. Entlaste dich, und laß auch andere Verantwortung tragen!*

*(Ex 18, 13–22)*

In den vorausgehenden Kapiteln haben wir gesehen, wie sich die augenblickliche Situation mit den christlichen Gemeinden darstellt, welche neutestamentlichen Gemeindeformen es gab, in welchem kirchenrechtlichen Rahmen sich zukünftige Lösungen abspielen können und welche organisationspsychologischen Aspekte für Gemeinden von Bedeutung sind. In dem nun vorliegenden Kapitel sollen aus pastoraltheologischer Sicht, unter Berücksichtigung der Erkenntnis der vorausgegangenen Kapitel, Schwierigkeiten beschrieben und Zukunftsperspektiven[1] entwickelt werden.

## 1. Gemeindesorgen – Gemeindeversorgung

Vorstellungen, wie zukünftig Gemeinden aussehen, werden zwischen zwei Polen, den Sorgen, die es in einer Gemeinde gibt und in welcher Weise eine Gemeinde versorgt werden kann, entwickelt werden müssen. Gemeindesorgen, also Wünsche und Hoffnungen, die jeder in seine Gemeinde mitbringt, Gemeindeversorgung als Art, wie eine Gemeinde organisiert werden kann, sind Ausgangspunkt für neue Gemeindebilder.

*a) Gemeindesorgen*

An anderer Stelle[2] wurde schon ausführlich auf die Befürchtungen und Ängste, die sich im Kirchenvolk aufgrund des Pfarrermangels entwickeln, eingegangen.

An dieser Stelle sollen noch einmal stichwortartig die Ergebnisse zusammengefaßt werden, um sie im Blick auf die Lösungsversuche präsent zu haben. Es lassen sich so im direkten Vergleich die möglichen Überschneidungen von Gemeindesorgen und Gemeindeversorgung feststellen.

*Verlust der Ansprechpartner*

Die Hauptsorge, die fast jeder zweite mit dem Pfarrermangel verbindet, ist die Sorge, keinen persönlichen Kontakt mit einem Priester haben zu können.

Der Pfarrer soll bei religiösen Problemen und persönlicher Verzweiflung Ansprechpartner sein. Das Grundbild für einen Pfarrer im Volk Gottes ist in erster Linie das Bild des Seelsorgers/Arztes, und als solcher soll er erreichbar und ein persönlicher Kontakt möglich sein. »Ich bin Jahwe, dein Arzt und Gott!«, diese Zusage Gottes wünschen die Gläubigen in dem Gemeindeleiter verwirklicht zu sehen.

*Verlust der Religion*

Bedroht scheint den Gläubigen durch den Pfarrermangel in erster Line die Religiosität. Sie erwarten, daß der Pfarrer bei religiösen Problemen helfen kann, und befürchten, daß durch den Mangel z. B. die religiöse Erziehung der Kinder Schaden nimmt.

**Expertendenken**

Hinter diesen Ergebnissen läßt sich ein starkes Expertendenken (*»Der Pfarrer ist der Experte in Fragen für meinen Glauben!«*) vermuten. Die Kompetenz in Fragen, die den eigenen Glauben betreffen, wird als sehr niedrig eingeschätzt, oder man fühlt sich in Glaubensfragen so verunsichert,[3] daß man einen autoritativen Rat sucht. In beiden Fällen erwartet man eine persönliche Beratung zur Klärung der Fragen durch den Pfarrer. Zusammenfassend kann festgehalten werden, daß die Gläubigen sich vor allem einen persönlichen Kontakt zu einem Pfarrer zur Klärung persönlich/religiöser Fragen wünschen.

*b) Gemeindeversorgung*

An dieser Stelle sollen nicht mehr die einzelnen Lösungsversuche aufgezeigt,[4] sondern in einer Zusammenschau beschrieben werden, welche Konsequenzen die vielfältigen Lösungsmöglichkeiten für die Arbeit in den Gemeinden haben können. Dabei soll immer im Blick bleiben, ob hierbei die Gemeindesorgen Berücksichtigung finden.

*›Verteilungspläne‹*

Bei der Pastoral mit Menschen geht es nicht – auch wenn dies allzu technokratische Ausdrücke suggerieren mögen – um bürokratische Prozesse. Vielmehr ist die Seelsorge in erste Linie Sorge um den Menschen. Er steht im Mittelpunkt, und nicht das Einhalten von Verteilungsplänen, das Nachrechnen von Erfolgsbilanzen. Zwei klassische Möglichkeiten, mit der augenblicklichen Situation umzugehen, zeigen sich. Beiden ist gemeinsam, daß es jeweils um Verteilungspläne geht.
Die beiden Möglichkeiten stellen nicht voneinander getrennte Konzepte dar, sondern es ist durchaus möglich, daß sie in einer zeitlichen Beziehung zueinander stehen, und parallel zueinander oder nacheinander ausprobiert werden.

*›Angebotskonservierung‹*

Der Ausgangspunkt ist eine Bestandsaufnahme der augenblicklichen Situation in den konkreten Gemeinden. Was für Aktivitäten bestehen momentan und wie kann man möglichst lange diese Angebotsvielfalt bewahren? Das sind die Grundfragen bei der Angebotskonservierung.

Der augenblickliche Stand wird als Status quo angesehen, der möglichst auf Dauer beibehalten werden soll. Die Erfahrungen, die man mit den bisherigen Aktivitäten gemacht hat, werden als wertvoll und erhaltenswert angesehen.[5]

**Mitarbeiterschwund**

Bedingt durch die Abnahme an Mitarbeitern bedeutet dies, daß jeder einzelne mehr Aufgaben übernehmen muß, um ein vielfältiges Gemeindeleben garantieren zu können. Schon hier ist es möglich, daß auch der Gemeindeleiter immer mehr Aufgaben selber übernehmen muß, zumal, wenn er mehrere Gemeinden betreut. Folglich wird der persönliche Kontakt zu den einzelnen Gemeindemitgliedern immer mehr reduziert. Einem solchen Gemeindebild fehlt die visionäre Kraft, die zukunftsfähig macht, und stimmt nicht unbedingt in den Folgen mit den ursprünglichen Wünschen der Gemeindemitglieder überein.

*›Angebotsverkleinerung‹*

Die Angebotsverkleinerung folgt in der Regel der Angebotskonservierung, und zwar ab dem Augenblick, an dem offenkundig der Status quo mit dem verringerten Personal bei bestem Willen nicht mehr zu halten ist. Äußere Ereignisse, wie längere und schwere Erkrankungen der Leiter, die Verbreitung des Elijas-Syndroms[6] unter den ehrenamtlichen und den hauptamtlichen MitarbeiterInnen zwingen zu Neuorientierung.

**Reduzierung des Angebots**

Nachdem der Versuch der Beibehaltung eines bestimmten Status auch unter veränderten Vorzeichen teuer bezahlt wurde, soll jetzt eine Beschränkung auf die notwendigen Angebote in und für eine Pfarrgemeinde Erleichterung bringen. Es wird unterschieden zwischen dem, was unverzichtbar, was notwendig und was möglich ist. Unverzichtbar sind Sakramentenspendung und Liturgie, die beide jeweils eines geweihten Leiters bedürfen. Notwendig sind Sakramentenvorbereitung und Katechese. Alles, was darüber hinausgeht, wird als *mögliches* Engagement einer Gemeinde gesehen. Von außen nach innen wird gestrichen, was unter der gegebenen Personalkonstellation nicht mehr umsetzbar ist. Die Konsequenz ist eine Angebotsverkleinerung, die unter Umständen schließlich nur noch das umzusetzen sucht, was wirklich notwendig ist.

Die Gefahr, daß dieser Mechanismus in Gang gesetzt wird, ist besonders groß, wenn ein Priester in mehreren Gemeinden jeweils als Pfarrer eingesetzt wird. Er ist damit für alle Gemeinden gleichverantwortlich, vermag dies aber nur auszufüllen, wenn er sich auf die Notwendigkeiten beschränkt. Letztlich wird er dann irgendwann zum ›reisenden Sakramentenspender‹, der nur noch nach präzisem Terminplan in den einzelnen Gemeinden ist, um Gottesdienst zu halten und Sakramente zu spenden. Vieldimensionale Gemein-

deleitung gerät auf diese Weise in die Gefahr, immer eindimensionaler zu werden. Das Selbstverständnis und die Chance zur Verwirklichung dieses Selbstverständnisses werden immer mehr beschnitten, der Beruf des Pfarrers verarmt und wird unattraktiver.
Für eine Gemeinde kann die Angebotsverkleinerung auch einschneidende Konsequenzen bedeuten, besonders, wenn sie im Augenblick noch auf eine dauernde und qualifizierte Begleitung ihrer Aktivitäten durch eine(n) Hauptamtliche(n) angewiesen ist.[7] Es besteht die Gefahr, daß der ganzheitliche Aspekt von christlicher Gemeinde verlorengeht, da Gemeinde immer mehr auf Gottesdienst reduziert wird. Grundvollzüge eines ganzheitlichen menschlichen Lebens haben immer weniger Platz in der Gemeinde, sie müssen am Rande oder außerhalb der Gemeinde stattfinden. Die Gemeinde kann dadurch an Attraktivität und Bindekraft verlieren.
Schließlich nimmt bei einer Angebotsverkleinerung automatisch die Möglichkeit zu einem persönlichen Kontakt ebenfalls drastisch ab.
Bisher zeigt sich, daß die ›traditionellen‹ Lösungsangebote zwar versuchen, eine Gemeindeversorgung aufrechtzuerhalten, aber der stärkste Wunsch, der mit einem Gemeindeleiter verbunden ist, kann kaum berücksichtigt werden.

*›Umstrukturierung‹*

**Neustrukturierung**

Zukunftsweisender scheint dagegen eine Um- und Neustrukturierung zu sein. Damit Gemeinde zukunftsfähig bleibt, muß sie ihre Form und die Inhalte reflektieren.
Zu einer inhaltlichen Neustrukturierung gehört, deutlich zu machen, was im Augenblick die ausgesprochenen und unausgesprochenen Optionen der Gemeindemitglieder sind, die jeweils das Engagement bestimmen. Diese Bestandsaufnahme kann zeigen, welche Wünsche von den Mitarbeitern in die Gemeinde mitgebracht und ob diese auch erfüllt werden. Über diese eigenen Ziele hinaus wird die Kirchengemeinde auch versuchen zu erfahren, welche konkreten Erwartungen an die Gemeinde von den Mitgliedern, gleich in welcher Beziehung sie zur Gemeinde stehen, gestellt werden.
Im Wissen um diese Wünsche, in der Kenntnis um die eigenen Möglichkeiten werden Strukturen gesucht bzw. entwickelt, die eine neue Form von Gemeindeleben ermöglichen. Ausgehend von dem Mangel an geweihten Gemeindeleitern wird eine größere Partizipation der Gemeinde an den Gemeindeaktivitäten angestrebt, um so auch die Leitungsaufgaben auf mehrere Verantwortliche verteilen zu können.
Inhaltliche und organisatorische Umstrukturierung bedeutet, Pfarrer- und Gemeindemangel[8] gleichzeitig in den Blick zu nehmen.

## 2. Volkskirche contra Hauskirche?

Bevor einige Bausteine zu einem neuen Gemeindebild, dem Bild der kreativen Gemeinde, zusammengetragen werden, soll auf einige grundsätzliche Fragen eingegangen werden, die im Augenblick in der Diskussion sind.

*a) Kontrastmomente*

Der von der Integrierten Gemeinde in den deutschen Sprachraum eingeführte Begriff der ›Kontrastgesellschaft‹ als Bezeichnung für das Selbstverständnis von Gemeinde wird als Gegenentwurf zu dem klassischen Gemeindeverständnis aufgefaßt.

Ausgehend von der ›Gegengesellschaft‹[9] beschreibt die ›Kontrastgesellschaft‹ aber weniger ein inneres Organisationsprinzip als vielmehr ein gesellschaftliches Verständnis der christlichen Gemeinschaft. Eine Gesellschaft ist nur dann reformierbar, wenn es in ihr eine ›Gegengesellschaft‹ gibt, die nicht nur eine neue Gesellschaftsform theoretisch entwickelt und propagiert, sondern auch praktisch lebt.[10]

Der Weg Gottes mit seinem Volk, so weisen Exegeten nach,[11] war immer der Weg mit einer Kontrastgesellschaft. Gott ruft sein Volk aus der Versklavung der umgebenden Gesellschaften heraus, er beginnt mit ihm eine neue Form von Gemeinschaft: dies soll ein Zeichen sein, das unter allen Völkern aufgestellt wurde. Sinn dieser Kontrastgesellschaft ist es nicht, einen Kontrast zur Gesellschaft als Selbstzweck zu kultivieren, sondern vielmehr zu zeigen, wie Gemeinschaft auch existieren kann. Die Gegengesellschaft ist Teil der Sammelbewegung Gottes.

**Gemeinde als Beispiel für eine andere Lebensform**

In der Verkündigung Jesu wird dieses Konzept des Volkes Gottes weitergeführt und radikalisiert. Unter den eschatologischen Vorzeichen seiner Verkündigung geht es nicht mehr nur darum, eine Kontrastgesellschaft zu bilden, sondern jeder einzelne ist dazu aufgerufen, eine Kontrastexistenz zu den Maßstäben der Welt zu sein. Um diese Existenz leben zu können, bedarf es geschützter Räume, in denen sie eingeübt werden kann. Gemeinde ist ein solcher Raum, der zuerst einmal ein Gegenbeispiel gegen andere Lebensformen darstellt und gleichzeitig das Einüben von anderen, alternativen Lebensformen ermöglicht. War die Gemeinschaft bisher nur ein ›Zeichen unter den Völkern‹, so wird sie jetzt ausdrücklich zu den Völkern gesandt. Sie soll davon berichten, wie menschlich das Leben in Gemeinschaft sein kann, sie soll von dem gewagten, aber erfolgreichen Unternehmen Gottes mit seinem Volk berichten und die anderen Völker auch dafür gewinnen. Aus einem öffentlichen Experiment wird ein Experiment für die Öffentlichkeit. Die Offenheit für alle – ohne jegliche Vorbedingungen – wird zu einem wesentlichen Element.

Zwei Aspekte in beiden Phasen sind wichtig: das Experiment als Ganzes macht ständig Fortschritte, auch wenn es in einzelnen Situationen so aussieht, als wären nur Rückschritte oder gar das Scheitern zu verzeichnen. Die Gemeinde lehnt nicht automatisch das ab, was ›aus der Welt stammt‹, aber sie weiß zu unterscheiden und auszuwählen. Zur Unterscheidung der Geister reicht es zu wissen, was die eigenen Ziele unterstützt und was diesen widerspricht. Jene Dinge, die als Ergänzung und Unterstützung wertvoll sein können, dürfen Verwendung finden.

Christliche Gemeinde ist in diesem Sinn immer Gegen- oder Kontrastgesellschaft.

*b) Kleine Herde*

Was ist das Idealbild von Gemeinde? Zu dieser Frage gibt es verschiedenartige Antworten. Eine dieser Antworten sagt, daß christliche Gemeinde nicht als Volkskirche zu realisieren, sondern nur in kleinsten Gemeinschaften zu verwirklichen ist. Die augenblickliche Konstruktion von Volkskirche und Großgemeinde wird demnach als etwas Überwindbares angesehen. Die biblischen Gemeindeformen werden aus ihrem Kontext herausgelöst und als Idealform propagiert. »Ich kenne meine Schafe und meine Schafe kennen mich,« gilt dann als Aussage über Gemeindegröße.

**Gemeinde-größe**

Hinzu kommt, daß man nur eine sehr kleine Gruppe, in der jeder jeden kennt, als Lebensgemeinschaft ansieht. Nur einer solchen Gemeinschaft werden Überlebenschancen eingeräumt, da der direkte Kontakt aller Mitglieder untereinander als wesentlich angesehen wird.

Wenn im Neuen Testamemt davon die Rede ist, daß nicht alle Menschen zur Gemeinde finden werden, dann weder, weil die Gemeinde dies nicht aushalten könnte, gar weil nicht alle Menschen dazu berufen wären, sondern nur deshalb, weil die Lehre Christi, und damit auch die Gemeinde, auf Ablehnung stößt. Daß die Gemeinde unter dieser Sicht zeitweise eine kleine Herde bleiben kann, das kann eingestanden werden, aber in einer eschatologischen Sicht wird die Sammlung Gottes noch einmal eine neue Dimension erfahren. Wenn die ›kleine Herde‹ nicht das Idealbild für Gemeinde ist, unter welchen Voraussetzungen soll sich Gemeinde weiterentwickeln?

*c) »Wachset und mehret Euch ... «*

Die Größe der Gemeinde hat in der biblischen Verkündigung nur eine sekundäre Bedeutung. Wenn von kleinen Gemeinden die Rede ist, dann ist dies nie als Maßstab zu verstehen, sondern es wird der Beginn der Sammlungsbewegung beschrieben. Und dieser Anfang begann mit wenigen Menschen. Schon in der Urgemeinde war die Hausgemeinde nicht das einzige Gemeindeprinzip. Nach dem biblischen Befund waren zwar die Hausgemeinden die Keimzellen, die kleinsten Einheiten der noch jungen Kirche, aber darüber hinaus fanden sich die Hausgemeinden regelmäßig als Ortsgemeinde zusammen.[12]
Als Kontrapunkt zur These, daß die Kirche immer nur kleine Herde sein kann, muß gesagt werden, daß die Sammelbewegung Gottes zu seinem Neuen Bund nicht mehr nur einen kleinen Teil der Welt erfassen soll, sondern, daß alle Menschen zusammengeführt werden sollen. Die Exklusivität einer kleinen Herde, die im Anfangsstadium notwendig gewesen sein mag, ist zugunsten einer Universalisierung aufgegeben worden. ›Wachset und mehret Euch‹, und nicht: ›Schrumpft Euch gesund‹, so läßt sich das Grundanliegen der biblischen Sammlungsbewegung beschreiben.

**Offen nach außen**

Für heutige Gemeindebilder bedeutet dies ein Zweifaches. Erstens: Gemeinden müssen nach außen hin offen sein. Sie sind Teil der Sammlung Gottes und als solcher dürfen sie sich nie als geschlossenes System verstehen. Zweitens: Sie müssen eine Form für sich finden, in der ein Wachstum möglich ist.
Zusammenfassend kann man festhalten, daß christliche Gemeinde sich als Gegen- oder Kontrastgesellschaft in der Welt versteht. Als Teil der Sammlung zum endgültigen Volk Gottes soll in ihr vorgelebt werden, was für die ganze Welt Geltung haben wird. In ihr beginnt das Reich Gottes. Gemeinde darf deshalb nicht auf eine kleine Herde beschränkt bleiben, sondern in ihr findet die Ausdehung des Volkes Gottes auf die ganze Welt statt. In ihrer äußeren Form muß dies Berücksichtigung finden.

## 3. Gemeindebausteine

Eine zeitgemäße Gemeindevision muß heute die unterschiedlichen Ansätze integrativ miteinander verbinden können. Wie sich schon an anderer Stelle gezeigt hat, kann es nicht darum gehen, »dogmatisch« ein Gemeindemodell als die Lösung für alle nur denkbaren Gemeinden anzusehen.[13] In Zukunft gilt es, mehr die unterschiedlichen sozialen, psychischen und kulturellen Eigenheiten in den Gemeinden zu berücksichtigen. Eine in-

tegrative Gemeindevision kann deshalb »nur« einen möglichen Rahmen, eine Hilfestellung für die einzelnen Gemeinden geben, anhand deren dann die konkreten Gemeinden selber ihre eigene Vision entwickeln, ihr eigenes Gemeindebild und damit ihre weiteren Handlungsschritte bestimmen können.
Dabei müssen besonders die unterschiedlichen soziodemographischen Gegebenheiten Berücksichtigung finden und bei der Visionsarbeit als natürliche Grenzen anerkannt werden. Viele hoffnungsvolle Visionsansätze scheitern daran, daß das Wollen und das Machbare nicht miteinander in Einklang zu bringen sind. Deshalb ist bei der Entwicklung der Gemeindeträume schon immer mit organisationspsychologischen Mitteln darauf zu achten, ob man sich mit einzelnen Ideen (vorläufig) völlig überfordert und so längerfristig die Frustrationen und die Trauer über zerbrochene Träume schon vorprogrammiert sind.
In Form von Bausteinen sollen einige zentrale Punkte vorgestellt werden, an denen sich entscheidet, wie die unterschiedlichen Gemeindemodelle aussehen könnten.

## 3.1 DIE KIRCHE IM DORF LASSEN

**Zusammenfassung von Gemeinden**

Zwischen dem Versuch, die Folgen des Pfarrermangels zu bewältigen, und der Gebietsreform im Deutschland der 70er Jahre bestehen gewisse Parallelen. Bei der Gebietsreform versuchte man, die kommunale Verwaltung durch Zusammenfassung und Neuordnung zu zentralisieren. Dahinter stand der Druck, die Verwaltungskosten für Gemeinden und Städte zu senken. Im Rahmen der Gebietsreform wurden aus diesen Gründen teilweise neue Städte als Zusammenfassung von eigenständigen Gemeinden geschaffen. Längerfristig mußte man feststellen, daß diese Reform nicht als vollständiger Erfolg zu bezeichnen ist. So wurde z. B. die künstliche Stadt Lahn, die ein Zusammenschluß von eigenständigen intakten Gemeinden darstellte, wieder aufgelöst. Die Gründe hierfür sind vielfältig. Neben Organisationsschwierigkeiten sprach gegen eine solche Zentralisierung vor allem auch, daß die gewachsenen Strukturen, die sich in den Gemeinden gebildet hatten, nicht mehr berücksichtigt wurden, die Identifikation mit der »neuen« Heimatstadt nicht mehr möglich war, und daß ein Anonymisierungsprozeß in den Teilgemeinden einsetzte. Irgendwie hatte man das Gefühl, daß man nicht mehr der kleine Ort X ist, in und für den die Politik gemacht wird, und mit der neuen politischen Heimat konnte man sich nicht richtig anfreunden.

**gewachsene Strukturen**

Für die kirchliche Personal- und Raumplanung bedeutet dies, daß die gewachsenen Strukturen und Beziehungen Berücksichtigung finden müssen. Diese gewachsenen

Strukturen, die teilweise dem individuellen Lebensraum entsprechen, stellen eine nicht beliebig teil- und verschiebbare Planungskomponente dar. Die Kirche Gottes ereignet sich vornehmlich nicht da, wo sich die Menschen einmal in der Woche zur Liturgie treffen, sondern da, wo sie miteinander leben, ihre Sorgen und Freuden mitteilen und teilen. Die Liturgie bringt dieses Gemeinde-Sein dann in der gottesdienstlichen Feier zum Ausdruck: Hier lebt die Gemeinde Gottes. Von der Hauskirche ist zu lernen, daß diese Lebensbezogenheit nicht nur ein willkürliches Geschehen, eine zusätzliche Beigabe, sondern eine wesensmäßige Eigenschaft von christlichem Da-Sein darstellt.

**Zugehörigkeitsgefühl**

Einer der Gründe, warum sich Menschen vermehrt den Sekten zuwenden, ist sicher auch darin zu sehen, daß sie einen Ort suchen, der ihnen Heimat sein kann, der überschaubar ist und der Geborgenheit verspricht. In einer tiefen Sehnsucht verspüren die Menschen, daß dies der Ort von Glauben und Leben sein muß, gleichzeitig aber erfahren sie ihre eigene Gemeinde in dieser Hinsicht defizitär. In den sektiererischen Gruppen wird diese Sehnsucht, die vordergründig befriedigt werden kann, ausgebeutet und endet häufig in der eigenen Unfreiheit einer ganz intimen Gruppe. Die kirchliche Raumplanung kann in diesem Punkt darauf achten, daß sie unter dem Zwang der Notwendigkeiten nicht die Lebensräume und damit die Lebensfähigkeit in der Kirche zerstört. Kurz: Die Kirche sollte die Kirche im Dorf lassen.

Die Größe eines Ortes wirkt sich auf die Bindungskraft der Kirchengemeinde aus.[14] Am Beispiel des Kirchgangs kann man nachweisen, welchen Einfluß die Ortsgröße auf die Beziehungsintensität zur konkreten Gemeinde hat.

### 3.1.1 EHRENAMTLICHE MITARBEITER (EXKURS I)

Veränderungen in der sozialen Struktur von Gemeinden und Städten haben auch Auswirkungen auf Pfarrgemeinden. Für unseren Zusammenhang ist es wichtig zu wissen, wer zukünftig als ehrenamtlicher MitarbeiterIn für eine Pfarrei zur Verfügung stehen kann. Grundvoraussetzung für eine Mitarbeit ist, daß man Zeit für Aktivitäten in der Gemeinde investieren kann. Je nach Umfang der möglichen Aufgabe ist eine unterschiedliche Menge an Zeit notwendig. Die Möglichkeit, in einer Pfarrgemeinde mitarbeiten zu können, ist abhängig von der Zeit, über die frei verfügt werden kann. Ein äußerer Faktor, der dieses Verhältnis bestimmt, ist durch die Entfernung, die zwischen Wohn- und Arbeitsort liegt, gegeben. Je weiter beide Orte auseinanderliegen, je länger die An- und Abfahrt zur Arbeitsstelle ist, umso weniger Zeit kann in private Aktivitäten investiert werden.

Durch die angespannte Lage auf dem Wohnungsmarkt[15] wird es gerade für Familien mit Kindern immer schwieriger, einen ausreichenden Wohnraum zu einem bezahlbaren Preis zu bekommen. Deshalb muß für eine der Qualifikation entsprechende Arbeitsstelle unter Umständen eine weite Entfernung in Kauf genommen werden. Als These wird deshalb formuliert:

**These**

**Pfarrgemeinden können immer weniger auf – im Beruf besser qualifizierte – ehrenamtliche Mitarbeiter zurückgreifen. Durch die Rahmenbedingungen auf dem Wohnungs- und Arbeitsmarkt driften Arbeits- und Wohnort immer mehr auseinander. Um einen der Ausbildung entsprechenden Arbeitsplatz zu bekommen bzw. eine bezahlbare Wohnung zu erhalten, müssen immer größere Anfahrten zur Arbeit in Kauf genommen werden. Durch den teilweise erheblichen zusätzlichen Zeitaufwand ist eine Mitarbeit in der Pfarrgemeinde nur noch sehr eingeschränkt oder überhaupt nicht mehr möglich.**

Stichprobenartig wurde bei zwei Großunternehmen im Rhein-Main-Gebiet diese These untersucht.

*a) Untersuchungsgegenstand*

Um erste Belege für die These zu finden, wurden zwei Unternehmen, ein Dienstleistungsunternehmen und ein Chemisches Unternehmen um Mithilfe gebeten. Die Betreibergesellschaft eines deutschen Großflughafens, der die zentrale Verkehrsdrehscheibe im internationalen Flugverkehr ist mit 11 000 Mitarbeitern und ein Unternehmen aus der chemischen Industrie, das im Bereich Metall, Chemie und Pharma mit weltweit ca. 32 000 Mitarbeitern tätig ist konnten zur Mitarbeit gewonnen werden.

*b) Methode*

Von beiden Unternehmen wurden in anonymisierter Form die Wohnorte der MitarbeiterInnen mitgeteilt. Bei der Betreibergesellschaft handelt es sich um die Postleitzahlen von allen MitarbeiterInnen, bei dem Industrieunternehmen um die Wohnorte der außertariflichen MitarbeiterInnen der Hauptzentrale Frankfurt, einiger Produktionsstätten und der Vertriebsbüros in Deutschland.

Somit ist es möglich, neben dem Schwerpunkt Rhein/Main-Gebiet auch einen Vergleich zu anderen deutschen Großräumen wie München, Hamburg etc. zu ziehen.

Die vorliegenden Daten wurden pro Arbeitsort auf ein Karte[16] aufgetragen, um auf diese Weise die Verteilung der Wohnorte, die Streuung der Mitarbeiter und das Einzugsgebiet sichtbar zu machen. Aufgrund des Zahlenmaterials ist es nur möglich, allgemeine Aussagen über die Differenz Wohn- und Arbeitsort zu machen. Eine weitere soziologische Aufschlüsselung muß anderen Untersuchungen vorbehalten bleiben.

*c) Ergebnisse/Deutung*

Auf den so entstandenen Karten kann das Einzugsgebiet der Mitarbeiter entnommen werden. Die Entfernung zwischen Wohn- und Arbeitsort, die täglich zurückgelegt werden muß, kann bis zu fast 200 km betragen, die Anfahrtszeiten je nach Straßenart und Verkehrsaufkommen bis zu 2 Stunden (einfache Strecke).

Diese Situation ist nicht alleine auf das Rhein-Main-Gebiet beschränkt, sondern sie findet sich im Großraum Hamburg, München etc. wieder. Es handelt sich bei dieser extremen Kluft zwischen Arbeits- und Wohnort nicht um ein auf einen bestimmten Wirtschaftsbereich beschränktes Phänomen.

Bedingt wird diese Situation durch den Wohnungmarkt, der aufgrund eines mangelnden Wachstums immer weniger Wohnraum zur Verfügung stellt und dieser folglich (zu) teuer bezahlt werden muß, und die Entwicklungen auf dem Arbeitsmarkt. Um eine der Ausbildung entsprechende Stelle zu erhalten, muß man teilweise erhebliche Anfahrtswege in Kauf nehmen, da man in der Nähe des Arbeitsortes einen adäquaten Wohnraum nicht findet. Die entsprechenden Fahrzeiten stehen als frei verfügbare Zeiten nicht mehr zur Verfügung. Eine außerordentliche Mobilität ist gefordert.

Durch die angespannte Situation sowohl auf dem Arbeits- wie auch auf dem Wohnungsmarkt ist kurz- und mittelfristig keine grundlegende Änderung zu erwarten.

### 3.1.2 HAUPT- UND EHRENAMTLICHE

Unter den oben beschriebenen Ausgangsbedingungen stellt sich die Frage, ob Gemeindeleitung in verstärktem Maß von ehrenamtlichen Mitarbeitern der Pfarrgemende geleistet werden kann.

Leitungsaufgaben in einer Gemeinde wahrzunehmen, setzt drei Bedingungen voraus: Bereitschaft zur Weiterbildung/Qualifizierung, Akzeptanz in der Gemeinde, kontinuierlich/zeitliches Engagement.[17] Die Bereitschaft, kontinuierlich eine bestimmte Zeit zur Verfügung zu stellen, ist für Leiter deshalb unerläßlich, da Leitung als Begleitung einen kontinuierlichen Prozeß darstellt. Als Ansprechpartner, für regelmäßige Reflexionen, für

Motivationen und zur Vernetzung mit anderen Teilen der Gemeinde ist diese Regelmäßigkeit unabdingbar.

Wenn das bei den zwei Unternehmen untersuchte Verhältnis zwischen Wohn- und Arbeitsort eine allgemeine Tendenz darstellt, dann bedeutet dies, daß für Leitungsaufgaben in einer Pfarrgemeinde diejenigen, bei denen eine erhebliche Distanz zwischen Wohn- und Arbeitsort besteht, nicht mehr oder nur noch sehr eingeschränkt zur Verfügung stehen. Die knapp bemessene Freizeit kann bei einer eigenen Familie nur schlecht ganz in den Dienst der Pfarrgemeinde gestellt werden.

Wenn man ganz auf ehrenamtliche Gemeindeleitung abstellen will, dann ergibt sich in dieser Konstellation die Gefahr, daß Gemeindeleitung nicht zu einer Aufgabe für alle in der Gemeinde vertretenen Gruppen und Schichten werden kann. Nur ein eingeschränkter Personenkreis könnte die notwendige Zeit aufbringen.[18]

Je ländlicher eine Gemeinde liegt, umso größer ist diese Gefahr.[19]

**Akzeptanz von Ehrenamtlichen**

Zusätzlich muß noch die Akzeptanz einer ehrenamtlichen Gemeindeleitung[20] betrachtet werden. Die schlechte Akzeptanz von Ehrenamtlichen läßt sich dahingehend deuten, daß nicht nur Einsatzbereitschaft, sondern auch Fähigkeiten von einem Gemeindeleiter erwartet werden.[21] In den letzten 10 Jahren hat die Betonung der Fähigkeit noch einmal zugenommen. Man befürchtet, daß ein ehrenamtlicher Gemeindeleiter nicht ausreichend qualifiziert ist, um die Gemeinde umfassend leiten zu können. Für die Beteiligung von ehrenamtlichen Mitarbeitern an der Gemeindeleitung ist deshalb eine zusätzliche, den Aufgaben entsprechende Qualifizierung notwendig.[22]

Das Verhältnis der haupt- und ehrenamtlichen Mitarbeiter zueinander ist präzise zu beschreiben. Dazu ist eine Festlegung der Kompetenzen, der Aufgabenbereiche etc. notwendig.[23]

Zusammenfassend muß man festhalten, daß eine Beteiligung von Ehrenamtlichen an der Gemeindeleitung möglich ist, wenn vorab einige wichtige Fragen geklärt bzw. gelöst wurden. Daß Gemeindeleitung ganz in den Händen der Ehrenamtlichen liegt, scheint im Augenblick noch verfrüht zu sein.

### 3.1.3 Frauen als Bezugspersonen (Exkurs II)

Die Einrichtung von Bezugspersonenstellen als Ersatz für Pfarrer stößt nicht nur von seiten der Gemeinde auf Schwierigkeiten. Auch die pastoralen Mitarbeiter lehnen es unter Umständen ab, solche Positionen zu übernehmen.[24] Für sie kann es schwierig erscheinen, einen Posten zu übernehmen, der ursprünglich von einem Pfarrer besetzt war. Sie sehen sich einem Erwartungsdruck von seiten der Gemeinde gegenüber, dem sie nicht entsprechen können. Hinzukommt, daß das eigene Berufsbild ungeklärt ist, man andererseits sich aber nicht in die Rolle eines Ersatzpfarrers drängen lassen will.

An dieser Stelle soll aber auf ein spezielles Problem eingegangen werden, das sich jetzt schon abzuzeichnen beginnt: Frauen als Bezugspersonen. Der Wunsch von mehr aktiver Mitverantwortung von Frauen auch im offiziellen kirchlichen Leben ist inzwischen unüberhörbar geworden.[25] In Pastoralplänen wird deshalb ausdrücklich auf die Beiteiligung von Frauen und Männern im hauptamtlichen Dienst von Gemeinden verwiesen.[26]

*a) Akzeptanz von Frauen*

**Gemeinde-alltag: Frauen**

> *»Vielerorts sind Frauen gegenüber noch viele Ängste und Ressentiments festzustellen. [. . . ] Die Gemeinden haben sich noch nicht daran gewöhnt, daß Ehefrauen und Mütter im pastoralen Dienst tätig sind.«* [27]

So beschreibt ein diözesaner Auswertungsbericht aus dem Jahr 1990 knapp die Akzeptanzschwierigkeiten, mit denen Frauen als Bezugspersonen zu rechnen haben.

In religionssoziologischen Untersuchungen wird seit über 10 Jahren auch die Frage mituntersucht, welche ›Notlösungen‹ akzeptiert würden, wenn kein Priester mehr die Aufgaben des Pfarrers übernehmen könnte. Im Jahr 1980 lehnten 16 Prozent der österreichischen Katholiken eine Ordensfrau, allerdings 39 Prozent eine Frau, die zum Priester geweiht würde, ab.[28] Die Ablehnung ist abhängig von der Häufigkeit des Kirchgangs. Nur 34 Prozent von denen, die fast nie zum Gottesdienst gehen, lehnen eine Frau ab, dagegen sind es 45 Prozent bzw. 46 Prozent von denen, die mehrmals pro Woche bzw. jeden Sonntag zum Gottesdienst gehen.[29] Frauen lehnen durchschnittlich häufiger eine Frau als ›Notlösung‹ ab als Männer (Differenz 4 Prozentpunkte).[30] In den folgenden 10 Jahren hat sich diese Differenz verringert, so daß 1990 24 Prozent der Frauen und 25 Prozent der Männer eine Frau ablehnen würden.

Ein 19jähriger Abiturient äußerte sich auf die Frage, ob er sich vorstellen könne, daß es in 100 Jahren kath. Pfarrerinnen geben würde, folgendermaßen:

**Gemeindealltag: Männer als Priester**

*»Ich denke, daß es einen Sinn hat, daß Männer Priester sind. Ich denke auch, es hat einen Sinn, daß es Medizinmänner und nicht Medizinfrauen gibt. Ich denke, der Mann ist einfach von der Schöpfung her, von seiner physischen und psychischen Veranlagung her, die sich ja wirklich grundlegend von der Frau unterscheidet, vielleicht geeigneter. Es hat sicher einen Sinn, daß es Männer sind. Es hat sicher auch einen Sinn, daß es andere Religionen und Kulturen gibt, wo es Frauen sind.«* [31]

Innerhalb von 10 Jahren ließen sich leichte Veränderungen in den soziologisch erhobenen Einstellungen feststellen. Insgesamt sind die Veränderungen zwischen 1980 und 1990 minimal, bis auf eine Ausnahme. Lehnten 1980 16 Prozent eine Ordensfrau als ›Notlösung‹ ab, so sind es 1990 unwesentlich weniger, nämlich 15 Prozent.[32] Die Ausnahme ist die Frau. 15 Prozent weniger der Befragten lehnten eine Frau als Gemeindeleiterin ab. So sind statt 39 Prozent nur noch 24 Prozent gegen eine Frau. Damit stehen Frauen erstmals nicht an der Spitze der Ablehnung, sondern geringfügig mehr abgelehnt wird noch ein ehrenamtliches Gemeindemitglied als Gemeindeleiter (25 Prozent).

**Frauen als Priesterinnen**

*»Eine Frau als Priesterin, warum nicht? Wie ein Mann, kann auch eine Frau so durchdrungen von ihrer Aufgabe und von Gott sein, daß sie auch die anderen davon überzeugen kann. Das wäre sicher schön und würde wohl angenommen werden von den Leuten.«* [33]

Am stärksten werden Frauen von (Hoch-)Kirchlichen[34] abgelehnt (37 Prozent), und diese haben sich zwischen 1980 und 1990 am wenigsten verringert (9 Prozent).[35] Je autoritärer Menschen veranlagt sind, um so eher lehnen sie Frauen als Gemeindeleiterinnen ab. So sind 36 Prozent der sehr Autoritären gegen Frauen, hingegen nur 13 Prozent der nicht Autoriäten gegen Frauen.[36]
Zusammenfassend kann man festhalten, daß in den letzten 10 Jahren die Vorbehalte gegen Frauen als hauptamtliche Bezugspersonen abgenommen haben. Gleichwohl gibt es noch innerhalb der Gemeinden Überzeugungsarbeit zu leisten bei jenen, die aus nichtreligiösen Gründen Frauen ablehnen.

*b) Lebensperspektiven*

Die Aufgabe der Bezugsperson stellt besondere Anforderungen an den Stelleninhaber/die Stelleninhaberin.
Bezugspersonen werden dort eingesetzt, wo kein Pfarrer mehr in die Gemeinde geschickt werden kann. In den meisten Fällen zieht die Bezugsperson samt Familie in das

leerstehende Pfarrhaus ein, um ›in der Mitte der Gemeinde‹ zu leben. Erwartungshaltung von seiten der Gemeinde kann deshalb sein, daß die Bezugsperson den Pfarrer in fast allen Bereichen ersetzt. Das, was ein unverheirateter Mann scheinbar mühelos zu leisten vermochte, erwartet man auch von der neuen Bezugsperson: Dienstbereit rund um die Uhr, persönliches Engagement für alle Einzelfragen ...[37]
Unter diesen Bedingungen ist es für verheiratete Männer kaum, für Frauen aber fast unmöglich, hauptamtliche Bezugsperson in einer Gemeinde zu werden.[38]
Bezugsperson werden heißt auch, sich auf einen längerfristigen Prozeß einzulassen. Die Gemeinde muß kennengelernt, ihr Vertrauen erworben werden. Ein gemeinsamer Lebens- und Arbeitsstil muß gefunden und erprobt werden. Die Bezugsperson muß deshalb verbindlich bereit sein, sich für mehrere Jahre[39] in einer Gemeinde zu engagieren. Dies kann bei Männern und Frauen mit den eigenen Lebensplänen kollidieren, nach denen man für eine bestimmte Zeit bereit ist, vollzeit in einer Gemeinde zu arbeiten, dann aber zumindestens die Option haben möchte, den Beruf nur noch teilzeit auszuüben.[40] Unter diesen Voraussetzungen kommt vor allem für Frauen die Aufgabe einer hauptamtlichen Bezugsperson nicht immer in Frage.

*c) Konsequenzen*

Deutlich wird, daß unter den Rahmenbedingungen der bisherigen Pastoral, den Strukturen, wie Gemeinde jetzt lebt, eine stärkere Beteiligung von Frauen auf hauptamtlicher Seite nur schwer vorstellbar ist.
Neben einer Verdeutlichung, daß Frauen schon in den ersten christlichen Gemeinden Leitungsaufgaben innehatten[41] und daß Christlichkeit einer Gemeinde nicht davon abhängt, wer sie leitet, sondern wie sie geleitet wird und auf welche Weise die Gemeinde die christliche Botschaft im Alltag umzusetzen vermag, sind weitere Schritte zur Beteiligung von Frauen an allen Aufgaben innerhalb der Kirche notwendig.
Ängste und Vorurteile, die Frauen (auch und gerade von Frauen) als Bezugspersonen entgegengebracht werden, dürfen, auch wenn sie inzwischen zurückgegangen sind, nicht verharmlost werden. Dahinter steckt eine lange gesellschaftliche und mindestens ebensolange kirchliche Sozialisation, die Ängste begünstigt hat. Das positive Beispiel von Gemeinden, in denen Frauen aktiv Gemeindeleitung übernommen haben, ist ein wesentlicher Bestandteil auf einem langwierigen Weg der Überzeugungsarbeit.
Schließlich ist die Beschreibung der Aufgaben einer Bezugsperson noch einmal kritisch zu überprüfen. Die Gefahr, daß hinsichtlich der Arbeitsleistung nur ein Pfarrerersatz ge-

sucht wird, ist real. Die Chance, daß Gemeindeleitung nicht mehr bedeutet, möglichst alle Aufgaben durch nur eine Person ausführen zu lassen, sondern eine Konzentrierung auf die wirklichen Leitungsaufgaben stattfindet,[42] heißt auch, daß mehr Frauen Bezugspersonen werden können.

### 3.1.4 VIRI PROBATI (EXKURS III)

Ein Lösungsmodell schlägt vor, daß in den Gemeinden ›viri probati‹ eingesetzt werden. Konkret ist damit gemeint, daß aus der Pfarrgemeinde ein (verheirateter) Mann von der Gemeinde und dem Bischof als fähig angesehen werden, die Leitung der Gemeinde zu übernehmen. Diese Männer haben zwar keine Theologie studiert, haben sich aber in ihrem Glaubens- und Alltagsleben bewährt (= probatus), so daß man ihnen die Gemeindeleitung übertragen will.[43] Auf der Gemeinsamen Synode der Bistümer in der Bundesrepublik Deutschland (1975) wurde diese Frage ausführlich diskutiert.[44]
Es ist dann möglich, daß diese Männer von dem Bischof eine ›relative Weihe‹ erhalten, wodurch sie befugt sind, alle Dienste in der Gemeinde einschließlich der Sakramentenspendung wahrzunehmen. Diese Weihe wäre relativ, also nur in und für diese Gemeinde gültig.

*Chancen und Risiken*
Die Chancen, die man in den viri probati sieht, sind folgende: a) andere Zulassungsbedingungen b) eigene Verantwortlichkeit der Gemeinde für ihre Leitung. Es wäre dann möglich, daß das Problem der Leitung einer konkreten Gemeinde innerhalb dieser Gemeinde gelöst werden könnte. c) der priesterliche Dienst in einer Gemeinde kann im Bedarfsfall nebenberuflich ausgeübt werden.
Abgesehen davon, daß für diese Frage die Entscheidungsbefugnis nicht auf Bischofsebene[45] liegt, soll noch auf zwei weitere Probleme hingewiesen werden.
Um eine Gemeinde leiten zu können, bedarf es verschiedener Kompetenzen. Wenn ein vir probatus geweiht werden soll, ist neben den Leitungskompetenzen eine theologische Kompetenz unabdingbar. Es muß deshalb vorab geklärt werden, welche Qualifikationen ein Gemeindeleiter erlernen muß und auf welche Weise dies geschehen kann.[46]
Ein anderes Problem hängt mit einer relativen Weihe zusammen. Ein nebenberuflicher Priester wäre aus sozialen und finanziellen Gründen nur in seiner Heimatgemeinde einzusetzen. Offen ist die Frage, was passiert, wenn ein Priester und eine Gemeinde sich

auseinandergelebt haben, so daß es ständig zu Konflikten kommt. Als nebenberuflicher Priester kann er dann nicht einfach in eine andere Gemeinde versetzt werden, da er auf seinen Arbeitsplatz angewiesen ist und eine Familie zu versorgen hat. Ähnliche Probleme gibt es heute schon in einigen Diözesen mit nebenberuflichen Diakonen, die nicht einfach dann versetzt werden können, wenn Gemeinde und Leiter nicht zusammenpassen.

## 3.2 KREATIVITÄT

Viele Gemeinden praktizieren schon seit Jahren eine innere »Erfolgskontrolle«. Es besteht – meist stillschweigend – eine Einigung darüber, wann das »Gemeindeleben« läuft. Weiter oben wurde schon gezeigt, daß solche Erfolgskontrollen, quasi ein jährlicher Gemeinde-TÜV, wesentlich zur Motivation der Mitarbeiter beitragen können. In Profit-Organisationen ist eine solche Kontrolle meist recht einfach an der Produktion oder an dem Umsatz abzulesen. Non-Profit-Organisationen haben es in der Regel nicht so einfach, da ihnen solche objektivierbaren Maßstäbe fehlen. Wie unten gezeigt wird, übernehmen aber viele Kirchengemeinden, teils unbewußt, das Meßinstrumentarium der Profit-Organisationen, um ihren »Erfolg« zu messen. Verhängnisvoll ist dabei, daß durch ein falsch ausgewähltes Instrumentarium gegebenenfalls ein negatives Ergebnis erzielt werden kann.
Bevor das Modell der ›kreativen Gemeinde‹ vorgestellt wird, soll auf einige Einzelfragen eingegangen werden.

*a) Vermehrungsprinzip*
Bei Wirtschaftsunternehmen ist es üblich, daß ein Teil des Erfolges an der Produktionsmenge gemessen wird. Das bedeutet, daß der Ausstoß an Gütern als Maßstab genommen wird. Hinzukommt, was vorläufig vernachlässigt werden soll, auch noch die Güte der Produkte. Je besser ein vorgegebenes Pensum eingehalten wird oder je größer die Produktionssteigerung ist, umso erfolgreicher war die Gesamtorganisation. Den Mitarbeitern wird dieses mitgeteilt, und sie bekommen für diesen gemeinsamen Erfolg eine Gratifikation.
Viele Gemeinden übertragen – ob bewußt oder unbewußt – dieses Verfahren auf ihre eigene Situation. Sie versuchen nachzuprüfen, ob ihre Produktion an »gemeindlichen Gütern« sich auch ordentlich vermehrt hat, zumindestens darf sie nicht stagnieren. Re-

**Vermehrung von gemeindlichen Aktivitäten**

gelmäßig wird vermeldet, wie viele Firmlinge in einem Jahr gefirmt wurden, wie oft sich der Eine-Welt-Kreis getroffen hat, wie viele christliche Beerdigungen durchgeführt wurden, was die Sonderkollekten erbrachten, wieviele Familienkreise existieren usw. Diese Zahlen werden als Qualitätsmaßstab für das gemeindliche Leben gesehen. Sollte die Gesamttendenz rückläufig sein, dann wird in aller Regel dies als persönliches Versagen gesehen, und in der Konsequenz verzichtet man auf eine weitere Mitarbeit in der Gemeinde. Der Vorteil dieser Methode liegt auf der Hand. Mit einem relativ geringen Aufwand sind scheinbar objektive Zahlen über den Zustand der Gemeinde zu erhalten.

Ein Zweifaches ist an diesem Vorgehen problematisch: Die Gemeinde wird einer Profit-Organisation gleichgesetzt; dementsprechend werden die Maßstäbe ausgewählt. Diese Maßstäbe täuschen nur eine Objektivität vor, verschleiern aber dadurch, daß diese kein Maßstab ist, um dem komplexen Gebilde einer Gemeinde auch nur annähernd gerecht zu werden. Darüber hinaus bestimmen solche unterschwelligen Maßstäbe das weitere Handeln. Die Erfolgsbilanz muß auch bei der nächsten Abrechnung wieder stimmen, so daß man schon im vorhinein darauf achtet, daß das Plansoll erfüllt wird. So wirken einige Gemeinden nach außen kontinuierlich aktiv, in Wirklichkeit aber leisten aufgrund des oft erheblichen Mitarbeiterschwundes immer weniger Personen immer mehr Arbeit. Das, was früher auf mehrere Schultern verteilt war, konzentriert sich auf immer weniger Personen. Diese wenigen sind meist physisch und vor allem psychisch bis an ihre Leistungsgrenze belastet, die Gemeinde hält nur noch mühsam Dienstleistungen aufrecht, die sie sich schon längst nicht mehr hätte leisten können. Das »böse« Erwachen kommt in dem Augenblick, in dem auch die eifrigsten Mitarbeiter aussteigen, weil sie zum Beispiel ihre Rabattmarken eingelöst haben.

*b) Versorgungsprinzip*

Ähnlich dem Vermehrungsprinzip ist auch das Versorgungsprinzip strukturiert. Im Gegensatz zum oben Gesagten hat aber hier die Gemeinde schon einige Aktivitäten als Ziel formuliert. Je nach Interesse und Engagement werden die Ziele ausgewählt und -gerichtet sein. Für die eine Gemeinde steht die Katechese, insbesondere die Sakramentenvorbereitung, im Vordergrund, für eine andere Gemeinde wird das soziale und caritative Engagement als ein wichtiges Ziel angesehen.

Diese Aktivitäten, so die Vorgabe für eine spätere Erfolgskontrolle, sollen möglichst flächendeckend ausgeführt werden, es soll eine möglichst große Versorgung erreicht werden. Es kommt also hier nicht auf die Zahl der Aktionen an, sondern auf die Verbreitung einzelner Aktivitäten.

**Gemeindealltag: Angebotsvermehrung**

*In einer Gemeinde in der deutschsprachigen Schweiz trug sich folgendes zu: Eine ca 35jährige Frau, die sich schon einige Male in der Gemeinde engagiert hatte, wurde gefragt, ob sie bereit wäre, die Leitung einer Jugendgruppe, die sich gründen wird, zu übernehmen. Bei einem ersten Treffen staunte sie nicht schlecht, da sie die jüngste in der »Jugendgruppe« war. Das Durchschnittsalter betrug um die 40 Jahre. Was war passiert? In einem benachbarten Verein hatte sich eine Jugendgruppe gebildet, die sich regelmäßig zu Discos etc. traf. Verantwortliche in der Pfarrgemeinde bekamen dies mit und sahen, daß es in ihrer Pfarrgemeinde keinerlei Jugendgruppen gab. Die Verantwortlichen waren sich schnell einig, daß eine Jugendgruppe gegründet werden muß, und so begab man sich auf die Suche nach einer Leiterin. Viele Angesprochene waren der Meinung, daß sie als Leiter nicht in Frage kämen, fanden es aber richtig, daß es in der Gemeinde eine Jugendgruppe gäbe, und sagten so zu, bei der Gründung dabeizusein. Seit diesem Tag hat diese Schweizer Gemeinde eine »Jugendgruppe«, die augenblicklich auch noch in dieser Zusammensetzung besteht.*

In dem konkreten Beispiel wird deutlich, daß unter der Rücksicht eines Versorgungsprinzips tatsächlich eine Jugendgruppe gefehlt hat, aber es keinen aktuellen Bedarf gab. Der Verein deckte das Angebot für Jugendliche ausreichend ab, aber um eine Rundumversorgung nach außen vorzeigen zu können, wurde eine solche Gruppe von der Pfarrei noch gegründet. Hinter dem Versorgungsprinzip steckt der Gedanke einer missionarischen Kirche, die sich selber und ihre befreiende Botschaft immer mehr den Menschen bekannt machen will.

In der Gemeindepraxis kann das Versorgungsprinzip problematisch werden, wenn im Laufe der Zeit nicht die Zielvorgaben auf ihre Relevanz und Aktualität hin überprüft werden und wenn die Versorgung als die objektive Zähl- und Meßbarkeit zum heimlichen Hauptziel wird. Unmerklich kann sich eine Verschiebung der Gewichte ergeben, indem nicht mehr die Inhalte, sondern die Methoden der Vermittlung der Inhalte in den Mittelpunkt rücken. Eine solche Verschiebung wird sich dann auch in der Praxis zeigen, da *alle* möglichen Wege ausprobiert werden, die dem Versorgungsprinzip dienlich sein könnten.

Vor allem die MitarbeiterInnen merken im Laufe der Zeit, daß zwar dem Versorgungsgrundsatz Genüge getan wurde, aber die Gemeinde, sprich die Menschen, die Glauben und Leben miteinander teilen[47], zwar die Arbeit ausführt, trotzdem eine Resonanz der Angesprochenen und Versorgten über die konkrete Versorgung hinaus weitgehend ausbleibt. Auf Dauer stellt sich hier auch wieder die Frage der Sinnhaftigkeit dieser Arbeit unter den Mitarbeitern, wobei die Beantwortung immer in Richtung methodischer Veränderungen und Verbesserungen geht, anstatt die Zielsetzung einer prinzipiellen Reflektion zu unterziehen. Auch hier sind Frustrationen vorausbestimmt, weil der mangelnde dauerhafte Erfolg (»Wir hatten 100 Firmlinge, aber keine 5 waren im Anschluß daran bereit, eine Jugendgruppe zu gründen!«) unter Umständen auch auf persönliches Versagen zurückgeführt wird.

### 3.2.1 KREATIVE LEBENDIGKEIT

Offenkundig sind die oben grob skizzierten Maßstäbe für Kirchengemeinden ungeeignet. Sie sind nicht vollständig überflüssig, da auch eine quantitative Beschreibung der Gemeindeaktivitäten im Bereich der Organisationspsychologie ihre Berechtigung hat, aber sie sind als exklusive Maßstäbe nicht hinreichend. Es soll deshalb an dieser Stelle der Versuch unternommen werden, mit dem Begriff »kreative Lebendigkeit«[48] einen Kriterienkatalog zu umschreiben. Die Lebendigkeit ist nicht isoliert von der unten beschriebenen Visionsfähigkeit zu sehen, im Gegenteil setzt die »kreative Lebendigkeit« konkrete und allgemeine Gemeindevision voraus.

*a) Relation: Ziele und Ressourcen*

Gemeinden leiden heute darunter, daß sie sich selber überfordern. Sie kennen vielleicht eine Vielzahl von christlichen Zielen, wissen auch darum, welche davon in ihrer Gemeinde verwirklicht werden sollten, haben aber nicht ausreichende, geschweige denn hinreichend qualifizierte Mitarbeiter, die kontinuierlich an der Verwirklichung der Ziele mitarbeiten können, indem sie zum Beispiel eine Gruppe leiten. Die Überforderung besteht nur darin, daß sie den letzten Punkt in seiner Tragweite nicht erkennen und daraus Schlüsse für die eigene Praxis ziehen können.

Lebendigkeit der Gemeinde meint nun nicht, daß solche Überforderungen auf Dauer entstehen und ausgehalten werden müssen. Im Gegenteil, eine lebendige Gemeinde wird darauf achten, daß sie ihre eigenen Möglichkeiten realistisch einschätzt, weiß, welche Aktivitäten sie sich leisten kann, und welche (vorläufig) nicht verwirklicht werden können. Lebendigkeit läßt sich also nicht an der absoluten Zahl von Angeboten, Gruppen etc. ablesen, sondern ist abhängig von den individuellen unterschiedlichen Möglichkeiten der Verwirklichung.

*b) Offenheit*

Gemeinden bestehen nicht um ihrer selbst willen, sondern sie sind Folge des Auftrags Jesu, auf die Menschen zuzugehen, mit ihnen das Leben zu teilen und das Reich Gottes zu verkündigen und vorzuleben.
Diese wesentliche Grundbestimmung setzt von einer lebendigen Gemeinde Offenheit voraus.

**Gemeinde-alltag: Offenheit**

*Ein Beispiel aus der Erwachsenenbildung: Bei dem zweiten Abend eines Okkultismusseminars begrüßt ein Gemeindemitglied die Besucher mit folgenden Worten: Ich begrüße sie recht herzlich! Leider sind wieder nur so wenige da ... Richtig war, daß der Zahl nach tatsächlich wieder die gleiche Anzahl von Teilnehmern gekommen war. Übersehen aber hat er, daß zwei Personen neu hinzugekommen sind. Bei einem Gespräch am Ende des Abends stellt sich heraus, daß diese bisher in der Gemeinde vollkommen unbekannt sind.*

Unter Offenheit wird hier nicht eine formale Offenheit (*»Jeder ist herzlich eingeladen, zu kommen!«*) verstanden, sondern, daß die Gemeinde auf andere Menschen zugeht, mit anderen Gruppen das Gespräch pflegt.
Gemeinden müssen hier eine integrative Kraft entfalten, wie sie andere Menschen außerhalb der Gemeinde in ihr Denken und Handeln einbeziehen können.[49]
Offenheit bedeutet aber nicht, andere zu verplanen, für sie Angebote zu machen, sondern vielmehr mit ihnen zusammenzuarbeiten. Dies ist keine Taktik und Methode, sondern prinzipielle Lebenseinstellung.

*c) Reflektierte Aktionen*

Für alle Aktivitäten, die im Rahmen der Gemeindearbeit ausgeführt werden, kann ein dreifacher Reflektionsraster gelten. Mittels eines solchen Rasters wird vermieden, daß einerseits Aktivitäten laufen, mit denen sich die Gemeinde selber und die konkreten Mitarbeiter überfordern, und andererseits verhindert, daß in solche Aktionen investiert wird, deren Bedeutung für die Gemeinde ungeklärt ist.
Als Raster können die folgenden Fragen Verwendung finden:

Was für eine Aktion soll durchgeführt werden?

Wer kann (fachlich) eine Aktion begleiten/initiieren?

Warum braucht unsere Gemeinde diese Aktion zu diesem Zeitpunkt?

Ziel dieses Rasters ist es, nach außen wie nach innen eine Transparenz über die Gründe für die augenblicklichen Aktivitäten zu schaffen.

In regelmäßigen Abständen wird immer wieder überprüft, ob die Gründe und Voraussetzungen, die zu einzelnen Aktionen geführt haben, auch noch bestehen. Auf diese Weise wird vermieden, daß ›Traditionsgründe‹ weitergeführt werden, obwohl es inzwischen keinen Bedarf mehr gibt, und dadurch Kräfte gebunden werden, die anderweitig besser eingesetzt werden könnten.

*d) Zeitgerechtes Handeln*

Der Erfolg einer Handlung hängt nicht nur davon ab, wie sie ausgeführt wird, sondern auch, wann dies der Fall ist.[50] Kreative Lebendigkeit bedeutet, die Zeichen der Zeit zu erkennen und aktuell auf diese zu reagieren.

Reflektiertes und zeitgerechtes Handeln bedingen sich gegenseitig, da die Gemeinde immer mit einem Auge ihre Umwelt im Blick hat und dort Veränderungen sorgsam registriert. Sie reflektiert, welche Konsequenzen diese Veränderungen für sie bedeuten können. Auch nach innen ist ein zeitgerechtes Handeln z. B. bei der Mitarbeiterbegleitung unerläßlich.

*e) Selbstbewußtsein*

Eine Gemeinde, die sich auf die Zukunft hin ausrichten will, wird eine selbstbewußte Gemeinde sein. Selbstbewußt in dem Sinn, daß sie um sich selber weiß, ihre Hoffnungen und Ängste, ihre Möglichkeiten und Grenzen, ihre Fähigkeiten und die entwicklungsfähigen Charismen kennt. Dieses Selbstbewußtsein weiß sie kreativ umzusetzen, indem sie daraus ihre Möglichkeiten und Grenzen erkennt und dies in Handeln umzusetzen weiß.

Ein solches Selbstbewußtsein ist Voraussetzung dafür, daß eine Gemeinde Subjekt der Seelsorge werden kann.

## 3.3 VISIONSFÄHIGKEIT

Oben wurde schon angedeutet, daß Lebendigkeit nur ein Merkmal für eine kreative Gemeinde ist. Eine Visionsfähigkeit, aus der dann das weitere Gemeindeleben entspringt,

gehört zu einer kreativen Gemeinde dazu. Die Visionsfähigkeit ist Voraussetzung für eine kreative Lebendigkeit, und zugleich wird sie durch die Lebendigkeit gefördert.
Die Fähigkeit zu einer Visionsarbeit ermöglicht es einer Gemeinde, auf Fragen und Anregungen zu reagieren.
Zu Beginn soll ein Negativkatalog aufgestellt werden, aus dem hervorgeht, was keine tragfähigen Visionen für Gemeinden sein können. Darauf aufbauend werden konkrete Visionen und das Verhältnis von persönlichen und allgemeinen Visionen beschrieben.

### 3.3.1 NEGATIVKATALOG

Nicht alles, was zu irgendwelchen Aktionen führt, hat auch eine visionäre Kraft. Eine lebendige Gemeinde ist keine Gemeinde, die dem Aktionismus verfallen ist. Die Visionen haben eine Bedeutung über den Augenblick hinaus.
Eine Vision darf nicht antifuturistisch sein, sondern sie blickt in die Zukunft und versucht in Erahnung dessen, was in Zukunft alles sein könnte, die Gegenwart zu gestalten. Es bedarf einer prophetischen Gabe und eines Vertrauens in die eigenen prophetischen Fähigkeiten.
Schließlich sind Visionen nicht unhinterfragbar. In einem kommunikativen Prozeß werden die Visionen auf ihre Bedeutung, Umsetzbarkeit etc. mit anderen zusammen überprüft. Auf diese Weise wird z. B. vermieden, daß eigene Interessen, die man gerne in der Gemeinde befriedigt wissen möchte, als Vision der Gemeinde ausgegeben werden.[51]

### 3.3.2 KONKRETE VISIONEN

Visionen sind nur dann zukunftsweisend, wenn sie sich konkretisieren lassen. Visionen propagieren nicht einfach eine ›bessere Welt‹, um eine zwar allgemein zustimmungsfähige, aber auch unverbindliche Vorstellung von der Zukunft zu entwerfen.
Konkret, und damit zur Vision, wird eine Zukunftsvorstellung in dem Augenblick, in dem entweder ein erster Schritt oder aber ein fest umrissenes Ziel erkennbar wird.
Ziel einer Visionsarbeit[52] kann es deshalb sein, unterschwellig vorhandene Wünsche und Hoffnungen in Visionen zu verwandeln und damit aussprechbar zu machen.

### 3.3.3 ALLGEMEINE VISIONEN

Bisher offen geblieben ist die Frage, in welchem Verhältnis die individuellen Visionen zu einer allgemeinen Gemeindevision stehen. Oder anders gefragt: Bedarf es einer alles umgreifenden, von den Gemeindegliedern entwickelten Meta-Vision von Gemeinde, der sich alle unterzuordnen haben?

Auf den ersten Blick scheint eine solche Meta-Vision vonnöten zu sein. Sie ist für die unterschiedlichen Mitarbeiter die Richtschnur für ihre Arbeiten, sie vermittelt zwischen den unterschiedlichen Vorstellungen und Interessengruppen und hält schließlich die Gemeinde als ganzes zusammen.

In der Verkündigung Jesu vom Reich Gottes wird eine solche Vision für die christliche Praxis bereits vorgestellt. Sie ist der Maßstab für den Gemeindealltag. Das Handeln Jesu soll von den Gemeinden nachgeahmt werden, um damit das Reich Gottes heute in die Welt zu bringen.

In diesem Sinn bedarf es keiner gemeindespezifischen, von deren Mitgliedern entwickelten Metavision. Ein Maßstab existiert bereits. Freilich muß dieser immer wieder neu ausgesprochen und verdeutlicht werden.

**individuelle Visionsarbeit**

Für Gemeinde heißt dies, daß jeder einzelne befähigt und ermächtigt werden muß, seine eigenen Visionen zu entdecken, zu überprüfen und sie ins Gespräch zu bringen. Die Gesamtgemeinde ist der Ort, an dem die Visionsarbeit[53] geschieht und immer wieder neu entschieden wird, welche Einzelvisionen in einer Gesamtverantwortung und welche in einer persönlichen Verantwortung umgesetzt werden.

Um es in einem Bild zu sagen: Zu dem Puzzle ›Reich Gottes an diesem Ort‹ bringt jeder eine Vielzahl von Visionssteinchen mit. Bei einigen wird es Überschneidungen geben, bei anderen nicht. In regelmäßigen Abständen informiert man sich darüber, welche Visionssteine von den Beteiligten zusammengetragen wurden. Im Wissen um die Anschlußstellen werden aus den vorliegenden Steinen jene ausgewählt, für die es im Augenblick an dem Gesamtwerk Bedarf gibt. Die Gemeinde mit ihren Haupt- und Ehrenamtlichen organisiert, daß diese Verbindungen hergestellt werden. Alle anderen Steine sind nicht überflüssig, aber aufgrund der begrenzten Ressourcen können sie im Augenblick nicht von der Gesamtgemeinde umgesetzt werden. Wenn sich jene, die zusammenpassende Steine bei sich entdecken, zusammenfinden, um ihre Visionen Wirklichkeit werden zu lassen, dann entsteht auf diese Weise kein neues Puzzle, wohl wird aber an einer anderen Stelle mitgearbeitet. Gemeindeleitung hat die Aufgabe, sowohl die Visionsarbeit anzuleiten, als auch die Arbeitsgruppen, die an den verschiedenen Stellen des Gemeindepuzzles arbeiten, zu verknüpfen. Sie stellt sicher, daß die entscheidenden Verbindungsteilchen zwischen den einzelnen Gruppen vorhanden sind.

### 3.3.4 VISIONSARBEIT

Damit persönliche Visionen in einer Gemeinde fruchtbar werden können, müssen sie formuliert und ins Gespräch gebracht werden. Schließlich soll das eigene Handeln und das Handeln Jesu verglichen werden. Die Visionsarbeit[54] hat genau dieses zum Ziel. Sie will den einzelnen anleiten und ermächtigen, sich seiner eigenen Visionen bewußt zu werden, und diese, in Verantwortung um die Gemeinde, auch in der Pfarrei umzusetzen.

**Visionsumsetzung**

Visionsarbeit stellt sich damit als zweifacher Prozeß dar: a) Befähigung des einzelnen zur Klärung von Visionen und b) Befähigung der Gemeinde, Visionen umzusetzen.
Bisher scheint es so zu sein, daß mehr oder weniger zufällig Visionen in eine Gemeinde Eingang finden. Das biblische Wort *»Die Zeit war arm an Visionen ... «* scheint ein Stück der Wirklichkeit wiederzugeben.
Ausgangspunkt für die gemeindliche Visionsarbeit ist nicht ein Mangel an Visionen[55], sondern nur ein Mangel, die Visionen zu hören.[56] Selbst mancher alttestamentliche Prophet mußte dreimal das Wort Gottes hören, bis er erkannte, daß es das Wort Gottes, und seine konkrete Vision sein Auftrag ist. Und auch dazu bedurfte es der Anleitung eines anderen. Das Wort des Äthiopiers an Phillipus: »Wie könnte ich es [verstehen], wenn mich niemand anleitet?« (Apg 8,19), gilt heute genauso und verdeutlicht die Hauptaufgabe der Visionsarbeit.
Orte der Visionsarbeit sind die Orte, an denen die Menschen zusammenkommen, um am Gemeindeleben zu partizipieren. Als erstes sind die Zusammenkünfte der Mitarbeiter, die haupt- oder ehrenamtlich das Gemeindeleben mittragen, ein Platz, an dem Visionsarbeit stattfinden soll. Es entspricht dem zweiten Prozeß (Befähigung der Gemeinde, Visionen umzusetzen), daß die Visionen dort entdeckt und ins Gespräch mit anderen gebracht werden, wo sie dann auch Praxis werden können.
Darüber hinaus ist die Visionsarbeit ein gesamtgemeindlicher Prozeß, der nicht auf die augenblicklichen Mitarbeiter beschränkt werden kann und darf. In offenen Angeboten, die möglichst viele Gemeindeglieder ansprechen sollen, werden alle eingeladen, sich an der Visionsarbeit zu beteiligen, um so auch die Zukunft der Gemeinde mitzubestimmen. Durch ein solches Verfahren öffnet sich die Gemeinde nach außen und kann unter Umständen neue Interessierte für die Gemeinde gewinnen.

## 3.4 GEMEINDELEITUNG ALS HEBAMMENDIENST

**Gemeinde-alltag: Seelsorge**

*»Seelsorger für eine so ›kleine‹ Gemeinde zu sein, ist heutzutage ein unerhörter Luxus. Tatsächlich ist die hiesige Pfarrstelle seit 1975 schon nicht mehr besetzt, sondern dem Pfarrer einer ungefähr gleich großen Nachbargemeinde zugeteilt, und ich bin ›zufällig‹ hier. In Wirklichkeit fände sich bei den 1900 Menschen hier mühelos eine Aufgabe für mindestens drei Seelsorger. Ich meine nicht drei Priester, die Messen, sakramentale Versorgung und pfarrliche Aktivitäten anbieten (das wäre unerträglich) sondern Seel-Sorger . . . «* [57]

Dies schreibt Bernhardin Schellenberger in seiner Analyse über die augenblickliche Lage der Pfarrseelsorge.

**Verhältnis Leitung und Gemeinde**

Es gibt bereits einige Versuche[58], Gemeindemodelle aus einem anderen Verständnis zu entwickeln. Ausgangspunkt in vielen Fällen ist, daß es um ein Subjektwerden der Gemeinde geht. Nicht mehr das Objekt Gemeinde wird von einer Person/einem Team geleitet, sondern der Leiter hat die Aufgabe, das Selbstbewußtsein der Gemeinde zu fördern, die Eigenverantwortung für das, was geschieht bzw. nicht geschieht, zu stärken.

Es ergibt sich daraus ein andersartiges Verhältnis zwischen Leitung und Gemeinde. Erstmal ist es kein Abhängigkeitsverhältnis mehr. Die Gemeinde definiert sich nicht (mehr) durch die Vorgaben eines Leiters, sondern sie gewinnt ihren Selbststand aus anderen Faktoren. Dieses neue Verhältnis ist für den Leiter entlastend und belastend zugleich. Es entlastet ihn, weil er nicht mehr für jede Einzelheit verantwortlich ist und im Notfall auch alles selber ausführen muß. Belastend kann sein, daß ein solcher Leitungsstil eine erhebliche soziale Kompetenz voraussetzt.[59]

Gemeideleitung bedeutet in diesem Sinn nicht mehr, Gemeinde zu machen, sondern dafür zu sorgen, daß Gemeinde zur Welt kommt.

Die biblischen Bilder für Leitung, und hier besonders das Bild der Hirten[60], erfahren eine neue Dimension, wenn sie nicht mehr vorrangig unter dem Aspekt gelesen werden, daß einer die Hirtensorge für die Gemeinde trägt, sondern daß jeder auf seine Weise Hirte der Gemeinde ist. Dies nicht in dem Sinn, daß jeder der Chef sein soll, sondern, daß jeder für seinen Bereich, und damit für die Gesamtgemeinde, Verantwortung trägt.

Gemeindeleitung als Hebammendienst heißt, deutlich zu wissen, daß Mitarbeiter immer in einer zweifachen Funktion in ihrer Gemeinde leben. Sie sind einmal ›einfaches‹ Gemeindeglied, zum anderen haben sie eine Aufgabe in und für die Gemeinde übernom-

men. Die Gefahr, daß beides miteinander verwechselt wird, ist groß. Die Auswirkungen, gleich in welcher Richtung die Verwechslung erfolgt, sind gleich verhängnisvoll. Im einen Fall wird der Mitarbeiter (zeitweise) ganz auf seine eigenen Interessen verzichten und nur noch für die Gemeinde leben und arbeiten, im anderen Fall werden die eigenen Interessen mit den Gemeindeinteressen gleichgesetzt.
Im ersten Fall schadet man sich selber, weil die persönliche Beziehung zur Gemeinde verlorengehen kann. Die eigenen Bedürfnisse werden hintangestellt, bei Frustrationen werden Rabattmarken gesammelt,[61] und im Fall einer inneren oder äußeren Krise findet sich kein Grund mehr, warum man weiter in der Gemeinde leben und mitarbeiten soll.
Im zweiten Fall wird der Gemeinde geschadet, da in den seltensten Fällen die Interessen einer Person deckungsgleich mit den Interessen einer Gruppe sind. Auf seiten der Gemeindemitglieder entstehen Frustrationen, die u. U. zur Resignation führen können.

# 4. Kreative Gemeinde, ein zukunftsfähiges Modell

»Wie wäre es, wenn ... ?«, diese Fragestellung ist, so wird es in einschlägigen Schulungen gelehrt, Ausgangspunkt für kreative Neuorientierungen.[62]
Nachdem bisher schon einige Aspekte, wie sich zukünftig Gemeinden entwickeln können, beschrieben wurden, soll zum Abschluß an sechs Punkten die Vision einer zukunftsfähigen Gemeinde modellhaft beschrieben werden. Was macht eine Gemeinde kreativ, und wie können in ihr einzelne Problemfelder gelöst werden?

## 4.1 BEGRIFF

> *»Das Thema Kreativität, über das Sie Auskunft von mir erwarten, ist nicht leicht zu behandeln. Bedeutende Beiträge meines Faches, der Soziologie, sind nicht zu nennen. Der Begriff selbst ist, wohl weil er etwas Gutes bezeichnen soll, ziemlich unklar.«* [53]

Dieser Einschätzung, nach Sichtung der Literatur[64], muß man sich wohl oder übel anschließen. Eine Definition bzw. Theorie, was Kreativität sei, die allgemein akzeptiert wird, liegt nicht vor. Gleichwohl wird der Begriff fleißig benutzt. Der über tausend Jahre hinweg theologisch belegte Begriff[65] wird heute vor allem im handwerklichen und künstlerischen Bereich (›Kreatives aus Holz‹), im Wirtschaftsbereich (›Kreative Unternehmensführung‹) und in der Psychologie (›Kreativität als Persönlichkeitsmerkmal‹) gebraucht. Aus den unterschiedlichen, teilweise nicht miteinander kompatiblen Vorstellungen lassen sich drei Dimensionen der Kreativität feststellen.

**Definition Kreativität**

**Kreativität produziert neue Gedanken, die zu Lösungen spezieller Probleme bedeutend beitragen und sich überraschend einstellen.**

Ausganspunkt einer solchen Definition ist, daß Kreativität etwas über Problemlösungsstrategien sagt. Auf welche Weise geht ein einzelner oder eine Gruppe an vorgegebene Aufgaben und sucht nach Lösungsmöglichkeiten?

*a) Neuheit*

Kreativ ist eine Lösung dann, wenn sie einen Neuheitswert hat. Neu kann sowohl die Art und Weise, wie ein Problem gelöst wurde, als auch das Endergebnis der Lösungsbemühungen sein. Die Neuheit einer Idee ist situationsspezifisch bedingt.[66]

*b) Bedeutend*

Eine kreative Bearbeitung eines Problems hat auch immer eine auf die Fragestellung verblüffend passende Lösung parat. Eine kreative Idee muß nicht komplette Problemlösungen beinhalten, sondern sie kann auch ein Teilschritt oder ein realistischer Lösungsansatz sein. Kreativität ist somit zielorientiert.

*c) Überraschend*

Kreative Lösungen sind auch immer überraschende Lösungen. Überraschend sowohl in einer zeitlichen Dimension als auch in der Sach-Dimension.

Eine solche Definition geht weitestgehend von einem subjektiven Kreativitätsbegriff aus. So ist eine Bewertung, ob eine Idee neu und überraschend ist, nur aufgrund persönlicher Einstellungen und Erfahrungen möglich.

Sechs Variablen machen eine kreative Begabung aus:[67]

*a) Problemsensitivität (sensitivity to problems)* als Fähigkeit, aus einer kritischen Distanz heraus die Umwelt wahrzunehmen und zu analysieren. Hierdurch ist es möglich, Neuigkeiten festzustellen und Probleme zu erkennen. *b) Geläufigkeit (fluency)* bezeichnet die Fähigkeit, innerhalb einer begrenzten Zeit möglichst viele Gedanken, Ideen und Assoziationen zu einem Problem zu entwickeln. *c) Flexibilität (flexibility)* benennt, im

Unterschied zur Geläufigkeit, den qualitativen Aspekt der Ideen; die Fähigkeit, in unterschiedlichen, teilweise entgegengesetzten Denkkategorien ein Problem zu betrachten und zu lösen. *d) Originalität (originality)* kommt einer Idee dann zu, wenn sie selten, ausgefallen oder clever ist. *e) Umstrukturierung* (redefinition) bezeichnet die Fähigkeit, Objekte in einer völlig neuen und ungewöhnlichen Form zu gebrauchen. Schließlich *f) die Elaboration* als Fähigkeit, eine Idee in einen Plan umzusetzen und diesen zu verwirklichen.

Kreativität bedeutet damit nicht nur, einen breiten Ideenfluß zu haben, sondern es gehört auch noch die Fähigkeit der kritischen Auswahl dazu, aus einer Vielzahl von Ideen[68] kritisch jene herauszufiltern, die für ein bestimmtes Problem von Bedeutung sein könnten, und die Fähigkeit zur Umsetzung der Ideen.

## 4.2 KREATIVE GEMEINDE

Diese Annäherung an den Begriff der Kreativität macht deutlich, in welcher Richtung eine Gemeinde kreativ sein kann. Wesentlich ist, daß immer nach situationsgerechten Lösungen für anstehende Probleme gesucht wird. Hierbei wird keine Lösungsmöglichkeit von vornherein ausgeschlossen, sondern in der Phase der Ideenfindung ist alles denkbar.[69]

Eine Gemeinde ist nur dann zukunftsfähig, wenn sie somit flexibel und angemessen auf Änderungen innerhalb der Gemeinde und der Umwelt reagieren kann.

Einem solch dynamischen Gemeindebild widerspräche es, ein Modell von Gemeinde zu entwerfen. Angemessener erscheint es, eine Gemeinde, die sich selber als kreativ versteht, zu beschreiben. Aus verständlichen Gründen muß es hier aber bei der modellhaften Abhandlung von einigen Fragen, die sich im Zusammenhang mit der Zukunft von Gemeinde stellen, bleiben. Es soll dabei immer nur eine der Möglichkeiten aufgezeigt werden.

*a) Leitung*

War Gemeindeleitung bisher auf den Priester, der der Pfarrer der Gemeinde ist, ausgerichtet, so erkennt eine kreative Gemeinde, daß es in ihr unterschiedliche Leitungsbereiche mit unterschiedlichen Vorraussetzungen gibt. Neben der organisatorischen Leitung gibt es einen pastoralen Leitungsbereich und einen sakramentalen Bereich. Nur letzterer setzt die Priesterweihe voraus.

**Aufteilung der Leitung**

In Zeiten eines Pfarrermangels ist die Pfarrgemeinde bereit, die Leitungsaufgaben auf unterschiedliche Personen aufzuteilen. Die Leitung der Gesamtgemeinde liegt in der Hand eines Teams aus haupt- und ehrenamtlichen Mitarbeitern. Dieses Team wird von der Gemeinde dem Bischof vorgestellt und von diesem bestätigt.

Jedes Gemeindemitglied ist befähigt, auch Leitungsaufgaben in der Gemeinde zu übernehmen. Je nach Fähigkeiten und Akzeptanz bedeutet dies auch, Mitglied des Leitungsteams zu werden.

Hauptamtliche Mitglieder des Leitungsteams sind in der Regel theologisch ausgebildet. Sie haben deshalb eine besondere Aufgabe in der theologisch/spirituellen Begleitung der Gemeinde.

Die gesamte Gemeinde wurde motiviert, selber mehr Verantwortung zu übernehmen. Die Aufgabe des Leitungsteams besteht darin, die einzelnen Mitarbeiter zu motivieren, sie zu begleiten, die unterschiedlichen Bereiche und Gruppen in der Gemeinde zu vernetzen und nach außen die Gemeinde zu vertreten. Die Kompetenz dieses Teams ist genau umschrieben.

Das Team bestimmt einen Sprecher, der für einen begrenzten Zeitraum die Organisation des Leitungsteams innehat.

**Aufteilung des Leitungsteams**

In grundsätzlichen Fragen betreut das Leitungsteam den Entscheidungsfindungsprozeß. Es sorgt dafür, daß entscheidungsrelevante Informationen vorhanden, daß alle Gruppen beteiligt sind, und beruft eine Gemeindeversammlung, in der die Entscheidung getroffen wird, ein. Solche Entscheidungen sind für das Leitungsteam und alle Mitarbeiter bis auf weiteres bindend.

In Konfliktfällen vermitteln die Mitglieder des Leitungsteams bzw. rufen als letzte Instanz eine Gemeindeversammlung ein.

Die (ehrenamtliche) Mitarbeit im Leitungsteam wird dem Aufwand entsprechend entschädigt.

Als Konsequenz für eine diözesane Personalplanung kann dies bedeuten, daß weder eigenständige Gemeinden aufgelöst noch Priester als Pfarrer in mehreren Gemeinden gleichzeitig eingesetzt werden müssen. Gemeindeleitung ist nicht mehr auf einen kleinen Personenkreis beschränkt.

*b) Mit-Arbeiter*

Die verstärkte Beteiligung von möglichst vielen Gemeindegliedern an Leitungsaufgaben erfordert eine strukturierte Begleitung der Mitarbeiter.

Jeder Christ hat Fähigkeiten und Begabungen, die zur Belebung einer Gemeinde beitragen. Es gilt, diese zu entdecken und zu fördern. In einem Wechselspiel zwischen den persönlichen Befähigungen und den unterschiedlichen Einsatzbereichen findet jeder seinen idealen Platz in der Gemeinde.[70]
Wird jemand zum Mitarbeiter Christi in der Gemeinde, dann kann er mit einer fachlichen Betreuung und menschlichen Begleitung rechnen.
Entscheidend dabei wäre, daß eine solche Begleitung nicht den Charakter einer ›Schadensbegrenzung in Notfällen‹ hätte, d. h., daß erst dann, wenn sich Krisen abzeichnen, Begleitung zuteil wird, sondern, daß sie von Anfang an parallel und regelmäßig stattfindet. Dies ist im Verständnis der Gemeinde die Hauptaufgabe der GemeindeleiterInnen.

*c) Priester*

Mittelpunkt einer Gemeinde ist die gemeinsame Feier der Eucharistie.
Ausgehend von den eigenen Wünschen legt die Gemeinde fest, wie ihr liturgisches Leben aussieht. Da sie keinen eigenen Pfarrer mehr hat, wird die Zahl der Messen und anderer Gottesdienstformen neu überdacht werden. Nicht mehr eine größtmögliche Versorgungsdichte ist angestrebt, sondern eine bedarfsorientierte Planung. Hinter diesen Gedanken steckt auch der Wunsch, daß man vermeiden möchte, daß ein Priester sich zum reinen Sakramentenspender entwickelt.

**Pfarrverband**

In Absprache mit Nachbargemeinden hat man sich deshalb zu folgendem Modell entschieden: Der Priester in einem Pfarrverband wohnt und lebt in einer Gemeinde. Dort ist er Mitglied des Leitungsteams und übernimmt, je nach Fähigkeiten und Interessen, einen Teil der Leitungsaufgaben. Dies ist seine Heimatgemeinde, in der er sich aus dem Spektrum der Aufgaben seine Tätigkeiten auswählen kann. Mehr als die Hälfte seiner Arbeitskraft verwendet er auf diese Gemeinde. Die restliche Zeit steht er den übrigen zwei Gemeinden für priesterliche Aufgaben nach Absprache zur Verfügung.
Auf Wunsch der Gemeinde hat der Bischof einigen ehrenamtlichen Mitarbeitern die Tauf-, Predigt- und Beerdigungserlaubnis erteilt. Diese Aufgaben können damit von der Gemeinde selber abgedeckt werden. Trotzdem hat man sich entschieden, daß Taufen möglichst in einer sonntäglichen Eucharistiefeier stattfinden, um den Bezug der Gesamtgemeinde zu diesem Ereignis deutlich zu machen.
Da nicht mehr jeden Sonntag eine Eucharistiefeier stattfinden kann, wird als zweite Form ein Wortgottedienst mit Predigt und Kommunionfeier in der Gemeinde gehalten.
Durch diese Entscheidungen wird einerseits der zuständige Priester entlastet, da er ein

begrenztes und erfüllbares Aufgabengebiet hat, andererseits verstärkt sich in der Gemeinde das Verantwortungsbewußtsein für alle Bereiche der Gemeinde.

*d) Mündige und geschwisterliche Gemeinde*

Aus dem bisher Gesagten ergibt sich, daß eine kreative Gemeinde eine mündige und geschwisterliche Gemeinde ist.

Mündige Gemeinde ist sie, weil sie selber zum Subjekt der Seelsorge geworden ist, weil sie eine realistische Einschätzung ihrer Wünsche und Möglichkeiten hat und schließlich, weil sie ihr eigenes Schicksal in die Hand genommen hat und auch gegenüber Dritten vertreten kann.

Geschwisterliche Gemeinde ist sie, weil sie die Strukturen und Ungerechtigkeiten einer (ehemals) Männerkirche aufzubrechen sucht. Soweit es ihr möglich ist, versucht sie, die geschlechtsorientierten Fehlformen zu beheben, da, wo es in der Kompetenz anderer liegt, fordert sie beständig Korrekturen ein. So weiß die geschwisterliche Gemeinde, daß es unterschiedliche Formen der Spiritualität, der Leitung etc. gibt. Deshalb ermöglicht sie es Frauen wie Männern, das Gemeindeleben aktiv mitzugestalten und auf diese Weise die je eigenen Formen zu entdecken und umzusetzen.

Als Kontrastgesellschaft will sie Raum bieten, in dem neue Umgangsformen zwischen Männern und Frauen erprobt werden, die dann auch in der gesamten Gesellschaft Bedeutung haben können.

*e) Beziehung zur Kirche*

Eine kreative Gemeinde sondert sich nicht von der übrigen Kirche und von den Nachbargemeinden ab, vielmehr nimmt sie eine Mitverantwortung für die Gesamtkirche wahr.

Hat sich ein Leitungsteam in einer Gemeinde gebildet, dann unterrichtet die Gemeinde den Bischof darüber, wer in den nächsten Jahren die Gemeinde leiten wird. Der Bischof bestätigt die einzelnen Personen im Team und bei Bedarf sendet er noch einen Theologen/eine Theologin als Hauptamtlichen in die Gemeinde.[71] Aufgabe der Diözese ist es, die Aus- und Weiterbildung der Leitungsteams zu übernehmen.

Ein Teil der Aufgaben ist nicht mehr von Einzelgemeinden zu bewältigen.[72] Hierzu finden sich die benachbarten Gemeinden für konkrete Aktionen zusammen.

Im Bereich der Sakramentenspendung wurde bereits deutlich gemacht, wie eine solche Arbeit konkret aussieht. Ähnlich kann es in der Schul-, Krankenhaus-, Gefängnisseel-

sorge etc. aussehen. Entscheidend dabei ist, daß die Gemeinde weder ihre eigene Verantwortung abgibt, noch daß bei diesen kategorialen Bereichen die Beziehung zur Gemeinde verlorengeht. So werden die Besuche in Krankenhäusern zwar von einem speziell ausgebildeten übergemeindlichen Team ausgeführt, aber dieses kommt im Namen der Ortsgemeinde an das Krankenbett (und sagt dies auch). Für die KrankenhausseelsorgerInnen gibt es in den betreffenden Gemeinden Ansprechpartner, mit denen sie in enger Verbindung stehen. So kann bei Bedarf eine Familie in der Gemeinde begleitet werden, bzw. nach der Entlassung aus dem Krankenhaus geht eine Begleitung weiter. Die kreative Pfarrgemeinde versucht, eine raumgerechte Seelsorge[73] zu erreichen.
Schließlich nimmt eine solche Pfarrei ihre Sorge für die ganze Kirche dadurch wahr, daß sie in kleinem Maßstab ausprobiert, welche Formen von Gemeindestruktur auch möglich sind, und damit Anregung für andere Gemeinden, die gesamte Kirche gibt.

*f) Lebensformen*
Wenn Gemeinde von ihrem Auftrag her als ›ein sich selbst erweiterndes System‹[74] verstanden werden muß, dann wird sich dies auch auf die Lebensform(en) innerhalb der Pfarrgemeinde auswirken.
Ähnlich dem im Neuen Testament beschriebenen Verhältnis zwischen Orts- und Hausgemeinde[75] wird eine Pfarrgemeinde Strukturierungen aufweisen.
Leben und Spiritualität haben bei Christen unterschiedlichste Ausprägungen. So vielfältig diese Formen sind, so vielfältig gestaltet sich das Gemeindeleben.
In kleinen Basisgemeinschaften[76] treffen sich Christen, um gemeinsam zu leben und den Glauben zu gestalten. Diese Gemeinschaften sind ganzheitlich: sie umfassen das gesamte menschliche Leben mit seinen Erlebnissen und Erfahrungen. Dort ist ein Ort, an dem diese zur Sprache gebracht werden können. Die konkrete Gestaltung der Gruppe liegt in den Händen der Mitglieder.
Mehrere Basisgemeinschaften bilden die Ortsgemeinde.

## 4.3 KREATIVITÄT WILL GELERNT SEIN

Kreativität, als wesentliches Element einer zukunftsfähigen Gemeinde, kann nicht auf wenige Mitglieder der Gemeinde beschränkt sein. Im Sinne einer Gemeinde, die entdeckt hat, daß sie selber für sich verantwortlich ist, werden möglichst viele an den verantwortlichen Gemeindeaktivitäten beteiligt.

Hier wird davon ausgegangen, daß Kreativität keine Fähigkeit ist, die nur sehr wenigen vorbehalten ist.[77] Vielmehr kann jeder, im je individuellen Rahmen, kreativ sein. Aber dies bedarf der Einübung und Begleitung.
Anleitung zur Kreativität, so wie sie Teil von Unternehmensberatung ist, bedeutet nicht, daß jeder jedes Problem auf kreative Weise lösen kann, vielmehr sollen Teams mit den Techniken, wie Probleme gelöst werden können, vertraut gemacht werden. Diese Vertrautheit ermöglicht es, in bestimmten Situationen auf unkonventionelle Weise nach denkbaren Lösungen zu suchen.

## 5. Zusammenfassung

In den pastoraltheologischen Reflexionen wurden einige Grundbausteine für zukünftige Gemeindemodelle, die Reaktion auf den Pfarrermangel sein können, entwickelt bzw. reflektiert.
Die bisherigen Reaktionsmuster, die in ihrer Folge entweder eine Angebotskonservierung oder Angebotsverkleinerung darstellen, sind nicht dazu geeignet, die Sorgen der Kirchenmitglieder aufzunehmen.
Gemeinde der Zukunft wird sich als Kontrast zu den übrigen gesellschaftlich verbreiteten Lebensformen verstehen. Als geschwisterliche Gemeinde bekommen Frauen den Platz eingeräumt, der ihnen zusteht.
Als ein sich selbst erweiterndes System ist sie nach außen hin offen und versucht die Menschen für die Botschaft von dem menschenfreundlichen Gott zu gewinnen.
Ehrenamtliche Mitarbeit in einer Pfarrgemeinde wird durch die Situation auf dem Wohnungs- und Arbeitsmarkt und die dadurch immer größer werdende Entfernung zwischen Arbeits- und Lebensort nicht mehr für alle Berufstätigen in einem größeren Umfang möglich sein. Die Freizeit, die jetzt für Fahrten zur Arbeitsstelle benötigt wird, fehlt für ein ehrenamtliches Engagement.
Eine zukunftsfähige Gemeinde wird weder ein Versorgungs- noch ein Vermehrungsprinzip als Maßstab ihrer Aktivitäten wählen. In einer kreativen Lebendigkeit wird abgeschätzt, was die angestrebten Ziele sind und ob die dafür notwendigen Ressourcen vorhanden sind. Die Aktivitäten werden regelmäßig reflektiert, und es wird versucht, die Zeichen der Zeit zu deuten. Die Gemeinde hat ein Selbstbewußtsein, indem sie weiß, wer sie ist und was sie sein möchte.

Grundvoraussetzung für eine solche Gemeinde ist die Visionsfähigkeit. Die Gemeinde der Zukunft befähigt jeden einzelnen dazu, seine Vorstellung von einer Wunschgemeinde zu entwickeln und mit anderen darüber ins Gespräch zu kommen. Diese persönlichen Visionen sind Ausgangspunkt für eine Mitarbeit an der Gemeinde.

Damit Gemeinde zur Welt kommen kann, bedarf es einer Gemeindeleitung. Gemeindeleitung ist nicht das Zentrum von Gemeinde, sondern versteht sich als Hebammendienst im Auftrage Jesu, damit Gemeinde zu einem Zentrum findet. Sie befähigt einzelne Gemeindemitglieder, ihre Fähigkeiten in den Dienst der Gemeinde zu stellen, begleitet die Mitarbeiter fachlich und menschlich, vernetzt die unterschiedlichen Gruppen der Gemeinde miteinander und regt zu neuen Aktionen an.

Eine Gemeinde, die kreativ, also zeitgerecht, flexibel und unabhängig von vorgegebenen Wegen auf Probleme reagiert, gewinnt dadurch neue Zukunftsperspektiven. Eine solche Gemeinde wird Leitung nicht mehr alleine mit einem Pfarrer verknüpfen. So kann z. B. ein Team von Ehren- und Hauptamtlichen die Gemeinde leiten. Die Mit-Arbeiter werden dazu angeleitet, ihre eigenen Begabungen zu entdecken und einzubringen. Die Eucharistiefeier wird mit einem Priester aus einer Nachbargemeinde bei Bedarf gefeiert. Sie ist eine geschwisterliche und mündige Gemeinde, die sich als aktiver Teil einer universalen Kirche versteht und entsprechend den Kontakt zu den Nachbargemeinden etc. pflegt.

Auf dem Weg zu einer kreativen Gemeinde macht die Gemeinde die Erfahrung, daß Kreativität ein Prozeß für die gesamte Gemeinde ist, der auch erprobbar ist. Im Rahmen von Mitarbeiterfortbildung und Erwachsenenbildung kann dies ausprobiert werden.

## 6. Literatur und Anmerkungen

BERGER, PETER L., LUCKMANN, THOMAS: Die gesellschaftliche Konstruktion der Wirklichkeit. Frankfurt a. M., [5] 1991.

BERTSCH, LUDWIG (Hrsg.): Laien als Gemeindeleiter: ein afrikanisches Modell. Freiburg i. Br., 1990.

BRUIN, HERMAN DE, BRÖCKERS, WALTER: Stadt-Seelsorge: Wege für die Praxis – Wege mit den Menschen. Frankfurt a. M., 1991.

BUNDESARBEITSGEMEINSCHAFT DER MITTEL- UND GROSSBETRIEBE DES EINZELHANDELS E. V. (Hrsg.), Führen und Handeln ist gefordert: Initiativ – Kreativ – Kooperativ. Köln, 1988.

FRANKE, HEINZ: Problemlösen und Kreativität: lernpsychologisch aufbereitet. Goch, 1980.

GEMEINSAME SYNODE DER BISTÜMER DER BUNDESREPUBLIK DEUTSCHLAND. Offizielle Gesamtausgabe, Hrsg. v. Ludwig Bertsch u. a. [7] 1989, Freiburg.

GUMBRECHT, HANS-ULRICH (Hrsg.): Kreativität: Ein verbrauchter Begriff? München, 1988.
KINSY-GOMAN, CARROL: Kreativität im Geschäftsleben. Wien, 1991.
KLOSTERMANN, FERDINAND (Hrsg.): Der Priestermangel und seine Konsequenzen. Düsseldorf, 1977.
LOHFINK, GERHARD: Wie hat Jesus Gemeinde gewollt? Freiburg i. Br., [8] 1989.
PREISER, SIEGFRIED: Kreativitätsforschung. Darmstadt, [2] 1986.
PRÜLLER, VERONIKA: Wir Frauen sind Kirche – Worauf warten wir noch? Wien, 1992.
REUSS, JOSEF M. (Hrsg.): Seelsorge ohne Priester? Düsseldorf, 1976.
REUSS, JOSEF M.: In der Sorge um die Priester und das ganze Gottes-Volk. Mainz, 1982.
SCHELLENBERGER, BERNHARDIN: Wider den geistlichen Notstand., Freiburg i. Br., 1991.
STEINITZ, HERWIG (Ltg.): Gemeindeleitung in Kooperation – Auswertungsbericht. Limburg, 1990.
ZULEHNER, PAUL M. u. a.: Vom Untertan zum Freiheitskünstler. Wien, 1991.
ZULEHNER, PAUL M.: Gemeindepastoral: Ziele und Positionen. Wien, 1992.
ZULEHNER, PAUL M., HEIL, MARKUS, RAUSCH, ULRICH: Pfarrermangel – Studie zur Situation der deutschsprachigen Diözesen. Wien, 1991, unveröffentlicht.
ZULEHNER, PAUL M.: Priestermangel praktisch. München, [2] 1983.
ZULEHNER, PAUL M.: Religion im Leben der Österreicher – Dokumentation einer Umfrage. Wien, 1981.

*

1 Auf Grund einer immer weiteren Ausdifferenzierung von sozialen und kulturellen Lebensräumen, und dies nicht nur zwischen Kontinenten, wird davon ausgegangen, daß es in Zukunft nicht mehr eine Gemeindeform geben wird.

2 Siehe hierzu: B. Bestandsaufnahme 1. Was wäre wenn?, Seite 35.

3 Tradierung der Mißverständnisse, Rausch, Ulrich, Geister-Glaube, 1991, Düsseldorf, 61.

4 Siehe C. Lösungsversuche: Praxis und Möglichkeiten, Seite 45.

5 Ein geradezu klassisches Beispiel für Angebotskonservierung ereignet sich in vielen Pfarrgemeinderäten nach der PGR-Wahl. Trifft sich der PGR zur ersten Sitzung, werden die Aufgabenfelder verteilt. Ausgangspunkt dafür ist nicht, was man sich an Aktivitäten für die Zukunft wünscht, sondern die Gremien aus der letzten Sitzungsperiode werden ›einfach‹ wieder besetzt.

6 Vgl. D. 4.4.4 Das Elijas-Syndrom Seite 106.

7 Der Kritik, daß Gemeinden nicht selber ihr Schicksal in die Hand nehmen und gestalten, muß entgegengehalten werden, daß in vielen Fällen eine ›Anleitung zur Mündigkeit der Gemeinde‹ nicht stattfand. Da dies in einem geschützten Raum nicht erprobt wurde, mangelt es an Erfahrungen, die in der Krise dann umgesetzt werden könnten.

8 Gemeindemangel bedeutet, daß in den Gemeinden ein ausgeprägtes Gemeindebewußtsein fehlt. Die Verantwortung für das Gemeindeleben wird nicht den Gemeindegliedern, sondern Hauptamtlichen zugeschrieben.

9 Berger, Peter, Luckmann, Thomas: Die gesellschaftliche Konstruktion der Wirklichkeit, Frankfurt/Main, [5] 1991.

[10] Berger/Luckmann, a. a. O, .

[11] Vgl. z. B. Lohfink, Gerhard: Wie hat Jesus Gemeinde gewollt?, Freiburg i. Br., [8] 1989, 142.

[12] Vergleiche dazu: E. Bibeltheologische Gemeindeformen, 2.2 Ortsgemeinde, Seite 132.

[13] Vgl. Bertsch, Ludwig (Hrsg.): Laien als Gemeindeleiter: ein afrikanisches Modell, Freiburg i. Br., 1990, 64.

[14] Zulehner, Paul M.: Vom Untertan zum Freiheitskünstler, Wien, 1991, 117f.

[15] «Nicht zuletzt führen auch die Leistungsfähigkeit und die Anziehungskraft der modernen Großstadt dazu, daß der Wohnungsmarkt der Nachfrage nicht mehr entsprechen kann. Studenten, Angestellte bei Banken, Versicherungen, Verwaltungszentren, in den vielen Krankenhäusern, Kaufhäusern usw., ferner Aus- und Übersiedler wie auch Asylbewerber, sowohl Alleinstehende als auch Familien gehören zu denen, die täglich verzweifelt auf der Suche nach einer Wohnung sind. Diese Wohnungsknappheit verursacht ein Mietpreisnieveau, das für die meisten Menschen über ihren finanziellen Kräften liegt. Auch Wohngeld kann dies nicht ausgleichen! Armut, Neid und Aggression sind oft die Folgen.« Bruin, Herman de, Bröckers, Walter: Stadt-Seelsorge, Wege für die Praxis – Wege mit den Menschen, Frankfurt/Main 1991,, 42f.

[16] Übersichtskarte der Postleiteinheiten, Deutsche Bundespost Postdienst, [6]1991, Bonn.

[17] Zu den ersten beiden Punkten vergleiche D. Organisationspsychologische Aspekte 4 + 5, Seite 96ff.

[18] Auch dann, wenn Gemeindeleitung in die kleinstmöglichen ›Portionen‹ verteilt wird, ist mit einer Zeitbelastung von 4–5 Stunden pro Woche zu rechnen, die nicht mehr von allen Berufstätigen aufgebracht werden kann.

[19] Das Pastoralamt einer süddeutschen Diözese beobachtet heute mit Sorge, daß ein Großteil der Seelsorge, die bisher durch Ehrenamtliche getragen wurde, schon nicht mehr durchzuführen ist, da die ehrenamtlichen Frauen eine bezahlte halbe Stelle der Mitarbeit in einer Gemeinde vorzögen. In dieser Situation schickt die Diözese verstärkt hauptamtliche Mitarbeiter in die (ländliche) Region, um die Pastoral aufrechtzuerhalten.

[20] Vergleiche dazu B.3, Akzeptanz als Gemeindeleiter, Seite 49. Danach hat ein ehrenamtliches Kirchenmitglied 1990 die schlechteste Akzeptanz im Kirchenvolk (Ablehnung 25%). Sie hat sich damit in den letzten 10 Jahren um 22 Prozentpunkte gesteigert, während die Ablehnung von Frauen in demselben Zeitraum um 14 Prozent abgenommen hat.

[21] Der Feststellung »Manche sagen heute auch: Mir ist jede Person recht, wenn sie nur die entsprechende Fähigkeit und Einsatzbereitschaft hat.« stimmten 1980 52%, 1990 58% zu.

[22] Das Konzept von einigen Unternehmen, bei jeder Personaleinstellung, jedem Positionswechsel etc. den Mitarbeiter mit einem speziellen Traineeprogramm auf die neue Aufgabe vorzubereiten, könnte in diesem Zusammenhang im kirchlichen Raum Schule machen. Voraussetzung ist aber, daß man die Aufgaben beschreiben kann.

[23] Vergleiche D. Organisationspsychologische Aspekte 3. Leitungskompetenz, Seite 93.

[24] So hat es ein gesamter Ausbildungsjahrgang einer Diözese abgelehnt, solche Positionen zu übernehmen. vgl. Der Sonntag, 35/1991, Limburg, 14.

[25] Prüller, Veronika, Wir Frauen sind Kirche – Worauf warten wir noch?, Wien, 1992.

[26] »Frauen als Bezugspersonen dürfen nicht durch Diakone, die ja bisher männlichen Geschlechts sind, verdrängt werden.« in: Gemeindeleitung in Kooperation – Auswertungsbericht, Limburg, 1990, D. 16.

[27] Gemeindeleitung in Kooperation – Auswertungsbericht, 1990, Limburg, D. 15.

[28] Zulehner, Paul M., Religion im Leben der Österreicher, Wien, 1981, 110.

[29] Bei der Ordensfrau ist die Akzeptanz genau umgekehrt verteilt. Je mehr Kontakt ein Katholik zu einer Gemeinde hat, umso weniger verneint er eine Ordensfrau (jeden Sonntag 15%; fast nie 19%) als Notlösung.

[30] Zulehner Paul M., Heil, Markus, Rausch Ulrich, Pfarrermangel – Studie zur Situation der deutschsprachigen Diözesen, Wien, 1991, unveröffentlicht, 54.

[31] Forschungsseminar ›Leutereligion‹, Wien, 1990, 95f., unveröffentlicht.

[32] Zulehner, Paul M., Heil, Markus, Rausch, Ulrich: Pfarrermangel – Studie zur Situation der deutschsprachigen Diözesen. Wien, 1991, unveröffentlicht, 53.

[33] Forschungsseminar ›Leutereligion‹. Wien, 1990, 115, unveröffentlicht.

[34] Zur Terminologie vergleiche: Zulehner, Paul M.: Vom Untertan zum Freiheitskünstler. Wien, 1991, 125f.

[35] Im Gegensatz dazu hat sich der Widerstand gegen Frauen z. B. bei den Kulturreligiösen im gleichen Zeitraum mehr als halbiert.

[36] Zulehner, Paul M., Heil, Markus, Rausch, Ulrich: Pfarrermangel – Studie zur Situation der deutschsprachigen Diözesen. Wien, 1991, unveröffentlicht, 58.

[37] Die Erfahrungen, die bisher mit Bezugspersonenn gemacht wurden, deuten darauf hin, daß eine Umstrukturierung der Aufgabenbereiche geraten erscheint. Die Erfahrungen in der Evangelischen Kirche weisen in dieselbe Richtung!

[38] Die Besetzung von Bezugspersonenstellen stößt heute schon auf Schwierigkeiten. Es wurden viele Frauen zur Pastoralassistentin ausgebildet, aber im Wissen um die beschriebenen Probleme sind sie nicht bereit, eine solche Stelle zu übernehmen.

[39] Aus der Organisationspsychologie weiß man, daß die unterste Grenze 5 Jahre, ideal aber 10 Jahre sind. Erst dann können sich in einem so komplexen Gebilde wie einer Gemeinde neue Strukturen herausbilden und bewähren.

[40] So beschreiben in persönlichen Gesprächen viele Theologiestudentinnen ihre eigenen Perspektiven.

[41] Vgl. Bibeltheologische Gemeindevisionen E. 2. Seite 132.

[42] Vgl. Organisationspsychologische Aspekte D. 4., hier vor allem 4.4, Seite 101 ff.

[43] Vergleiche: Zulehner, Paul M.: Priestermangel praktisch. München, [2] 1983, 68ff..

[44] Dienste und Ämter 5.4.6, in: Gemeinsame Synode der Bistümer der Bundesrepublik Deutschland, [7] 1976, Freiburg i. Br., 628/9.

[45] Die Deutsche Bischofskonferenz hat im Anschluß an die Synode dem Dokument ›Ämter und Dienste‹ zugestimmt, unter der Voraussetzung, daß das Thema ›viri probati‹ ausgeklammert bleibt. Man wollte damals nicht über ein Thema diskutiert wissen, das gesamtkirchlich nicht durchsetzbar sei (Auf der Römischen Bischofssynode 1971 ist die Zulassung von verheirateten Männern zum Priesteramt mit 23:16 abgelehnt worden.) in: Synode a. a. O., 909/10.

[46] Hier sei noch einmal auf das Ausbildungsmodell der ›Laien als Gemeindeleiter‹ in der Erzdiözese Kinshasa hingewiesen. Siehe A. 2.4, Seite 26ff.

[47] Die Kerngemeinde also.

[48] Kreative Lebendigkeit ist nicht mit einer an Aktionismus grenzenden Lebendigkeit zu verwechseln. Der Unterschied wird deutlich zu machen sein.

[49] Dieses Zugehen auf andere soll unter keinen Umständen auf eine gewalttätige Form, wie dies bei vielen Neuevangelisierungsbewegungen der Fall ist, geschehen. Sensible Menschen haben dann zu Recht das Gefühl, daß sie vergewaltigt werden.

[50] Vergleiche D. Organisationspsychologische Aspekte: Günstigster Augenblick, Seite 87.

[51] Damit ist nichts gegen persönliche Interessen gesagt, aber es wird deutlich markiert werden müssen, was die unterschiedlichen Gründe sind.

[52] Vergleiche 3.3.4 Visionsarbeit, Seite 181.

[53] Vergleiche 3.3.4 Visionsarbeit, Seite 181.

[54] Vgl. Zulehner, Paul M.: Das Gottesgerücht: Bausteine für eine Kirche der Zukunft. Düsseldorf, [6] 1989; Zulehner, Paul M.: »Sie werden mein Volk sein«: Grundkurs gemeindlichen Glaubens. Düsseldorf, [3] 1987.

[55] Es müßten dann neue Visionen erfunden werden.

[56] Nicht eine neue Sprache muß beigebracht werden, sondern es soll gelernt werden, die eigene Sprache auszudeuten.

[57] Schellenberger, Bernhardin: Wider den geistlichen Notstand: Erfahrungen mit der Seelsorge. Freiburg i. Br., 1991.

[58] Angeregt wird dies zum Beispiel von der women church: »In Abhebung zu den traditionellen Kirchen wendet sich die Frauenkirche vor allem gegen den Klerikalismus, der die NichtklerikerInnen im sakramentalen Leben sowie in Lehre und Kirchenverwaltung entmündigt hat. So ringt die Frauenkirche um eine Wiederaneignung der geistlichen Funktionen als Artikulationsform der Gemeinschaft. Es soll nicht ›geführt‹, sondern ›angeleitet und gestützt‹ werden. Amt wird radikal als Dienst verstanden, der der Befähigung und Ermächtigung der anderen verpflichtet ist. Die Funktionen und Ämter überträgt die Gemeinde durch Handauflegen und auf Zeit. In der Übertragung eines Amts drückt sich dabei symbolisch die Einheit der Gemeinde aus.« in: Prüller, Veronika, Wir Frauen sind Kirche – Worauf warten wir noch? Wien, 1992, 73.

[59] Es soll an dieser Stelle nur allgemein auf das Problem hingewiesen werden, daß viele, die heute leitende Aufgaben ausführen, kaum die notwendigen Techniken entdecken und erlernen können. Es muß deshalb der Übergangsphase eine besondere Aufmerksamkeit geschenkt werden.

[60] Vergleiche D. Organisationspsychologische Aspekte, 2.1.4 Biblische Leitbilder, Seite 88.

[61] Vergleiche D. Organisationspsychologische Aspekte, 3.3.4 Rabattmarken Seite 105.

[62] Kinsey-Coman, Corol: Kreativ im Geschäftsleben. Wien, 1991, 62.

[63] Luhmann, Niklas: Über ›Kreativität‹, in: Gumbrecht, Hans-Ulrich, Kreativität – Ein verbrauchter Begriff? München, 1988, 15.

[64] Matussek, Paul: Was ist Kreativität? in: Nordostschweizerische Kraftwerk AG (Hrsg.), Kreativität, Baden,, 1989, 30.

[65] Gott als der kreative Schöpfer der Welt.

[66] Preiser, Siegfried: Kreativitätsforschung. Darmstadt, [2] 1986, 6.

[67] Ich folge hier: Preiser, Siegfried: Kreativitätsforschung, a. a. O., 58ff.

[68] Die Forschung meint entdeckt zu haben, daß kreative Menschen nicht mehr Ideen haben als andere, aber sie verstehen es besser, mit diesen umzugehen.

[69] Auch eine mögliche kirchliche Unumsetzbarkeit bedeutet noch kein Denkverbot.

70 Dies setzt voraus, daß eine Gemeinde auch ihre ›Arbeitsplätze‹ und die Anforderungen an die Mitarbeiter beschreiben kann. Siehe dazu: D. Organisationspsychologische Aspekte, 4.3 Mitarbeiterauswahl, Seite 97.

71 Auch hier ist eine neue Vorgehensweise denkbar. Es wird davon ausgegangen, daß Hauptamtliche in erster Linie der Gemeinde gegenüber verpflichtet sind. Mit der Gemeinde muß das Pastoralkonzept abgesprochen, einzelne Aufgaben verteilt bzw. selber übernommen werden. Die primäre Arbeitsbeziehung besteht deshalb zwischen der Gemeinde und dem Hauptamtlichen/der Hauptamtlichen. Bisher wird ein(e) MitarbeiterIn von dem Bischof oder in dessen Namen ausgewählt, und dann in die Gemeinde geschickt. Denkbar wäre, daß die Gemeinde selber unter den MitarbeiterInnen einer Diözese einen Hauptamtlichen/eine Hauptamtliche aussucht. Im Rahmen von Vorstellungsgesprächen macht man sich gegenseitig bekannt, tauscht Erwartungen etc. aus. Schließlich erstellt man gemeinsam eine Stellenbeschreibung/einen Arbeitsvertrag, in dem die gegenseitigen Pflichten und Rechte festgehalten werden. Diese Einigung wird dem Bischof übermittelt, der daraufhin den Mitarbeiter/die Mitarbeiterin in die Gemeinde sendet.

72 So sind heute im Bereich der Caritas viele Gemeinden schon überfordert. Die Aufgaben sind nicht auf die Gemeindegrenzen beschränkt, und sie erfordern besondere Qualifikationen. Deshalb bietet sich ein gemeindeübergreifendes Konzept an.

73 Greinacher, Norbert: Raumgerechte Seelsorge. in: Der Seelsorger 35 (1965), 191 – 199.

74 Vgl.: Bono, Edward de: Laterales Denken: Ein Kurs zur Erschließung ihres Kreativitätsreservoirs. Düsseldorf, 1989, 60.

75 Vergleiche E. Biblische Gemeindeformen 2.1. Hausgemeinden und 2.2 Ortsgemeinde, Seite 130ff.

76 Vergleiche: A. Historische Dimensionen, 2.4 Laien als Gemeindeleiter, Seite 26ff.

77 Man kann deshalb von einer Demokratisierung des Genie-Gedankens sprechen.

# H. ZUSAMMENFASSUNG

A Es ist zu unterscheiden zwischen dem *Priester-* und dem *Pfarrermangel*. Der Pfarrermangel als Folge des Priestermangels betrifft die einzelnen Pfarrgemeinden, da nicht mehr für alle Gemeinden geweihte Gemeindeleiter zur Verfügung stehen. Der Pfarrermangel ist eine Situation, in der die Vorstellung, was eine christliche Gemeinde ist und welche Aufgaben ein Pfarrer in dieser hat, aufgrund der Personalsituation nicht mehr verwirklicht werden kann. Die Gründe für den Pfarrermangel können unterschiedlich sein: schnelles Anwachsen der Gläubigen, vermehrtes Verlassen des Priesteramtes, Nachwuchssorgen.
Der jetzige Pfarrermangel zeichnet sich schon seit Jahrzehnten ab.
Der Pfarrermangel hat historische Dimensionen und ist nicht nur auf den europäischen Raum beschränkt. Die Kirche in Zaire zum Beispiel versucht dem Pfarrermangel durch eine Neustrukturierung der Pfarrgemeinden zu begegnen. Es wird das Engagement der Laienmitarbeit verstärkt. Neben einer fundierten Ausbildung werden die Laien auch mit neuen Kompetenzen ausgestattet.

B Eine Untersuchung der augenblicklichen Daten und Trends, sowohl was die Erwartungen und Hoffnungen der Leute betrifft als auch die personelle Situation, hat ergeben, daß die Leute einen *Priester besonders in religiösen/persönlichen Fragen um Rat bitten*, und gleichzeitig befürchten, der Pfarrermangel erschwere den Kontakt mit einem Priester.
Z. Zt. ist in den deutschsprachigen Diözesen fast jede dritte Pfarrei ohne Pfarrer vor Ort. In 10 Jahren wird sich die Situation so verändert haben, daß im Durchschnitt nur noch jede zweite Pfarrei besetzt werden kann.
In dieser Situation werden von dem Kirchenvolk unterschiedliche ›Notlösungen‹ für Gemeindeleiter verschieden stark akzeptiert. Am meisten werden ein Diakon, ein laisierter Priester und ein Pastoralassistent akzeptiert, am wenigsten ein ehrenamtliches Gemeindemitglied. Die stärkste Veränderung hat sich bei Frauen ergeben, deren Akzeptanz in den letzten 10 Jahren um 14 Prozent zugenommen hat.

C Unterschiedliche Lösungsversuche, um die Folgen des Pfarrermangels in den Griff zu bekommen, sind im Augenblick in der Diskussion bzw. in der Erprobung. Zu unterscheiden sind die Lösungsversuche, die an einer *singularen Gemeindeleitung* festhalten, und jene, die *Gemeindeleitung auch als Aufgabe eines Teams* ansehen.

Jene Lösungsansätze, die den Pfarrermangel ausschließlich als Priestermangel sehen, versuchen, durch eine verstärkte Werbung den Mangel zu beheben.
Die auf eine *Person fixierten Lösungsversuche* vergrößern entweder den Bereich, der von einer Person geleitet werden soll, oder aber sie verlagern die Aufgaben in außergemeindliche Bereiche.
*Plurale Lösungsversuche* gehen davon aus, daß Gemeindeleitung von mehreren Personen wahrgenommen werden kann. Je nach Zusammensetzung besteht ein solches Team aus Hauptamtlichen oder Ehrenamtlichen, oder es handelt sich um ein ›gemischtes‹ Leitungsteam.
Ein zwischengemeindliches Lösungsmodell ist die Gemeindeleitung in Kooperation. Hierbei werden in mehreren Gemeinden ›Bezugspersonen‹ als Leiter eingesetzt. Die Leiter kooperieren miteinander, d. h., übergemeindlich werden Gottesdienste und einzelne Seelsorgsbereiche abgesprochen.

**D** ›Gemeinde‹ mit dem *Instrumentarium der Organisationspsychologie* beschrieben, öffnet die Möglichkeit, Chancen und Schwierigkeiten, die sich aus dem augenblicklichen Pfarrermangel ergeben, zu sehen.
Modelle für Pfarreien, die mit dem Mangel an geweihten Gemeindeleitern konfrontiert sind, werden sich daran messen lassen müssen, inwieweit sie die Möglichkeit von unterschiedlichen Leitungsstilen, die Verschiedenheit der Leitungsorte und schließlich die *fachliche und soziale Kompetenz des Leiters/der Leiterin* berücksichtigen. Leiten bedeutet, Mitarbeiter in ihren speziellen Tätigkeiten zu unterstützen und die verschiedenen Tätigkeiten zu vernetzen. Dabei können Leitungsprobleme entstehen. Es gilt, die richtigen Mitarbeiter für bestimmte Aufgaben zu finden, jedem die für seine Arbeit wichtige Information zukommen zu lassen, Mitarbeiter zu motivieren, frühzeitig *Rabattsammler* zu erkennen, und schließlich sind die, die am *Elijas-Syndrom* leiden, zu begleiten. Modelle für zukünftige Gemeinde berücksichtigen in ihren Strukturen diese Leitungsfragen. Schließlich sind Leitungstechniken im Rahmen der Aus- und Weiterbildung an die haupt- und ehrenamtlichen Mitarbeiter in den Gemeinden zu vermitteln.

**E** Der Blick auf die *biblischen Gemeinden* zeigt, daß es in den unterschiedlichen Situationen, in denen sich die ersten Christen zusammenfanden, auch unterschiedliche ›*Gemeindeformen*‹ gab. Gemeindeleitung war in dieser Zeit in unterschiedlichen Formen und Ausprägungen denkbar.

Mittelpunkt der meisten Gemeinden war ein Haus. Dort traf man sich zu Gottesdienst und Herrenmahl. Neben den *Hausgemeinden* gab es in Jerusalem eine *Ortsgemeinde*, in der die verschiedenen Hausgemeinden zusammengefaßt waren. Die Leitung der Gemeinden hatte der Mann oder die Frau inne, die das Haus für die Versammlung zur Verfügung stellten. Die Jerusalemer Ortsgemeinde wurde von dem Kreis der Zwölf gemeinsam geleitet.
Die Ausgangssituation der *johanneischen Gemeinden* unterschied sich von der der übrigen Gemeinden. Deshalb konnte sich dort eine andere Form von Gemeindekultur entwickeln. Die verstreut lebenden Kleingruppen hielten durch reisende Apostel untereinander Kontakt. Eine ausgeprägte Amtsstruktur kannte sie nicht. Die Gemeinden verstanden sich als unmittelbar mit Christus verbunden, und so gingen sie von einer direkten Geistbegabung jedes einzelnen aus. Es bedurfte keines menschlichen Lehrers, der zwischen dem Geist und den Glaubenden vermittelte.
Für die *paulinische Gemeindetheologie* stand die Verantwortung des einzelnen im Mittelpunkt. Kirche war für ihn lokalkirchlich konzipiert. In ihr weckt der Geist die Gnadengaben jedes einzelnen und wirkt dadurch.
Zum ersten Mal begegnet uns bei Ignatius von Antiochien das dreigeteilte kirchliche Einheitsamt. Er beschreibt die Aufgaben und das Verhältnis von Bischof, Presbytern und Diakonen in einer Gemeinde.

**F** Ein Blick in das *Kirchenrecht von 1983* zeigt, daß der kirchliche Gesetzgeber mit der Situation des Pfarrermangels gerechnet und entsprechend Vorsorge getroffen hat. Kernpunkt ist der Kanon 517,2, nach dem *einzelne Personen oder ein Team, die nicht geweiht sind, die Gemeindeleitung übertragen bekommen können*. Ein Priester hat in diesem Fall die ›Moderation‹ zu übernehmen.

**G** In den pastoraltheologischen Reflexionen wurden einige Grundbausteine für *zukünftige Gemeindemodelle*, die Reaktion auf den Pfarrermangel sein können, entwickelt bzw. reflektiert.
Die bisherigen Reaktionsmuster, die in ihrer Folge entweder eine *Angebotskonservierung oder Angebotsverkleinerung* darstellen, sind nicht dazu geeignet, die Sorgen der Kirchenmitglieder aufzugreifen.
*Gemeinde der Zukunft* wird sich als *Kontrast* zu den übrigen gesellschaftlich verbreiteten Lebensformen verstehen. Als geschwisterliche Gemeinde bekommt jeder/jede den Platz eingeräumt, der ihm/ihr zusteht.

*Als ein sich selbst erweiterndes System* ist sie nach außen hin offen und versucht, die Menschen für die Botschaft von dem menschenfreundlichen Gott zu gewinnen.
Ehrenamtliche Mitarbeit in einer Pfarrgemeinde wird durch die Situation auf dem Wohnungs- und Arbeitsmarkt und die dadurch immer größer werdende Entfernung zwischen Arbeits- und Lebensort nicht mehr für alle Berufstätigen in einem größeren Umfang möglich sein. Die Freizeit, die jetzt für Fahrten zur Arbeitsstelle benötigt wird, fehlt für ein ehrenamtliches Engagement.
Eine zukunftsfähige Gemeinde wird *weder ein Versorgungs- noch ein Vermehrungsprinzip* als Maßstab ihrer Aktivitäten wählen. In einer kreativen Lebendigkeit wird abgeschätzt, was die angestrebten Ziele sind und ob die dafür notwendigen Ressourcen vorhanden sind. Die Aktivitäten werden regelmäßig reflektiert, und es wird versucht, die Zeichen der Zeit zu deuten. Die Gemeinde hat ein Selbstbewußtsein, indem sie weiß, wer sie ist und was sie sein möchte.
Grundvoraussetzung für eine solche Gemeinde ist die *Visionsfähigkeit*. Die Gemeinde der Zukunft befähigt jeden einzelnen dazu, seine Vorstellung von einer Wunschgemeinde zu entwickeln und mit anderen darüber ins Gespräch zu kommen. Diese persönlichen Visionen sind Ausgangspunkt für eine Mitarbeit an der Gemeinde.
Eine Gemeinde, die *kreativ*, also zeitgerecht, flexibel und unabhängig von vorgegebenen Wegen auf Probleme reagiert, gewinnt dadurch neue Zukunftsperspektiven. Eine solche Gemeinde wird Leitung nicht mehr alleine mit einem Pfarrer verknüpfen. So kann zum Beispiel ein Team von Ehren- und Hauptamtlichen die Gemeinde leiten. Die Mit-Arbeiter werden dazu angeleitet, ihre eigenen Begabungen zu entdecken und einzubringen. Die Eucharistiefeier wird mit einem Priester aus einer Nachbargemeinde bei Bedarf gefeiert. Sie ist eine geschwisterliche und mündige Gemeinde, die sich als aktiver Teil einer universalen Kirche versteht und entsprechend den Kontakt zu den Nachbargemeinden pflegt.
Auf dem Weg zu einer kreativen Gemeinde macht die Gemeinde die Erfahrung, daß Kreativität ein Prozeß für die gesamte Gemeinde ist, der auch erprobbar ist. Im Rahmen von Mitarbeiterfortbildung und Erwachsenenbildung kann dies ausprobiert werden.

# I. GEMEINDE-CHECK

Die folgenden Thesen sind als Gesprächsanregungen für Gemeinden gedacht. Anhand von Thesen und Fragen können Pfarrgemeinderäte, Mitarbeiterkonferenzen etc. über die Praxis der eigenen Gemeinde reflektieren. Die Thesen sind dem Aufbau dieses Buchs ähnlich angeordnet.
Ziel soll es sein, in einem strukturierten Prozeß einzelne Aspekte der konkreten Ortsgemeinde in den Blick zu nehmen. Daraus können sich Vorschläge für fest umrissene Änderungen im Gemeindealltag ergeben.

Ein möglicher Umgang mit diesem Gemeinde-Check könnte so aussehen:
Zur Vorbereitung einer Pfarrgemeinderatssitzung werden eine, höchstens 2 Thesen von allen Mitgliedern zu Hause gelesen. Auf einem Zettel werden die spontanen Gedanken und Ideen, die sich zu den Thesen bzw. den Fragen einstellen, notiert. Zu Beginn der Sitzung werden bis zu 30 Minuten für den Gemeinde-Check reserviert. Für jede Sitzung wird ein anderes Mitglied der Gruppe als Gesprächsleiter bestimmt. Seine Aufgabe besteht zum einen darin, die Gesprächsrunde zu leiten, zum anderen auf einer Overheadfolie bzw. einer Wandzeitung stichwortartig mitzuschreiben.
In drei Kategorien werden die Bemerkungen sortiert:
– Was fällt uns auf?
– Wie schätzen wir unsere eigene Praxis ein?
– Welche konkreten Verbesserungsmöglichkeiten[1] sehen wir?
Die Wandzeitung sollte für alle sichtbar enstehen. Gegebenenfalls können alle bei der Zuordnung mithelfen. Wird mit zwei Thesen gearbeitet, dann bekommt jede These ihre eigene Wandzeitung.

[1] Ein Problem bei eingespielten Gruppen ist, daß die Kreativität zugunsten eines pragmatischen Arbeitsstils eher zu kurz kommt. Ein Kreativitätstöter ist zum Beispiel, daß jede neue Idee, kaum ist sie ausgesprochen, auch gleich auf ihre Umsetzbarkeit überprüft wird. Aufgrund der bisherigen (negativen) Erfahrungen wird überprüft, ob diese Anfangsidee in der augenblicklichen Situation, mit den bereitstehenden Mitarbeitern umsetzbar ist und ob es dafür ein Publikum gibt. Ein Großteil der Ideen kommt über dieses Stadium nicht hinaus.
Eine gute Übung kann es sein, deutlich die Phasen der Ideensammlung, in der alle Ideen zugelassen sind, und die der Praxisüberprüfung zu trennen. In Phase 1 werden die Ideen gesammelt und in jeweils möglichst verschiedene Richtungen positiv weiterentwickelt. Erst in Phase 2 werden dann die Ideen auch mit den Bedenken bezüglich der Umsetzbarkeit konfrontiert.
Der Gemeinde-Check bietet sich dafür an, diese neue Arbeitsweise in einem Gremium einzuüben.

In einer ersten Anhörrunde sagt jede/jeder ihre/seine Gedanken, die ihr/ihm beim Studium der These gekommen sind. Die übrigen TeilnehmerInnen haben die Möglichkeit zu Rückfragen, diskutiert werden die persönlichen Stellungnahmen aber nicht. Während dieser Runde wird die Wandzeitung evtl. gemeinsam erstellt.
In der zweiten Runde steht die Wandzeitung im Mittelpunkt. In einer offenen Gesprächsrunde soll geklärt werden, welche Anregungen weiterverfolgt werden können/sollen. Gegebenenfalls ist auch zu überlegen, an welchem Ort und von wem die Umsetzung konkreter Vorschläge erfolgen kann.[2]
Sollte die Zeit nicht ausreichen, dann wird in der nächsten Sitzung keine neue These behandelt, sondern die Wandzeitung dort weiterbearbeitet.
Die folgende Reihenfolge der Thesen stellt keine Ordnung dar und kann deshalb selbstverständlich je nach Bedarf und Bedürfnissen geändert werden. Nicht alle Thesen sind für alle Gemeinden gleichermaßen geeignet. Einige sind nur auf ganz spezielle Gemeindesituationen zugeschnitten. Eine Vorauswahl, welche Thesen behandelt werden sollen, ist deshalb erforderlich.
Die Thesen sind so aufgebaut, daß jeweils eine knappe These vorgestellt wird. Die sich daran anschließenden Fragen stellen schließlich eine Hilfe für die persönliche Reflexion und das Gespräch in der Gruppe dar.

**1** Pfarrgemeinden erleben heute als direkt oder indirekt Betroffene den Pfarrermangel ganz konkret.

a) Was ist in unserer Gemeinde/unserem Dekanat nicht mehr möglich, seitdem wir/nicht jede Gemeinde einen eigenen Pfarrer mehr haben/hat?
b) Wie wurden wir auf diese Situation vorbereitet?
c) Welche Befürchtungen/Ängste stellen sich ein, wenn ich an den Pfarrermangel denke?
d) Was für Chancen stecken in dieser Situation?

[2] Zu denken ist zum Beispiel daran, daß ein Ausschuß des PGR sich mit einer Anregung weiterbeschäftigt.

**2** Aufgrund der vielfältigen, termingebundenen Aufgaben und Verpflichtungen kommen Pfarrgemeinden kaum noch dazu, miteinander eine Klärung der gemeinsamen Ziele vorzunehmen.

a) Welches sind die konkreten Ziele und Aufgaben, die unsere Gemeinde verwirklichen will?
b) Aus welchen Gründen bin ich dabei, mich in dieser Gemeinde zu engagieren?
c) Was gehört für mich zu einer christlichen Gemeinde dazu, damit ich mich wohlfühlen kann?
d) Welche Defizite sehe ich in dem Gemeindealltag?

**3** Gemeinden stehen in der Gefahr, sich zu sehr nach innen (esoterisch) zu orientieren, so daß sie ihre Umwelt – zu der zum Beispiel auch die ›Fernstehenden‹ gehören – kaum noch wahrnehmen.

a) Wie groß ist unsere Gemeinde, und wieviel Gemeindemitglieder sind konstant im Gemeindeleben aktiv?
b) Welches Anliegen wurde zuletzt von ›außen‹ in die Gemeinde getragen und dort auch verwirklicht?
c) Welche Chancen ergeben sich daraus, wenn der ›esoterische Zirkel‹ Pfarrgemeinde aufgelöst wurde?
d) Welche Schwierigkeiten könnten sich ergeben, wenn sich die Gemeinde wieder mehr nach außen öffnet?

**4** Gemeinden überfordern sich selbst, indem sie meinen ein breites Angebot an Aktivitäten anbieten zu müssen, obwohl die entsprechenden MitarbeiterInnen nicht (mehr) zur Verfügung stehen.

a) Welche Aktivitäten würden in unserer Gemeinde nicht mehr stattfinden können, wenn die 10 engagiertesten ehrenamtlichen MitarbeiterInnen ausfallen würden?
b) Stellt sich gelegentlich bei uns ein Gefühl der Überlastung ein? An welchen Punkten läßt sich dies festmachen?
c) Welche neuen Aufgaben können im Augenblick nicht wahrgenommen werden, weil die MitarbeiterInnen alle schon ausgelastet sind?
d) Welche Vorteile für die Gemeinde und ihre MitarbeiterInnen würde eine Beschränkung auf wenige leistbare Aufgaben bringen?

**5** Die Gemeinden leiden weniger unter einem Pfarrermangel, sondern mehr unter einem ›Gemeindemangel‹.

a) Welche konkreten Auswirkungen hat bei uns der Pfarrermangel?
b) Welche konkreten Auswirkungen hat bei uns der Gemeindemangel?
c) Inwiefern könnte eine Auseinandersetzung mit dem Gemeindemangel auch helfen, der Pfarrermangel zu lindern?

**6** Ein Pfarrgemeinderat ist nicht die Versammlung der ›Macher‹, sondern das Leitungsgremium der Gemeinde.

a) Was sind die Unterschiede zwischen Leiten und Machen?
b) Ist unser Pfarrgemeinderat ein Leitungsgremium oder eine Versammlung der Macher?
c) Wer leitet unsere Gemeinde?
d) Was ist das Entlastende und das Belastende, wenn der Pfarrgemeinderat zum Leitungsgremium wird?

**7** Eine ›Kultur der Langsamkeit‹ ermöglicht eine gründliche Reflexion des bisherigen Gemeindealltags.

a) Wieviel Zeit nehmen wir uns in unseren Sitzungen etc., um Entscheidungen zu durchdenken?
b) Was assoziere ich mit ›Kultur der Langsamkeit‹?
c) Welche Sachfragen *müssen* schnell entschieden werden, welche *können* schnell entschieden werden?

**8** Eine Phase der ›kreativen Ratlosigkeit‹ ermöglicht erst neue Perspektiven.

a) Was empfinde ich bedrohlich an einer Phase der Ratlosigkeit?
b) Welche Möglichkeiten stecken in einer vorübergehenden Ratlosigkeit?
c) Gibt es auf alle Fragen, die sich unserer Gemeinde stellen, auch sofort Antworten?
d) Können wir einander zugeben, daß wir in einzelnen Punkten ratlos sind?

**9** Es geht nicht um einen Gemeindeauf- oder -abbau, sondern um einen Gemeindeumbau.

a) Welche Teile unseres Gemeindelebens sind erhaltenswert?
b) Welche Teile unseres Gemeindelebens sind umbaubedürftig?
c) Welche Teile besitzen dabei einen besonderen Vorrang? Warum?
d) Welche Unterstützung können wir von außen (Diözese, Berater) für den Umbau erhalten?

**10** Zukunftsfähig ist eine kreative Gemeinde.

a) Welche Elemente einer kreativen Gemeinde können wir in unserer Gemeindepraxis erkennen?
b) In welchen Bereichen ist die Kreativität noch entwicklungsfähig?
c) Welche Verbesserung kann die Kreativität bei uns bringen?
d) Welche Veränderungen scheinen erforderlich?

# J. LITERATURVERZEICHNIS

BAUMGARTEN, ISIDOR: Pastoralpsychologie. Düsseldorf, [1] 1990.

BERGER, PETER L., LUCKMANN, THOMAS: Die gesellschaftliche Konstruktion der Wirklichkeit. Frankfurt, [5] 1991.

BERTSCH, LUDWIG (Hrsg.): Laien als Gemeindeleiter: ein afrikanisches Modell. Freiburg i. Br., 1990.

BRUIN, HERMAN DE, BRÖCKERS, WALTER: Stadt-Seelsorge: Wege für die Praxis – Wege mit den Menschen. Frankfurt a. M., 1991.

BUNDESARBEITSGEMEINSCHAFT DER MITTEL- UND GROSSBETRIEBE DES EINZELHANDELS E.V. (Hrsg.): Führen und Handeln ist gefordert: Initiativ – Kreativ – Kooperativ. Köln, 1988.

DASSMANN, ERNST: Priestermangel in frühchristlichen Gemeinden? in: Lebendige Seelsorge, Würzburg, 3/1990, 113–119.

DEGEN, SUSANNE: Hausgemeinde. Bad Homburg, 1992, unveröffentlicht.

DELLEPOORT, J., GREINACHER, N., MENGES, W.: Die deutsche Priesterfrage: Eine soziologische Untersuchung über Klerus und Priesternachwuchs in Deutschland. Mainz, 1961.

DERKSEN, NICOLAAS, ANDRIESSEN, HERMAN: Den Glauben teilen wie das Brot: Glaubensgespräche als Weg zur lebendigen Gemeinde. Mainz, 1993.

ECCLESIA CATHOLICA: Katechismus der Katholischen Kirche. München, 1993.

FAIX, WERNER G.: Soziale Kompetenz – das Potential zum unternehmerischen und persönlichen Erfolg. Wiesbaden, 1991.

FRANKE, HEINZ: Problemlösen und Kreativität: lernpsychologisch aufbereitet. Goch, 1980.

FUCHS, OTTMAR u. a.: Der pastorale Notstand notwendige Reformen für eine zukunftsfähige Kirche. Düsseldorf, 1992.

GÄRTNER, HERIBERT (Hrsg.): Leiten als Beruf: Impulse für Führungskräfte in kirchlichen Aufgabenfeldern. Mainz, 1992.

GATZ, ERWIN: Die Bistümer und ihre Pfarreien. 1991, Freiburg i. Br., 1991.

GATZ, ERWIN: Pfarr- und Gemeindeorganisation: Studie zu ihrer Entwicklung in Deutschland, Österreich u. d. Schweiz. Paderborn, 1987.

GEMEINSAME SYNODE DER BISTÜMER DER BUNDESREPUBLIK DEUTSCHLAND. OFFIZIELLE GESAMTAUSGABE, hrsg. v. Ludwig Bertsch u. a.: Freiburg i. Br., [7] 1989.

GUMBRECHT, HANS-ULRICH (Hrsg.): Kreativität: Ein verbrauchter Begriff? München, 1988.

HAINZ, JOSEF (Hrsg.): Kirche im Wachsen: Studien zum Thema Amt und Gemeinde im Neuen Testament. München, 1976.

HAINZ, JOSEF: Ekklesia: Strukturen paulinischer Gemeinde-Theologie und Gemeindeordnung. Regensburg, 1972.

HALL, R. H.: Organisations: Structure and process, Englewood Cliffs, N. J., 1972.

HEEGNER, FRITZ: Diagnostische und therapeutische Aspekte von innerer Ermüdung in der Beratungsarbeit. in: Informationsrundschreiben Nr. 187, hrsg. von DAJEB, 1992, München.

HEIL, MARKUS: Typologie der Handhabungsversuche des Problems des Pfarrermangels. in: Zulehner, Paul M., Heil, Markus, Rausch, Ulrich, Pfarrermangel – Studie zur Situation der deutschsprachigen Diözesen. Wien, 1991, unveröffentlicht.

HENTZE, JOACHIM: Personalwirtschaftslehre. Bern/Stuttgart, 1977.

JOHANNES PAUL II: Schreiben von Papst Johannes Paul II an die Priester zum Gründonnerstag 1991. Rom, 1991

KEHL, MEDARD: Die Kirche: Eine katholische Ekklesiologie. Würzburg, 1992.
KERTELGE, KARL: Grundthemen paulinischer Theologie. Freiburg i. Br., 1991.
KINSY-GOMAN, CARROL: Kreativität im Geschäftsleben. Wien, 1991.
KIRCHSCHLÄGER, WALTER: Die Anfänge der Kirche: Eine biblische Rückbesinnung. Graz/Wien/Köln, 1990.
KLAUCK, HANS-JOSEF: Die Johannesbriefe. Darmstadt, 1991.
KLAUCK, HANS-JOSEF: Gemeinde – Amt – Sakrament: Neutestamentliche Perspektiven. Würzburg, 1989.
KLOSTERMANN, FERDINAND (Hrsg.): Der Priestermangel und seine Konsequenzen: Einheit und Vielfalt der kirchlichen Ämter und Dienste. Düsseldorf, 1977.
KUHN, ALFRED: Unternehmensführung. München, 1982.
LÖFFLER, CLEMENS: Mit den Sinnen den Sinn erspüren: Briefkurs. Bamberg, 1991.
LOHFINK, GERHARD: Wie hat Jesus Gemeinde gewollt? Freiburg i. Br., [8] 1989.
MAG, WOLFGANG: Einführung in die betriebliche Personalplanung. Darmstadt, 1986.
MEEKS, WAYEN A. (Hrsg.): Zur Soziologie des Urchristentums. München, 1979.
PERELS, HANS-ULRICH: Wie führe ich eine Kirchengemeinde?: Möglichkeiten des Managements. Gütersloh, 1990.
PREISER, SIEGFRIED: Kreativitätsforschung. Darmstadt, [2] 1986.
PRIESTERRAT IM ERZBISTUM KÖLN: Personal- und Pastoralplanung. Köln, 1991.
PRIESTERRAT IM ERZBISTUM KÖLN: Zur Personal- und Pastoralplanung im Erzbistum Köln. Köln, 1991.
PRÜLLER, VERONIKA: Wir Frauen sind Kirche: Worauf warten wir noch? Wien, 1992.
RAHN, HORST-JOACHIM: Führung von Gruppen. Heidelberg, 1978.
RAHNER, KARL: Zur Theologie und Spiritualität der Pfarrseelsorge. in: Schriften zur Theologie 14, Zürich/Einsiedel/Köln, 1980.
REUSS, JOSEF M.: (Hrsg.): Seelsorge ohne Priester? Düsseldorf, 1976.
REUSS, JOSEF M.: In der Sorge um die Priester und das ganze Gottes-Volk. Mainz, 1982.
REUSS, JOSEF M.: Seelsorge ohne Priester? Düsseldorf, 1976.
ROHDE, JOACHIM: Urchristliche und frühkatholische Ämter. Berlin, 1976.
SCHALL, TRAUGOTT ULIRCH: Erschöpft – müde – ausgebrannt: Überforderung und Resignation: vermeiden – vermindern – heilen. Würzburg, 1993.
SCHALL, TRAUGOTT ULRICH: ›Ich fühle mich ausgebrannt‹ – Die Elijas-Müdigkeit – was dagegen hilft und wie man ihr vorbeugt. in: Diakonie 1987, 203 ff.
SCHALL, TRAUGOTT ULRICH: Mitarbeiterführung in Kirche und Kirchengemeinde. Würzburg, 1991.
SCHEITLIN, VICTOR: Kreativität: Das Handbuch für die Praxis. Zürich, 1993.
SCHELLENBERGER, BERNHARDIN: Wider den geistlichen Notstand: Erfahrungen mit der Seelsorge. Freiburg i. Br., 1991.
SCHENKE, LUDGER: Die Urgemeinde: Geschichtliche und theologische Entwicklung. Stuttgart/Berlin/Köln, 1990.
SCHWARZ, P.: Management in Nonprofit-Organisationen, in: Die Orientierung, Nr. 88, 1986, Bern (Hrsg.: Schweizerische Volksbank).
STEINITZ, HERWIG (Ltg.): Gemeindeleitung in Kooperation: Auswertungsbericht. Limburg, 1990.
STROEBE, RAINER W.: Arbeitsmethodik I. Heidelberg, [5] 1990.

STROEBE, RAINER W.: Führungsstile: situatives Führen und Management by Objectives. Heidelberg, [3] 1990.

STROEBE, RAINER W.: Grundlagen der Führung: mit Führungsmodellen. Heidelberg, [6] 1990.

STROEBE, RAINER W.: Motivation. Heidelberg, [5] 1991.

SWOBODA, HEINRICH: Großstadtseelsorge. Regensburg, [2] 1911.

UPHOFF, BERTHOLT: Kirchliche Erwachsenenbildung: Befreiung und Mündigkeit im Spannungsfeld von Kirche und Welt. Stuttgart, 1991.

VENETZ, H. J.: So fing es mit der Kirche an. Zürich, [3] 1985.

WEINERT, ANSFRIED B.: Lehrbuch der Organisationspsychologie. Weinheim/München, [2]1978.

ZULEHNER, PAUL M., DENZ, HERMANN: Religion im Leben der Österreicher 1970–1990. Wien, 1991, unveröffentlicht.

ZULEHNER, PAUL M., DENZ, HERMANN: Vom Untertan zum Freiheitskünstler: Eine Kulturdiagnose anhand der Untersuchung ›Religion im Leben der Österreicher 1970–1990‹ und der ›Europäischen Wertestudie‹. Wien, 1991.

ZULEHNER, PAUL M.: Gemeindepastoral: Ziele und Positionen – Ein Arbeitsheft. Wien, Sommersemester 1992.

ZULEHNER, PAUL M.: Grundkurs gemeindlichen Glaubens: Ein Arbeitsbuch. Düsseldorf, 1992.

ZULEHNER, PAUL M., HEIL, MARKUS, RAUSCH, ULRICH: Pfarrermangel – Studie zur Situation der deutschsprachigen Diözesen. Wien, 1991, unveröffentlicht.

ZULEHNER, PAUL M.: Pastoraltheologie Bd. 1: Fundamentalpastoral. Düsseldorf, [1] 1989.

ZULEHNER, PAUL M.: Pastoraltheologie Bd. 2: Gemeindepastoral. Düsseldorf, [1] 1989.

ZULEHNER, PAUL M.: Priestermangel praktisch: Von der versorgten zur sorgenden Pfarrgemeinde. München. [2] 1983.

ZULEHNER, PAUL M.: Religion im Leben der Österreicher: Dokumentation einer Umfrage. Wien, 1981.

# K. REGISTER

## Bibelstellen

**Namenregister**

## Danksagung

An dieser Stelle ist vielfältig Dank zu sagen.
An erster Stelle ist Prof. Dr. Paul M. Zulehner, Wien, zu nennen. Durch ein Forschungsprojekt hat er das Interesse an diesem Thema geweckt. Durch eine geduldige freundliche Begleitung hat er mich über das übliche Maß hinaus begleitet.
Weiter sind Herr OR Johannes Smykalla, Mainz, Herr Dipl. Theol. Markus Heil, München, und die MitarbeiterInnen des Instituts für Pastoraltheologie an der Kath. Theologischen Fakultät der Universität Wien, der Kreis der MitarbeiterInnen der Erwachsenenbildung TEB, Frankfurt, Frau Dipl. theol. Cordula Heide und die Gemeinden, die sich auf eine Visionsarbeit einließen, zu nennen. Bei ihnen allen fand ich kompetente Gesprächspartner und vielfältige Anregungen.
Die Daten über den augenblicklichen Stand des Pfarrermangels wurden freundlicherweise vom Sekretariat der Deutschen Bischofskonferenz, Referat Statistik, für die Diplomarbeit zur Verfügung gestellt.
Schließlich sind die Gemeinden zu nennen, in denen ich Heimat gefunden habe: St. Nikolaus/Jügesheim, St. Marien/Dudenhofen, St. Stephan/Mainz-Gonsenheim und St. Augustin und Marienkirchen in Perchtoldsdorf, Österreich. Meine positiven Gemeindeerlebnisse prägen diese Arbeit mit.